JN293936

ついに可能になった！
オープンソースERPで
基幹システム

Compiere 入門
コンピエール

(株)アルマス代表取締役
ジリムト（吉日木図）

(株)アルマス ERP ソリューション部
山崎扶実子

(株)ITC 総合研究所代表取締役
谷　巌

(株)ITC 総合研究所取締役
用松節子

三和書籍

はじめに

　コンピュータソフトの世界ではオープンソース化（ソフトウエアのソースコードが公開されているもの）が進みつつあります。
　すでにOSやミドルウェア、一部のアプリケーションなどは実績も多く導入の際の選択肢の1つとして検討されるのが当たり前になってきています。
　そのオープンソースの波が、いよいよERP（統合パッケージソフト）にも押し寄せてきました。それが、今回ご紹介する「Compiere」という製品です。

　オープンソースの良いところは、多くの人による改良、監視がされているためある面で個別企業の閉じた世界ではなく時代に即した製品ができていくことや、機能追加などの改善のスピードが速く将来的な発展性が見込めることです。
　ただし、生き残って成長していくためには基のコンセプトや設計思想がはっきりしており、優秀な人が多数集まってくるような製品であることが重要です。
　そういう意味においても、この「Compiere」は優れた製品であり、実用化に耐えうるレベルに達していると外部調査でも認められています。

　また、一方でERPの導入は大企業では一通り進んでいますが、中堅企業においてはこれからという状況にあります。ERP導入は中堅企業

にとっても大いに戦力になりますが、大企業のように多額の費用をかけて導入するわけにはいきません。

その解答の1つとして、このオープンソースERP「Compiere」という製品があります。この製品がどういうもので、どれくらいの範囲をカバーしているのかという概要をまずつかんでいただくために本書を執筆しました。

パッケージソフトの導入や基幹システムの再構築を検討されている企業の方、オープンソースERPでどのようなことができるか勉強したい方などが最初に読む本としての位置づけで書いています。

さらに具体的に進めていきたい方のためのフォローアップも用意していますので、その場合はお問い合わせいただければと存じます。

目次

第 1 章　Compiere とは
- 1.1　オープンソースの ERP ……… 002
- 1.2　Compiere の歴史 ……… 004
- 1.3　Compiere の特徴 ……… 008
- 1.4　Compiere の実行環境 ……… 015

第 2 章　いろいろな Compiere の利用方法
- 2.1　無料でダウンロード／インストールして検証・研究・勉強 ……… 020
- 2.2　企業基幹システムとして導入し、全般業務を統括管理 ……… 022
- 2.3　システムを停止せずに項目追加できるので、使いながら随時拡張 ……… 024
- 2.4　開発基盤として利用、ERP 以外に拡張可能 ……… 026
- 2.5　業務研修、SE 研修の教材として実務的な教育を行う ……… 028

第 3 章　Compiere の全体像
- 3.1　Compiere の製品概要 ……… 032
- 3.2　Compiere ソリューション ……… 037
- 3.3　画面イメージ、基本操作 ……… 040
- 3.4　データインポート／エクスポート ……… 045
- 3.5　帳票出力／定義 ……… 048
- 3.6　ファイル添付／帳票アーカイブ ……… 051
- 3.7　通知／メール送信／オンラインチャット ……… 053

第 4 章　Compiere の基本的な概念

- 4.1　システム環境の単位 ... 056
- 4.2　組織構造 ... 059
- 4.3　倉庫・保管場所の位置付け ... 061
- 4.4　セキュリティ（アクセス権限） ... 063
- 4.5　取引先マスタ ... 065
- 4.6　製品マスタ ... 068
- 4.7　価格、プライスリスト、割引 ... 072
- 4.8　会計期間と勘定科目 ... 076
- 4.9　通貨、税金 ... 079

第 5 章　仕入購買管理

- 5.1　仕入購買業務の流れ ... 083
- 5.2　見積要求・依頼 ... 085
- 5.3　発注 ... 088
- 5.4　入荷・検収 ... 092
- 5.5　請求書照合 ... 096
- 5.6　支払 ... 100
- 5.7　仕入返品 ... 103

第 6 章　販売管理

- 6.1　販売業務の流れ ... 111
- 6.2　見積 ... 113
- 6.3　受注 ... 116
- 6.4　出荷・納品 ... 121
- 6.5　請求書発行 ... 124
- 6.6　入金 ... 128
- 6.7　顧客返品 ... 131

第 7 章　在庫管理

- 7.1　在庫業務 ... 139
- 7.2　入出荷 ... 141
- 7.3　在庫移動 ... 143
- 7.4　棚卸 ... 146
- 7.5　在庫補充 ... 149
- 7.6　製品組立／解体 ... 152
- 7.7　製品属性 ... 155
- 7.8　ロット／シリアル番号管理 ... 158
- 7.9　保障期限管理 ... 161

第 8 章　経理業務

- 8.1　経理業務 ... 165
- 8.2　仕訳登録 ... 167
- 8.3　経費精算 ... 170
- 8.4　預金出納帳管理 ... 173
- 8.5　現金出納帳管理 ... 176
- 8.6　小切手・手形管理 ... 178
- 8.7　原価評価登録／計算 ... 180
- 8.8　決算処理 ... 183

第 9 章　会計実績分析

- 9.1　会計実績分析の仕組み ... 187
- 9.2　総勘定元帳 ... 190
- 9.3　自動仕訳計上 ... 193
- 9.4　会計スキーマ ... 212
- 9.5　会計ディメンション ... 216
- 9.6　財務諸表の定義 ... 218
- 9.7　財務諸表の作成 ... 222
- 9.8　税務処理 ... 226

9.9	予算管理	228
9.10	予算実績対比分析	231
9.11	ダッシュボード	233

第 10 章 取引先管理

10.1	取引先管理の概要	239
10.2	取引先管理	241
10.3	与信管理	245
10.4	支払督促	248
10.5	販売促進	251
10.6	リクエスト管理	254
10.7	Eコマース／セルフサービス	257

付　録

1	インストールガイド	262
2	国内導入事例	281
3	海外導入事例一覧	288

1.1	オープンソースのERP
1.2	Compiereの歴史
1.3	Compiereの特徴
1.4	Compiereの実行環境

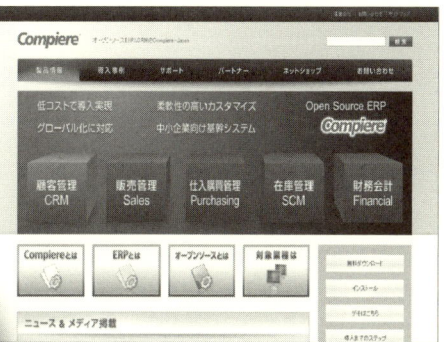

第1章 Compiereとは

1.1 オープンソースのERP

Compiere（コンピエール）は、オープンソースのERPソフトです。日本語のマニュアルやスタータキットなども提供されています。オープンソースの業務アプリケーション・ソフトの中で、企業システムとして使えるレベルという評価も受けています。
特に中堅・中小企業における業務アプリケーションとして、オープンソースのERPは今後普及が進んでいくものと思われます。

1.1.1 ERPもオープンソースの時代へ

　Compiere（コンピエール）は、オープンソースのERPソフトです。
　オープンソースのソフトウェアはここ10年来大いなる進展を遂げ、OSやDBソフトなどミドルウェアでは数多くのオープンソース・ソフトウェアが出現し、企業におけるシステムとしても普通に使われています。
　業務アプリケーションの分野においても、いくつかのオープンソース・ソフトが出現してきています。
　その中で、ERPソフトとして世界に広がっているのが、Compiereです。

　オープンソースのソフトウェアの中でもミドルウェアなどであれば、それなりに専門知識を持った人が使用するので何とかなるというイメージがありますが、業務アプリケーション、しかもERPにおいてオープンソースのソフトが広がっていることに驚く人もいることでしょう。
　さらに、何かあった場合に技術情報を調べる際には英語のサイトを見に行かなくてはならなかったり、必要な各種情報がなかなかそろっていなかったりという不安を持つ人も少なくありません。

ERP【Enterprise Resource Planning】
企業の基幹業務のビジネスプロセスすべてを統合したアプリケーションソフトウェアです。部門間や業務間にわたって全社的に一貫性のあるデータを保証することができます。

オープンソース【open source】
ソースコードを公開しているソフトウェアのことです。通常インターネットでダウンロードして使えるようになっており、ライセンス料も無料のものがほとんどです。そのソフトウェアの改良なども自分で行えます。

1.1 オープンソースのERP

ミドルウェア 【middleware】
個別処理を行うアプリケーションソフトとOSの中間的なソフトウェアです。各アプリケーションの共通的な処理でOSよりも高度な機能を提供するソフトウェアを指します。

（Compiere Japanのアドレス）
http://www.compiere-japan.com/

その点、このCompiereは日本におけるサポート体制もできており、日本語のマニュアルやスターターキットなども提供されています。また、トレーニングや導入サポートも受けることができます。

日本においても、導入事例が少なからず出ており、ユーザ企業が自分自身で導入した事例もあります。

1.1.2 実用に使えるオープンソースの業務アプリケーション

「ITロードマップ」（東洋経済新報社）などで野村総合研究所が出している、オープンソース・ソフトを格付けした「NRIオープンソースマップ」においても、Compiereは業務アプリケーションとして企業で比較的安心して使えるレベル（成熟度、プレゼンスともに3.0以上）としてレーティングされています。

特に中堅・中小企業においては、業務アプリケーションを検討する際にオープンソースのERPは有力な選択肢になっていくでしょう。

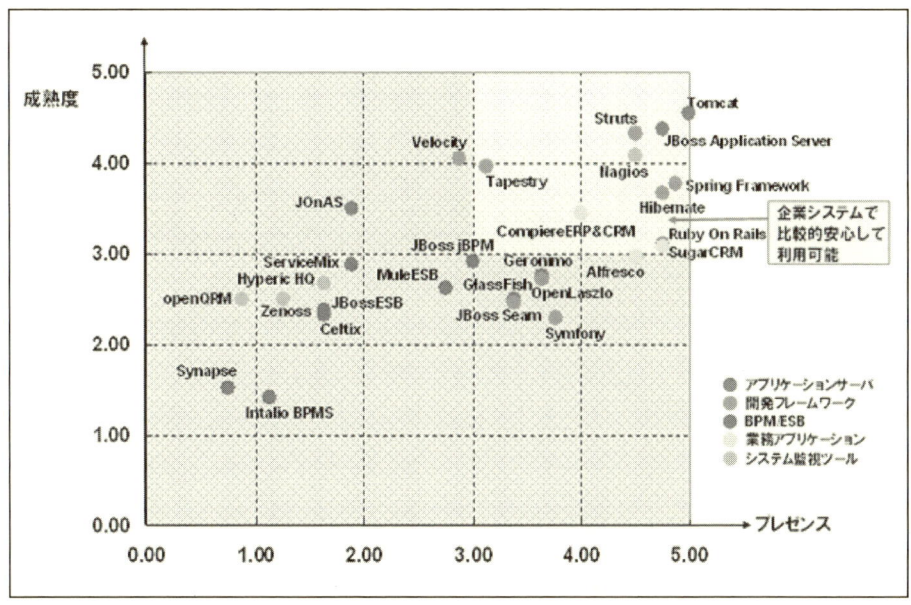

出典：野村総合研究所の「NRIオープンソースマップ」

第1章 Compiere とは

1.2 Compiere の歴史

Compiere は、1999 年からオープンソースとして提供されています。その後バージョンアップがなされ、2008 年にはバージョン 3 が提供されています。日本でも、日本語によるサポートがなされています。

1.2.1 Compiere の誕生

Compiere は米国 Compiere 社が提供しているオープンソース ERP & CRM システムです。

Compiere 社の創立者 Jorg Janke 氏が自分の長年の大手 ERP アプリケーション開発プロジェクトをリードした経験を生かして開発、ERP パッケージシステム Compiere を 1999 年からオープンソースとして Source Forge にて提供してきました。2004 年 1 月の Source Forge のトップダウンロードプロジェクトになり、今までトータルダウンロード数は 140 万件を超えています。導入企業も図のように急激に増えています。

基幹業務アプリケーション・システムが無償に近い低コストで導入運用できるということを疑問に思われますが、世界各国の中小企業に歓迎されてきているオープンソース ERP システムでは、確実にそれを実現しています。

Compiere 日本語バージョンは、2005 年 10 月から株式会社アルマスにて提供されています。

CRM【Customer Relationship Management】
顧客関係管理のことを意味します。顧客関係マーケティングや顧客メンテナンス管理などが含まれます。

SourceForge.JP【SourceForge.net の日本版】
SourceForge.JP は、オープンソース・ソフトウェアの開発者にリリースファイルのダウンロードサービス、シェル環境、コンパイル・ファーム、そしてそれらを Web ベースで総合的かつ容易にプロジェクト管理を行う環境を提供する無料のサービスです。

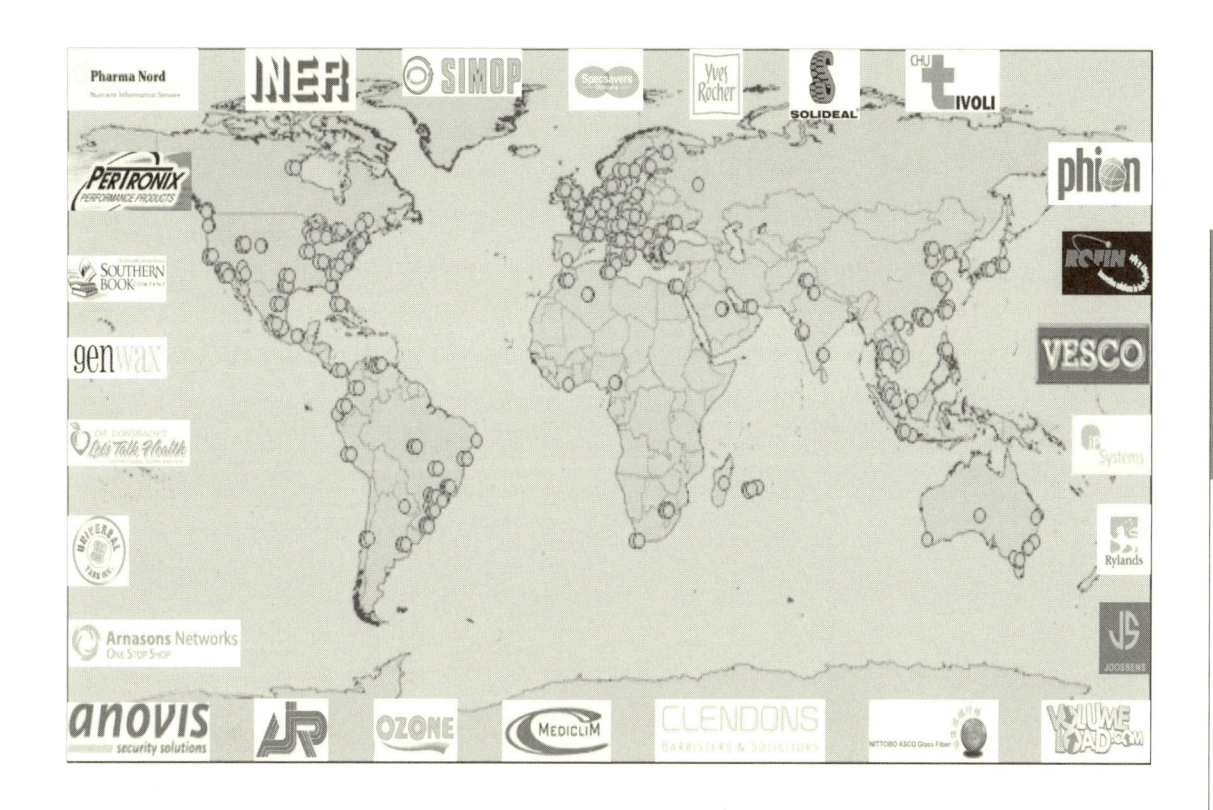

1.2.2 バージョン 3.0

　Compiere 3.0 は、前バージョンの柔軟性に加え、新たな機能、ユーザビリティ、安定性などを飛躍的に強化したバージョンです。コミュニティバージョン以外にも、有償のスタンダード、プロフェッショナルバージョンがあります。スタンダードバージョンは、PDF 出力および自動バージョンアップを有効化したバージョンです。プロフェッショナルバージョンでは、GWT を使って作られたリッチ・ウェブ・アプリケーションを提供しています。

　Compiere 3.0 の主な特徴として、返品管理機能・会計レポートテンプレートの増加・150 以上のユーザビリティ機能強化・機能改良などが

GWT【Google Web Toolkit】
オープンソースの Java 開発フレームワークです。これを使用することで、高パフォーマンスの AJAX アプリケーションを簡単に書くことができます。

あります。詳しくは以下の通りです。

✓ 返品処理の追加
　・RMA（顧客返品）
　・RTV（ベンダーへ返品）
✓ 会計諸表テンプレートの増加
　・試算表
　・帳票テンプレート
✓ SWINGクライアント画面改良
　・アイコンイメージ
　・画面デザイン
✓ セキュリティ強化
　・フィールド暗号化
　・パスワード管理
✓ 検索機能の改良
　・検索機能の簡易化
✓ データディクショナリの機能的強化
　・画面別項目ラベルの特別設定
　・一覧画面専用項目シークエンス設定
　・カーソル移動順ユーザー別設定
　・データベースに依存しないDBスキーマ設定
✓ インストールの統一化
　・OS、DBに依存しないインストール方法の統一化
✓ データベース認証
　・Enterprise DB 8.2 Advanced Server
　・Oracle 10g R2、XE、Standard、Enterprise Editions
✓ 品質向上
　・バグ修正
　・テスト強化

1.2.3　日本語版

　株式会社アルマスがCompiere 3.0コミュニティバージョンをベースに開発した、日本語および日本商習慣適応バージョンです。主に以下の内容が追加されました。

1. 日本語ランゲージパック
2. 日本商習慣に合わせた項目追加、及びその表示、インポートプログラムの修正
   - 取引先：法人フラグ、メール配信不要
   - 取引先住所：住所タイプ、住所カナ
   - 取引先担当者：姓、名、姓カナ、名カナ
   - 取引先銀行口座：支店コード、支店名称
   - 銀行口座：支店コード、支店名称、口座名義人
3. 日本郵政省提供データでの郵便番号照会住所入力補助機能
4. 日本の勘定科目体系ファイル Accounting JP.xls/Accounting JP.csv
5. 日本語の標準帳票
   - 見積書、見積依頼書
   - 注文書、注文請書
   - 発注書、発注請書
   - 納品書、材料領収書
   - 在庫移動指示書
   - 棚卸一覧
   - 請求書
   - 支払通知書、入金確認通知書
6. インポートフォーマット定義（Imp Format）のエクスポート／インポート機能
7. 印刷書式（Print Format）のエクスポート／インポート機能
8. 日本語DB仕様書（XLSファイル）自動作成機能

インポート　【import】
他のソフトで作成した外部ファイルをアプリケーション内に読み込むことを意味します。

エクスポート　【export】
他のソフトが利用できる形式でアプリケーションからファイルを出力することを意味します。

第1章 Compiereとは

1.3 Compiereの特徴

Compiereの特徴は、実装されている機能の汎用性として、マルチ言語、マルチ通貨、マルチTAX、マルチ会社、マルチ組織、マルチ倉庫、マルチ単位、マルチ会計ディメンション、マルチ原価ルール、マルチ・ドキュメント・タイプ、マルチ・プライスリスト、マルチ割引体系などがあります。

柔軟な拡張性としては、ウィンドウ構成、入力有効性検査および入力連動、帳票印刷構成、一覧表印刷構成、データ・エクスポート、データ・インポート、カスタマイズなどがあります。

プログラミングなしでのカスタマイズが可能、自作プログラムを簡単に組み込めるアーキテクト、データ項目を追加した場合でもシステムをストップさせることなく反映できることも特徴です。

アプリケーション辞書
- テーブル／カラム
- 画面
- レポート／印刷書式
- プロセス
- データ構造
- ビジネスロジック

トランザクションエンジン
- ダイナミックO-Rマッピング
- データアクセスロジック
- 職責およびセキュリティ
- 画面表示ロジック
- ワークフローコントロール
- マルチテナント／会社
- マルチ言語
- トランザクション整合性
- データベースに依存しない

ユーザーインターフェイス
- クライアント・サーバー UI
- HTML UI
- レポートおよび処理

トランザクションデータベース

カスタマイズ 【customize】
ユーザ独自の機能や好みに合わせて元のパッケージソフトを修正することを意味します。

1.3.1　機能の汎用性

　CompiereはERPとして業務機能を全世界でのニーズに対応できるように設計されたシステムです。そのため、大幅な汎用性を持たせて各機能が実装されています。

マルチ言語

　Compiereは完全にマルチ言語に対応しているERPシステムです。
　ベース言語は英語になっており、必要に応じてその他の言語を有効化することができます。1つの言語を有効化して、その言語のパッケージファイル（XMLファイル）から翻訳文書をインポートすることで、その言語を使うことができます。
　多数の言語を同時に有効化することも可能です。ログインする時に、ユーザが使用する言語を選び、その言語で作業することができます。
　アプリケーション・メニュー、ラベル、説明文、ヘルプ、ドロップダウンリストなどすべてが選択した言語で表示されます。
　また、入力するドキュメントの翻訳タブをクリックして、別言語での翻訳を入力して、別言語でドキュメント出力、印刷することもできます。例えば、日本の会社でアメリカ、韓国、中国との取引がある場合に、請求書を取引先の国と地域のデフォルト言語で出力することができます。

マルチ通貨

　Compiereでは現時点で世界のすべての通貨を登録しています。
　目標通貨対ベース通貨の為替レートを登録することで、その通貨での取引ができるようになります。

マルチTAX

　Compiereでは、TAXを複数設定して適用させることで、全世界の取引の税金・税率対応ができます。
　税金・税率は製品によって個別設定したり、取引先の国と地域によっ

て個別設定したり、取引のソースとターゲットによって個別設定したりすることもできます。

マルチ会社

　Compiereの1つのインスタンス（DBインスタンス）には、複数の会社のデータを格納することができます。

　その複数の会社は、相互間で取引先としての取引はできますが、データの共有は会社間ではできません。

マルチ組織

　1つの会社の中では複数組織を設定して、組織を組織階層図によって関連付けることができます。組織間はデータ共有が可能です。

　組織は取引主体の単位になります。

マルチ倉庫

　Compiereでは倉庫を複数持つことができます。

　倉庫は1つの組織に属し、その組織が取引のベース組織となります。1つの組織が複数の倉庫を持つことができます。

マルチ単位

　Compiereでは製品の単位を複数定義することができます。

　単位と単位の間の換算関係で、在庫引当および取引金額の計算ベースにすることができます。

マルチ会計ディメンション

　実績分析のために、Compiereでは会計ディメンションを追加したり、変更したりすることができます。

マルチ原価ルール

　原価計算のルールを複数定義して、原価計算のルールごとに原価評価することができます。

マルチ・ドキュメント・タイプ

すべての取引ドキュメント（見積書、注文書、納品書／領収書、請求書、支払書など）には、複数のドキュメント・タイプを設定して、特別処理をすることができます。

マルチ・プライスリスト

取引上で製品の価格が条件によって日々変わったりすることで、価格の変更に柔軟に対応できるのも Compiere の特徴の 1 つです。

Compiere では製品カテゴリ、製品、取引先ごとに異なるプライスリストを定義して、複数バージョンに分けて利用することができます。

マルチ割引体系

プライスリストと同じように割引スキーマ（体系）も複数定義して、プライスリストと一緒に適用することができます。

1.3.2　柔軟な拡張性

ウィンドウ構成

Compiere のシステムの構成はすべて設定で変更できるようになっています。

Compiere ウィンドウのタブの数、項目表示数、表示順番などが、システムアドミン職責でログインすれば管理機能で、すべて自分の好きなように変更できます。

入力有効性検査および入力連動

Compiere のデータ項目の入力有効性検査の仕組みも設定できるようになっています。

1 つの項目が変わったら関連項目の内容も一緒に変更させる必要がある項目には、コールアウトというプログラミング・インターフェースが用いられ、テーブル項目に設定することで入力連動できます。

帳票印刷構成

Compiere の取引ドキュメントタイプに対して、帳票フォーマットを設定することができます。

帳票の形式は、Compiere の画面上から完全設計することができます。また、すでにあるフォーマットをコピーし、カスタマイズして使うこともできます。

一覧表印刷構成

Compiere のすべてのウィンドウに対して、一覧表表示、一覧表出力機能があります。

表示と出力の項目の順序は任意に変更できます。一覧表出力の出力形式は、PDF 形式、PS 形式、HTML 形式、CSV 形式、タブ区切り形式、XLS 形式、XML 形式などを選ぶことができます。

Post Script 【ポストスクリプト】
アドビシステムズが開発したページ記述言語です。

データ・エクスポート

Compiere のあらゆるデータは一覧表出力機能によってエクスポートすることができます。

HTML【HyperText Markup Language】
Web ページを記述するためのマークアップ言語です。

データ・インポート

データのインポートはデータ整合性のチェックが必要になるために、取引データの中心テーブルには専用のインポート機能が設けられています。

インポートできるファイルの形式は固定長形式と CSV 形式で、項目の順序やフォーマットはカスタマイズすることができます。

XML【Extensible Markup Language】
文書やデータの意味や構造を記述するためのマークアップ言語です。

カスタマイズ

カスタマイズ要求は基幹業務システムを稼働する中で、どうしても出てくるものです。カスタマイズ要求に対して Compiere のデータモデルとそのシステム構造から、すばやく容易に対応することができます。以下に詳細を説明します。

1.3.3 プログラミングなしでのカスタマイズが可能

GUI【グラフィカルユーザインターフェース】
文字列画面ではなく、グラフィカルな画面です。マウスなどを使って操作できます。

エンドユーザ側でプログラム記述なしでカスタマイズ可能な GUI 管理画面が備わっており、システム機能の拡張が容易にできます。

・ウィンドウ画面の表示カスタマイズ、出力一覧表のカスタマイズ、印刷帳票のカスタマイズなどがプログラム GUI でできます。

・すでにあるテーブルに項目追加して、その項目を画面上に表示したり、データとして出力したり、印刷したりすることができます。

ビュー (データベース)【view】
1つ以上の表 (または他のビュー) から任意のデータ項目を選択し、それらを加工した実態のない表を意味します。

・すでにあるテーブルのデータで、データベース・ビューを作成し、そのビューを元に、照会画面を作成、データ出力することができます。

・新規データテーブルが必要な場合、データベースにテーブルを作成した後、そのテーブル定義を Compiere の中に読み込み、新しいウィンドウ、新しいタブを作成、データ登録、データ・メンテナンス、データ出力、帳票印刷をすることができます。

1.3.4 自作プログラムを簡単に組み込めるアーキテクト

ビルド 【build】
プログラミング言語を用いて作成したソースコードを、機械語形式に変換し、ライブラリのリンクなどを行い、最終的な実行可能ファイルを作成することです。

Compiere のソース・コードはオープンソースとして Source Forge からダウンロードすることができます。そのソースを自分でビルドして、再パッケージできるようになっています。そのため、Compiere のアーキテクトは自作プログラムを簡単に組み込めるようになっています。

・自作業務処理のプログラム (Java あるいは DB ストアドプロシージャ) を Compiere のプロセスとして登録し、メニューあるいは画面から実行することができます。

Java
Sun Microsystems 社が開発したプログラミング言語です。

・自作の特別画面プログラム (Java クラス) を Compiere のフォームとして登録し、メニューから実行することができます。

- 自作の入力支援プログラム（コールアウト）を Compiere のテーブル項目に登録し、データ入力時に実行することができます。
- ツール整備性：Compiere の機能には、エンドユーザでもカスタマイズ導入・運用ができるように設計されているだけでなく、実際のシステムメンテナンス用のさまざまなツールも提供されています。例えば、Windows 用と Linux ／ Unix 用の起動停止スクリプト、DB インポート／エクスポート・スクリプト、DB バックアップ／リストア・スクリプト、バックアップファイル転送スクリプト、サポート契約を購入後の DB マイグレーション・ツール、DB クライアント・クリア・ツール、DB クライアント・コピー・ツールなども提供しています。

ストアドプロシージャ 【stored procedure】
データベースに対する一連の処理手順を1つのプログラムにまとめ、データベース管理システムに保存したものです。

スクリプト 【script】
機械語への変換作業を省略して簡単に実行できるようにした簡易プログラムです。

マイグレーション 【migration】
プログラムやデータの移行・変換作業を意味します。

1.3.5 テーブル変更してもシステムを止めずに反映可能

　Compiere のデータベーステーブルのデータにアクセスする Java オブジェクト間の O-R マッピングの仕組みは、Compiere の独自技術になるダイナミック O-R マッピングを使っています。

　ダイナミック O-R マッピングというのは、システムを実行している時でも、DB テーブルの定義を変更したら、Java 側のオブジェクトも定義を元に変更されて、DB テーブルと Java オブジェクトが同期をとれることを指します。

　Compiere のシステムアドミン画面から、テーブルの構成を変更した場合、Java クラスを作成しなおして、再ビルドする必要なく、サーバも止める必要なくすぐにプログラムに反映されるというのが、ダイナミック O-R マッピングの一番優れた特徴になります。

　すなわち、ユーザ側でのテーブルに項目追加するなどのカスタマイズがオンラインでできるということです。

O-R マッピング 【Object/RDB mapping】
オブジェクト指向プログラミング言語 (Java 等) におけるオブジェクトの各データを、リレーショナルデータベースのレコードを構成する個々の項目に関連付けることを意味します。

1.4 Compiereの実行環境

Compiereの実行環境は、以下のような環境で動作させることができます。

1.4.1 ハードウエア・ネットワーク環境

　標準構成としては、DBサーバ、アプリケーションサーバ、PCクライアントの3階層で構成されています。DBサーバとアプリケーションサーバは1台で動かすことも可能です。

　社内ユーザは、PCクライアントでLAN経由でアクセスし、社外からもインターネットを経由してWebブラウザで使うことが可能です。

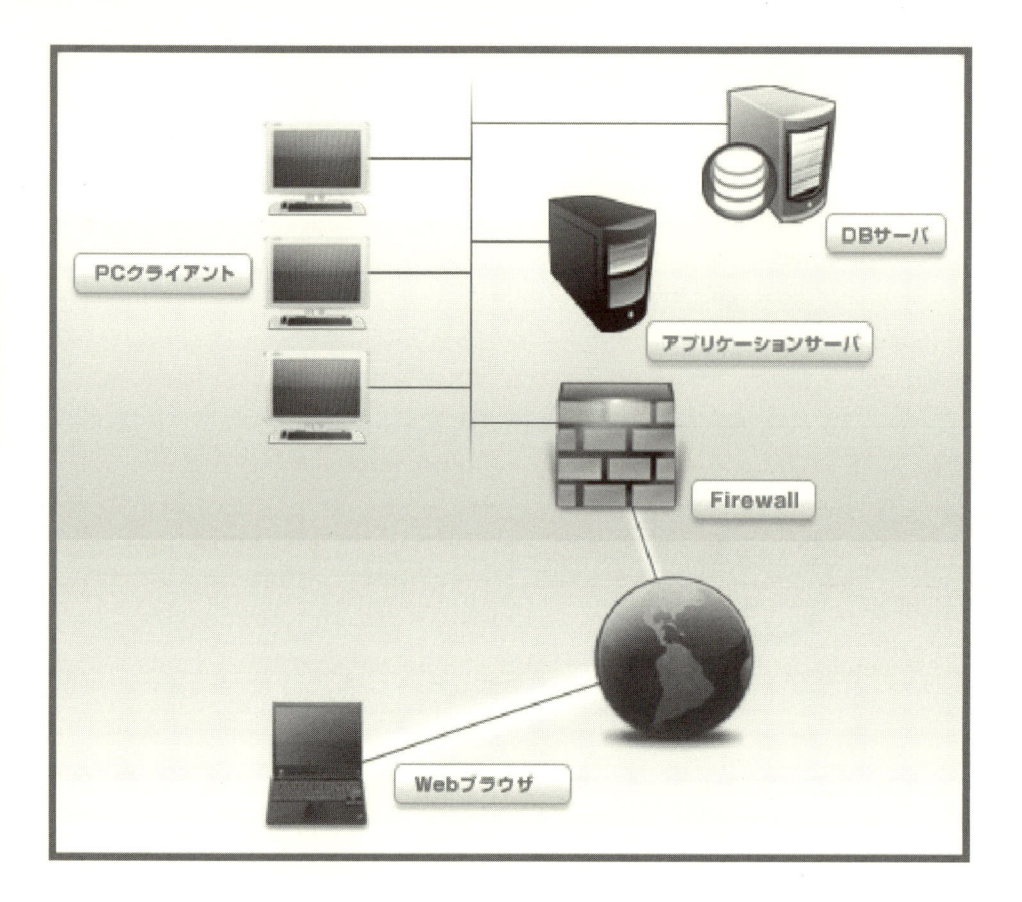

1.4.2 ソフトウエア実行環境

OS
・Windows
・Linux

データベース
・Oracle 11g ／ 10g
・Sybase
・Enterprise DB

Java バージョン
・Sun Java 1.5.0（SDK）

アプリケーションサーバ
・J2EE サーバ（JBoss）
　Compiere のパッケージに含まれています

クライアント
・Java UI（Swing UI）
　クライアント・インストールの必要があります
・Web Start
　クライアント・インストールの必要がありません
　ブラウザから直接起動します

ネットワーク環境
・LAN／VPN（推奨）／WAN

アクセスプロトコル／アクセスポート
・DB ポート（例：ORACLE:1521）
　アプリケーション・サーバのＤＢ接続、LAN／VPN クライアントのＤＢ直接接続に使われます

・アプリケーション・ポート（RMI／JNP:1099）
　RMI／JNP プロトコル通信に使われます

・HTTP（S）ポート（例：80、443）
　Webstore、HTTP トンネル（HTTP 経由で RMI／JNP プロトコル通信）、HTTP ユーザインターフェイスにて使われます

2.1		無料でダウンロード／ インストールして検証・研究・勉強
2.2		企業基幹システムとして導入し、 全般業務を統括管理
2.3		システムを停止せずに項目追加できるので、 使いながら随時拡張
2.4		開発基盤として利用、 ERP以外に拡張可能
2.5		業務研修、SE研修の教材として 実務的な教育を行う

第2章 いろいろなCompiereの利用方法

第 2 章 いろいろな Compiere の利用方法

2.1 無料でダウンロード／インストールして検証・研究・勉強

Compiere は、オープンソースですので無料でダウンロード／インストールして使用することができます。
実際に Compiere を動かしながら基幹システムの研究・勉強をしたり、ベンダーに邪魔されずに調査したりすることが可能です。

2.1.1 実際に動かしながら検証・研究・勉強

　Compiere は、オープンソースですので無料でダウンロード／インストールして使用することができます。

　システムの再構築を考えている時、標準的な業務や処理を整理したい時、パッケージソフトの比較をしたい時などに、実際に Compiere を動かしながら基幹システムの研究・勉強をすることが可能です。

　システムの再構築を考えている時に、実際に Compiere を動かしながら、システムの範囲やシステム機能の検討、基本構想つくりを行えば、はっきりしたイメージのものができます。

　標準的な業務や処理を整理したい時に、実際に Compiere を動かしながら、自社の業務との違いや特殊性をまとめたり、業務改善すべきところを見つけたり、自社の付加価値としたいところを強化することなどに役立ちます。

　パッケージソフトの比較をしたい時に、実際に Compiere を動かしながら、基準となるパッケージ機能をまとめたり、強調したいポイントを抜き出したり、大体の実現方法を頭に入れたりすることができます。

2.1.2　ベンダーに邪魔されずに調査

　上記のような作業は、無料でダウンロード／インストールできるオープンソース Compiere を使うことで、大変便利に、また有効に行えます。

　まず、ほとんど費用がかからないということで、もし途中でこの方法ではうまくいかないかな、と思った場合には何回でもやり直すことができ、納得のいくシステム導入が可能です。

　これまでのシステム導入では、途中で担当の人がこのままではうまくいかないと感じたとしても、それまでの費用を考えてしまって元には戻せないでそのままずるずると進めてしまうことがよくありました。当然この場合は、あまり役に立たないシステムができてしまい、何のために導入したかわからなくなるという結果になっていました。

　また、どこかのベンダーの製品デモや説明を頼むと、その後ベンダーの営業にうるさく付きまとわれてしまいます。ベンダーの営業は何でもできます的なことを言う場合も多く、実際にはできなかったり別途費用がかかったりして後で認識違いが発見されることもよくあることです。

　何回か試行錯誤できるということが、良いシステム導入にとっては重要な要素であり、オープンソースであればそれが実現できます。

ベンダー　【vendor】
製品を販売する会社を意味します。製品のメーカーや販売代理店がこれにあたります。

2.2 企業基幹システムとして導入し、全般業務を統括管理

Compiereを企業基幹システムとして導入し、全般業務を統括管理するというERPの通常の使い方としても活用できます。

2.2.1 バラバラのシステムを統一化

　Compiereを企業基幹システムとして導入し、全般業務を統括管理するというERPの通常の使い方としても活用できます。

　大概の企業においては、古いシステムや個別のシステムがバラバラに入っていたり、属人的な方法で特定業務が行われていたりします。

　それを、新しいシステムに入れ替えようとしても、全体を把握している人がいなかったり、また結局はバラバラなシステムになってしまったりということがよくあります。

　そういう場合にも、ERPシステムであるCompiereを使うことによって整合性のとれた統一したシステムを導入することができます。

　今まで個々のシステムや手作業で行っていた一連の業務を整合性のとれた一括したシステムで行うことにより、業務の効率化や標準化もできますし、経営管理情報をすばやく把握することも可能です。

2.2.2 部分的、段階的に導入可能

　Compiereは、例えば販売管理などの個別パッケージとしての導入も可能です。部分的に導入しても、会計までのデータが自動作成されていますので、将来的に他の機能への拡張も容易にできます。

　企業の予算、プロジェクトの体制や優先度などに応じて、無理なく段階的に導入が可能です。

2.3 システムを停止せずに項目追加できるので、使いながら随時拡張

Compiereは、データ項目を追加した場合でも稼働しているシステムを停止せずに、その変更を反映させることができます。
まず最初は現状の業務通りにシステムを動かしておいて、徐々に改善点を考えながら追加していくなど、使いながら随時拡張していくことができます。

2.3.1 システムを停止せずに項目追加できる

　Compiereは、データ項目を追加した場合でも稼働しているシステムを停止せずに、その変更を反映させることができます。
　テーブル関係だけでなく、画面、帳票も含めて、矛盾なく反映させることができます。
　これは、ダイナミックO-Rマッピングという技術を、当初から使用して開発されてきたことによって実現できています。
　このCompiereの特徴を知れば、今までとは違った発想でのシステム導入が可能になります。

2.3.2 使いながら随時拡張

　まず最初は現状の業務通りにシステムを動かしておいて、徐々に改善点を考えながら追加していくなど、使いながら随時拡張していくことができます。
　今までですと、まず最初にシステムの全体的なことを決定してから、

2.3 システムを停止せずに項目追加できるので、使いながら随時拡張

導入・開発に入る必要がありました。そうでなければいつまでも終わらないプロジェクトになるか、追加費用が大きくかさむような結果につながってしまいます。

しかし、最初に全体を決めるのは普通は困難が多く、決めきれないで結局システム稼働までに時間がかかったり、業務改善をしようとしたにもかかわらず中途半端に妥協してしまうことがよくありました。

もし、項目追加などの変更がシステムを停止せずにできるのであれば、まず現状の業務通りにシステムを稼働させてしまえばよいのではないでしょうか。現状通りに導入するのであれば、よくわかった業務ですので、比較的時間をかけずに導入することができるはずです。その後に随時業務改善を進めながら、システムも変更・拡充していくという方法をとることができます。

何といってもまず気軽にシステムを使い始めることができるというのが、Compiereでのシステム導入における大きな特徴になります。

2.4 開発基盤として利用、ERP以外に拡張可能

Compiereは、プログラムなしでウィンドウズ画面表示、出力帳票のカスタマイズ、テーブルへのデータ項目追加とその反映などが行えます。
　また、自作の業務処理プログラムを組み込むこともできます。
　これらの機能を利用すれば、Compiereを既存のERPシステムとして使用するだけでなく、自社システムの開発基盤としてもとらえることができます。

2.4.1 柔軟なカスタマイズと自作プログラム組み込み

　Compiereは、プログラムなしでウィンドウズ画面表示、出力帳票のカスタマイズ、テーブルへのデータ項目追加とその反映などが行えます。

　ベンダーやSI業者でなくても、利用企業や利用者などエンドユーザ側でプログラム記述なしでカスタマイズ可能なGUI管理画面が備わっており、システム機能の拡張が容易にできます。

　また、自作の業務処理プログラムを組み込むこともできます。

　自作業務処理プログラムや自作の特別画面プログラムを登録し、メニューから実行することができます。

　（詳細は、第1章の「Compiereの特徴」を参照ください。）

2.4.2 開発基盤としてERP以外に拡張可能

　Compiereを既存のERPシステムとして使用するだけでなく、自社システムの開発基盤としてもとらえることができます。

　すなわち、基幹業務システムはCompiereを中心として使い、その周辺システムや自社独自の機能を拡充したい場合に、プログラミングなしでのカスタマイズや自作プログラムの組み込みによって拡張していくことができます。

　Compiereを使って、統一した開発基盤の上に自社システムを構築することが可能になります。

第2章 いろいろなCompiereの利用方法

2.5 業務研修、SE研修の教材として実務的な教育を行う

Compiereは、オープンソースのERPですので、ダウンロードして少し設定すれば一通りの業務機能を動かすことができます。
　安く簡単にできるという点を活かせば、業務研修、SE研修などの時に文書ベースの講義だけでなく、Compiereを動かしながら実務的な教育を行うことができます。

2.5.1　Compiereを動かしながら実務的な教育を行う

　Compiereは、オープンソースのERPですので、ダウンロードして少し設定すれば一通りの業務機能を動かすことができます。

　安く簡単にできるという点を活かせば、業務研修、SE研修などの時に文書ベースの講義だけでなく、Compiereを動かしながら実務的な教育を行うことができます。

　業務を覚えるためにはほとんどOJTにより行われています。これだけでは一通りの業務を経験させるのにはかなりの期間が必要です。また、集合教育で文書ベースの講義をすることもありますが、これだけではいまひとつ実感がわかずによく理解できないとの声を聞きます。

　こんな場合に、Compiereを動かしながらの体験学習と組み合わせると、理解度や興味が増し、比較的短期間のうちに一通りの業務を覚えることが可能になります。

　またSE研修においても、Compiereを動かしながらの実習は有効な手段になると考えられます。

　業務のことをあまり知らないSEも多く、顧客とうまく話ができなかったり、設計や開発が期待していたものと違うものになってしまっ

OJT【on-the-job training】
職場での実務を通じて行う従業員の教育訓練を意味します。

たりすることがよくあります。

　このような人たちに、標準的な一通りの業務知識を習得してもらうことが、比較的簡単にできる方法ともいえます。

	3.1	Compiereの製品概要
	3.2	Compiere ソリューション
	3.3	画面イメージ、基本操作
	3.4	データインポート／エクスポート
	3.5	帳票出力／定義
	3.6	ファイル添付／帳票アーカイブ
	3.7	通知／メール送信／オンラインチャット

第3章 Compiereの全体像

3.1 Compiereの製品概要

Compiereには、ERPとCRMの2つの業務ソフトウェア・ソリューションが統合されています。
　対象企業としては、年商5億円〜500億円の中堅・中小企業向けに開発されています。

3.1.1 Compiereの対象範囲

　Compiereには、ERPとCRMの2つの業務ソフトウェア・ソリューションが統合されています。

　ERPと基幹システム分野の販売管理、仕入購買管理、在庫管理、物流管理、会計処理、経理分析と、CRM領域の顧客管理、販売促進、セルフサービス、Eコマースなどの数多くの業務機能をカバーしています。

　対象企業としては、年商5億円〜500億円の中堅・中小企業向けに開発されています。

　特に、物販・流通業とサービス業のソリューションは充実しています。

> ソリューション 【solution】
> 業務上の問題点の解決や要求の実現を行うための情報システムを意味します。

3.1.2 各業務機能の概要

販売管理

　Compiereの販売管理では、「見積」→「受注」→「納品」→「請求」→「入金」など一連の販売業務の流れをカバーしています。

　見積作成はオプションで、必要に応じて見積を先に作成して、注文

を受けた時点で受注処理を行うことができます。

　受注処理で在庫引当を行い、在庫が不足しているかどうかを提示することができます。見積受注登録時に顧客与信がチェックされて、与信限度を超えている場合、警告または受注・出荷を拒否します。受注オーダーは出荷ルール、請求ルール、支払ルールを設定することによって、要求に応じた出荷処理、請求処理、入金処理が適応されることになります。

　同梱出荷、分割出荷、締め日請求、分割請求、請求スケジュール設定、支払スケジュール設定、入金支払配分、銀行報告書照合などさまざまな業務を支える機能が実装されています。

　Compiereの販売管理だけでも流通業ソリューションとして利用することができます。

POSレジ

　Compiereには、POS端末が統合されて、店舗などにPOSレジ・ソフトウェアとしても利用可能です。

　CompiereのPOSレジ機能によって、フロントにおける生産性を向上するために、バックオフィスの必要な情報をすべて直接得ることができ、取引情報もリアルタイムでバックオフィスに反映して、データ処理を簡略化できます。

仕入購買管理

　Compiereの仕入購買機能では、「見積依頼」→「発注」→「入荷」→「仕入先請求書」→「支払」の一連の業務の流れを実現しています。

　見積依頼はオプション処理で、必要な時に見積依頼を先に作成して、見積依頼から発注処理を行うことができます。

　発注書から入荷データと仕入先請求書を作成することができるうえ、仕入先納品書（入荷データ）と仕入先請求書を別途登録して、発注書、納品書、請求書の消し込みを行うことが可能です。

在庫管理

　Compiereの在庫管理機能では、複数倉庫に対する入荷処理、出荷処

理、在庫移動、棚卸処理、製品組み立て（BOM）処理、在庫補充処理などが実装されています。

　入荷、出荷、在庫移動などは設定によって確認（承認）処理を追加することができます。確認された入荷、出荷、在庫移動のみが「完了」処理を行うことができ、実在庫数が変更されます。

　商品の在庫数は、倉庫の保管場所別に、ロット別、属性別、シリアル番号別、保証期間別に持てます。

　在庫補充は設定によって、ソース倉庫から自動移動することも、不足時に発注書を自動作成することなどもできます。

　在庫の変化による原価評価帳票、入出荷予測帳票などを作成する機能も実装されています。さらに、資産管理、サービス管理、プロジェクト管理、タスク管理、リソース管理、スケジュール管理などの管理機能も設けています。

　Compiereの販売管理、仕入購買管理、在庫管理機能で構成されるサプライチェーン管理ソリューションは、自社組織内の物流だけでなく、仕入先、顧客資産管理もカバーしています。

会計処理および実績分析

　Compiereの取引処理がすべて経理会計データと連動しています。

　例えば、受注が請求された時点で、売上と買掛金仕訳がサーバープロセスによって、裏側で自動作成されます。経理処理がリアルタイムで実行されているため、実績分析結果を随時確認できます。リアルタイムダッシュボード機能にて、現時点の取引実績状況をグラフの形で監視できるようになっています。

　特に、Compiereの実績分析機能は、他のERPシステムに比べて高い柔軟性を実現しています。

　詳しく説明すると、システムを導入する段階で実績分析のための勘定科目体系の要素（会社、部門、科目、サブ科目、プロジェクト、製品、取引先などなど）を先に決定し、運用時に変更するには再度導入しなおさなければならないというのが以前のERPシステムでしたが、Compiereでは、導入は最小限の勘定科目体系要素（会社、部門、科目）で始まって、運用時でも必要に応じて、実績分析のためのディメンショ

リソース　【resource】
目的を達するために役立つ、あるいは必要となる要素などの資源を意味しますが、ここでは、プロジェクトの遂行に必要な人手や資金、設備などを意味します。

ン（その他の要素）を追加してデータを出力したり帳票を作成したりすることができるように実装されています。

　Compiereの会計ソリューションには、財務会計の一般会計、売掛金管理、買掛金管理、経費管理、資産管理、原価計算、現金預金管理、小切手手形管理および決算処理、財務諸表などの機能の他に、管理会計の原価再評価、複数会計スキーマによる多次元分析、階層化分析、予算実績対比分析などの実績分析機能が提供されています。

顧客関係管理（CRM）

　Compiereの顧客関係管理（CRM）機能は、主に取引を中心とした顧客管理システムです。

　顧客関連情報の一般管理以外に、顧客残高監視、支払督促メール自動配信、販促キャンペーン、マーケティング、一括メール配信、顧客セルフサービス、Eコマースなどの機能が実装されています。

Eコマース

　CompiereのEコマースはウェブストアと呼び、WEBからの買い物を支援する機能です。

　オンラインショップの運営に必要な機能を提供します。取引情報はCompiereのデータベースと共有されるので、同期化などをする必要がなくなります。

　Compiereのウェブストアでは、取引先のセルフサービス機能、つまり取引先がウェブストアを利用して、取引状況を確認したり、リクエスト作成したりすることができます。さらに、請求書、領収書の印刷機能なども提供されています。

ワークフロー

　従来のERP & CRMアプリケーションとは異なり、Compiereのビジネスロジックはワークフローに基づいています。

　Compiereワークフローエンジンは、Compiereのコア・トランザクションすべてを管理しています。つまり、Compiereのすべてのプロセスが、自動的にワークフローを利用して、ワークフローの拡張や変更

で、業務処理のプロセスの修正ができます。

　Compiereのワークフロー・ソリューションは、アプリケーションの上に追加構築されたものではなく、完全にCompiereのコアと統合されているため、他のERP&CRMベンダーの外部またはアドオンでのワークフローの提供よりも、メンテナンスが簡単で、より多くの機能を提供できます。

アドオン 【add-on】
パッケージソフトウェアに外付けで追加開発される拡張機能を意味します。

ERP

仕入管理
- 見積依頼
- 発注
- 入荷
- 仕入

在庫管理
- 製品組立/分解　在庫/場所
- 在庫補充　在庫予測
- 入庫　出庫
- 棚卸　在庫移動

販売管理
- 見積
- 受注
- 出荷
- 売上

買掛管理
- 仕入請求
- 買掛金
- 支払

財務会計
- 原価計算　リソース・費用　現金出納
- 経費管理　資産管理　銀行報告書
- 小切手・手形　一般会計　決算処理

売掛管理
- 請求
- 売掛金
- 入金

CRM

販売促進
- 取引先管理　販促配信
- 与信管理　見込顧客
- 支払督促　キャンペーン

セルフサービス
- 問合せ管理　会員管理
- リクエスト　関心トピック
- クレーム管理　知識ベース

Eコマース
- 商品検索　買物カゴ
- オンライン決済
- 取引状況

管理会計

多次元分析
- 原価再評価　部門階層化
- 連結決算　科目階層化
- 分析軸設定　軸項目階層化

リアルタイム分析
- 会計諸表　日記帳/試算表
- 貸借対照表　損益計算書
- キャッシュフロー　原価報告書

多次元分析
- 予算管理
- 予算実績対比分析
- 前年実績対比分析

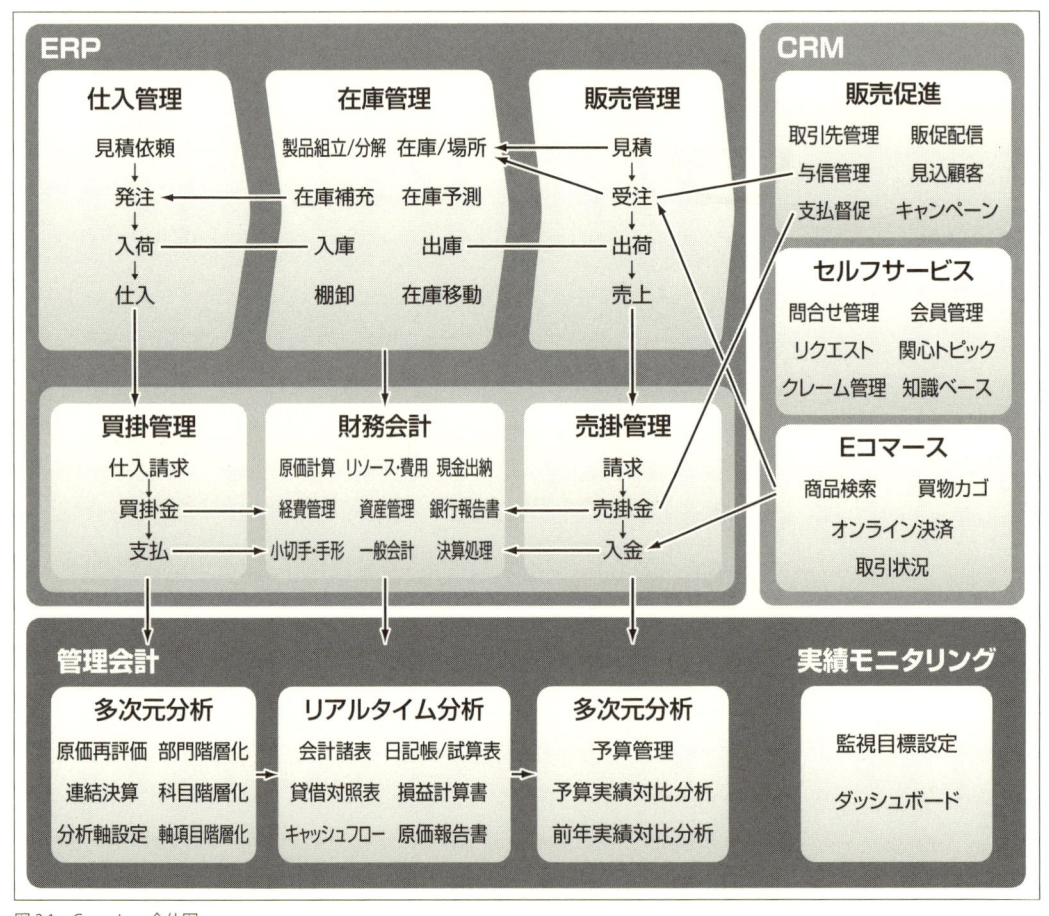

実績モニタリング
- 監視目標設定
- ダッシュボード

図3.1　Compiere全体図

3.2 Compiere ソリューション

Compiere の各ソリューションとしての概要を説明します。

3.2.1 ERP ソリューション

　Compiere では、商品を中心とした受注、発注、仕入、在庫、入荷、出荷、入金、支払、会計計上、経営管理および顧客、仕入先、従業員の管理を一元化管理できる ERP ソリューションを提供しています。
　フロントオフィスがビジネス全体を駆動するという考え方から、顧客を中心とした管理方法は、流通業およびサービス業に最適となっています。

3.2.2 CRM ソリューション

　CRM というのは顧客を見つけ出し、獲得および保持するなどさまざまな面からビジネスをサポートするシステムのことです。
　Compiere では、さまざまな視点から見ることのできるビジネスパートナー管理があり、販売促進、問合せ管理、セルフサービスなどの強みを持つ CRM 機能を提供しています。

3.2.3　会計ソフト・ソリューション

　同じ取引に対しても、準拠する会計ルールによって、まったく違う結果を得ることが可能です。

　Compiereでは複数会計スキーマを設定することによって、あらゆる会計レポートの要求を満たすことができます。

3.2.4　サービス業ソフトウェア・ソリューション

　Compiereはサービス業のすべての業務の流れに適用できます。サービス業ソフトウェア・ソリューションの中心は、プロジェクト会計ソリューションになります。

　Compiereでは、サービスプロジェクトをフェーズやタスクに分けて、分析できます。時期と経費のレポートで、プロジェクトを評価コントロールする上で、サービス業の業務に必要となる時間割での請求支払、材料ベースの請求支払、タスクベースの固定請求支払などさまざまな業務形態に適用しています。

　Compiereのサービス業ソフトウェア・ソリューションはコンサルタント、弁護士、税理士、ソフトウェアハウスなどの業界に最適です。

3.2.5　流通業ソフトウェア・ソリューション

　Compiereはもともと複数倉庫、複数店舗および小売のために設計されたERPシステムです。

　Compiereでは、組織の内部だけでなく仕入先、顧客を含むサプライチェーン全体を管理します。

　POSソリューションをインテグレートすることによって、フロント

インテグレート【integrate】
統合して総合的に利用できるようにすることを意味します。

オフィスの生産性を大幅に改善し、バックオフィスに有効な情報を素早く提供できるようになっています。

3.3 画面イメージ、基本操作

Compiereのログイン直後のメニューイメージと基本的な画面の構成について説明します。

3.3.1 ログイン直後のメニューイメージ

ログインしたユーザ／職責により、決められたメニューが表示されます。

メニューは、エクスプローラのように階層関係を持たせたツリー形式になっています。

メニューの左側は、よく使うメニューのショートカットキーとして設定できるようになっています。

メニューの下にある検索ボックスで、入力したキーワードを含む対象メニューを検索することができます。

下のバーにある、通知またはリクエストを用いて、ログインユーザへの連絡や未対応処理件数・内容を確認することができます。

ログイン 【login】
コンピュータを使いたいときに最初にＩＤやパスワードを入力してネットワークを通じてコンピュータに接続し、そのコンピュータを操作可能な状態にすることです。

ショートカットキー 【shortcut key】
利用したい機能にたどり着くために、画面上のメニューからマウスで選択して実行する命令や、特定の文字列の入力などのキー操作を、簡単な１回の選択で実行できるようにする機能を指します。

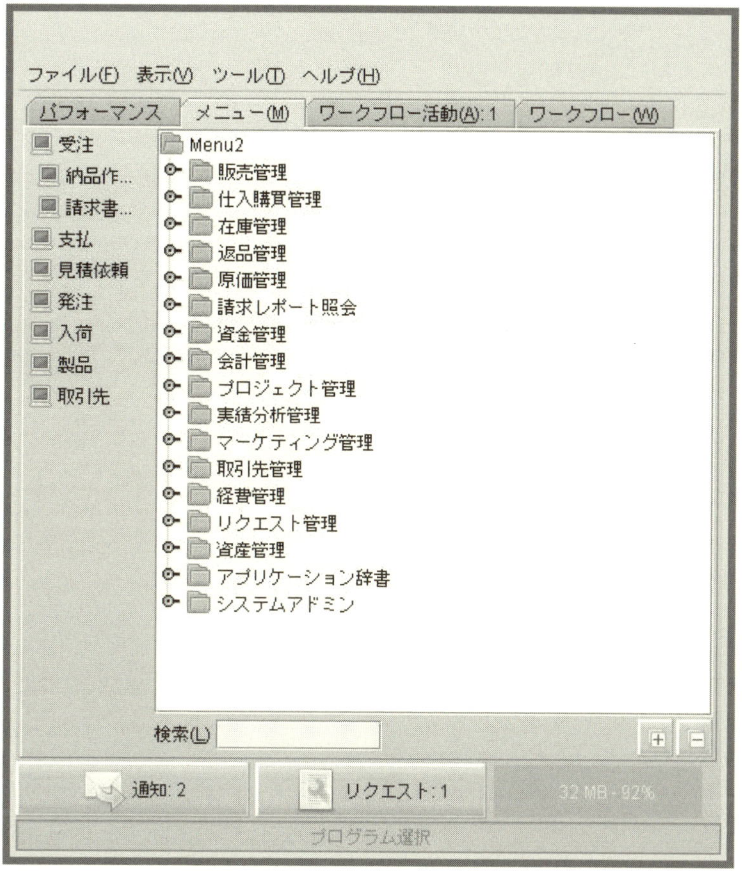

3.3 画面イメージ、基本操作

図 3.3（1） ログイン直後のメニューイメージ

3.3.2 画面イメージ、基本操作

図 3.3（2） 受注画面

　Compiere の画面（Window）は、図 3.3（2）のような画面構成になります。

　左側には、タブ領域があります。
　タブ領域には、ウィンドウに含まれるタブが表示され、親子関連性がある階層型で、一番上のタブが親タブになります。

3.3 画面イメージ、基本操作

　子タブには、親タブに表示（選択）されたデータに依存するデータが表示されます。

　右側には、詳細データ領域があります。
　詳細データ領域には含まれる項目が2列に分けて表示されます。
　項目ごとに右クリック機能を持ち、多くの項目に右クリックでの「値プリファレンス」があります。「値プリファレンス」を設定すると、新規入力時に常にその値が初期値で表示され、すばやく入力することができます。
　その他にも同じく右クリックメニューで、「ズーム」機能があり、その項目の定義画面を開く「横飛び」機能があります。

　上側にはツールバーがあります。
　ツールバーには左側から順に、以下のボタンがあります。
① 元に戻す
② ヘルプ
③ 新規レコード
④ レコード削除
⑤ 変更保存
⑥ リフレッシュ
⑦ レコード検索
⑧ 添付ファイル
⑨ チャット
⑩ データグリッドの切り替え
⑪ アーカイブ済みドキュメントとレポート
⑫ レポート
⑬ 印刷
⑭ 最初レコード
⑮ 前のレコード
⑯ 次のレコード
⑰ 最終レコード
⑱ ズーム

⑲　アクティブワークフロー
⑳　リクエスト—問題トラッキング
㉑　ウィンドウ終了

下側にはステータスバーがあります。
ステータスバーには処理の結果情報が表示されます。
下右側にはレコードカウンターがあります。
レコードカウンターには、全レコード数とカレントレコード番号が表示されます。

ツールバーの左から10番目にある、「データグリッドの切り替え」ボタンをクリックすると一覧表示画面になります。一覧表示画面と詳細画面を切り替えながら操作を行います。

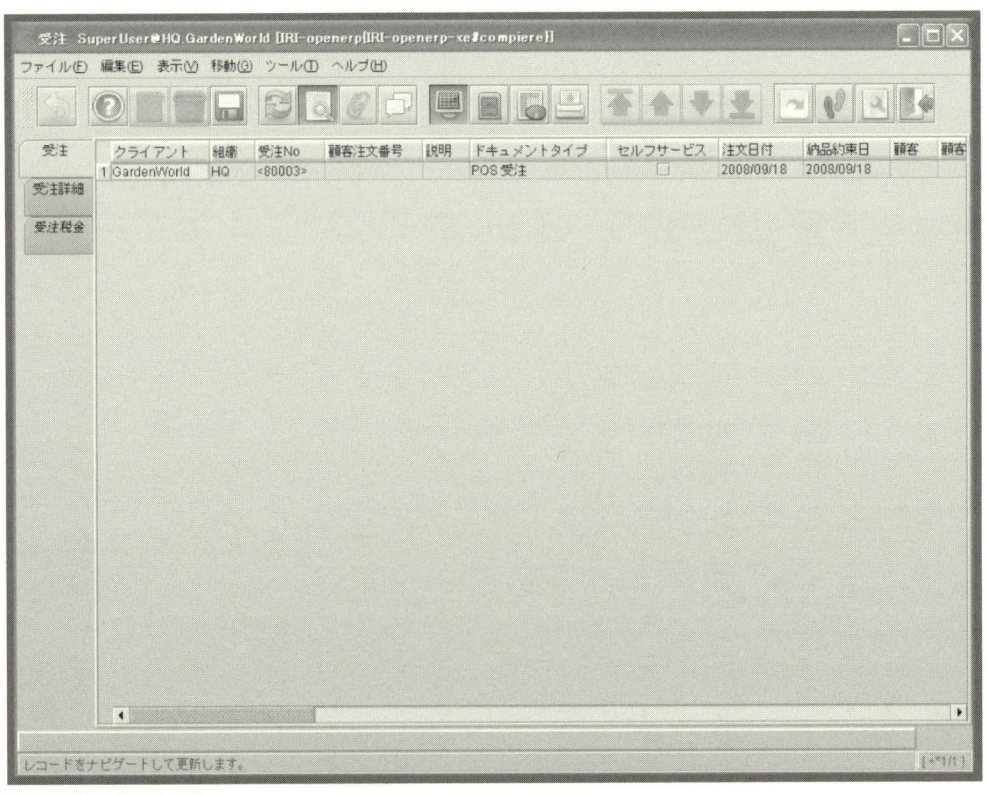

図 3.3（3）　一覧表示画面

3.4 データインポート／エクスポート

Compiereでは、導入時に製品情報や顧客情報などの大量データをインポートしたり、定期的に請求書・受注書・仕訳帳などを取り込んだりするのに利用したりすることができるインポート機能があります。
すべての画面から一覧表示データのエクスポートができます。

3.4.1 データインポート

　Compiereでは、導入時に製品情報や顧客情報などの大量データをインポートしたり、定期的に請求書・受注書・仕訳帳などを取り込むために利用したりすることができるインポート機能があります。

　カンマ区切り、タブ区切り、固定フォーマットのファイルを利用してデータのインポートを行います。

　また、インポート済みレコードは定義されたデータベースへの制限により重複を防ぎ、間違ったデータがインポートされないように確実に処理されます。

　Compiereのデータインポート機能は、共通のデータ読み込みツールによって、データをインポートテーブルにロードします。ロードする時に、「インポートフォーマット」に定義されている定義に基づいてデータをロードします。

　データのフォーマットは随時変更可能です。データロードする部分は、SQL Loaderなどを使って、直接インポートテーブルにロードすることも可能です。

　インポートテーブルにロードされたデータは、インポートデータ用

SQL Loader
外部の制御ファイルを使って、大量のテキストデータをデータベースの表に取り込むことができるユーティリティです。

プログラムによって、Compiere のトランザクションデータテーブルに
インポートします。

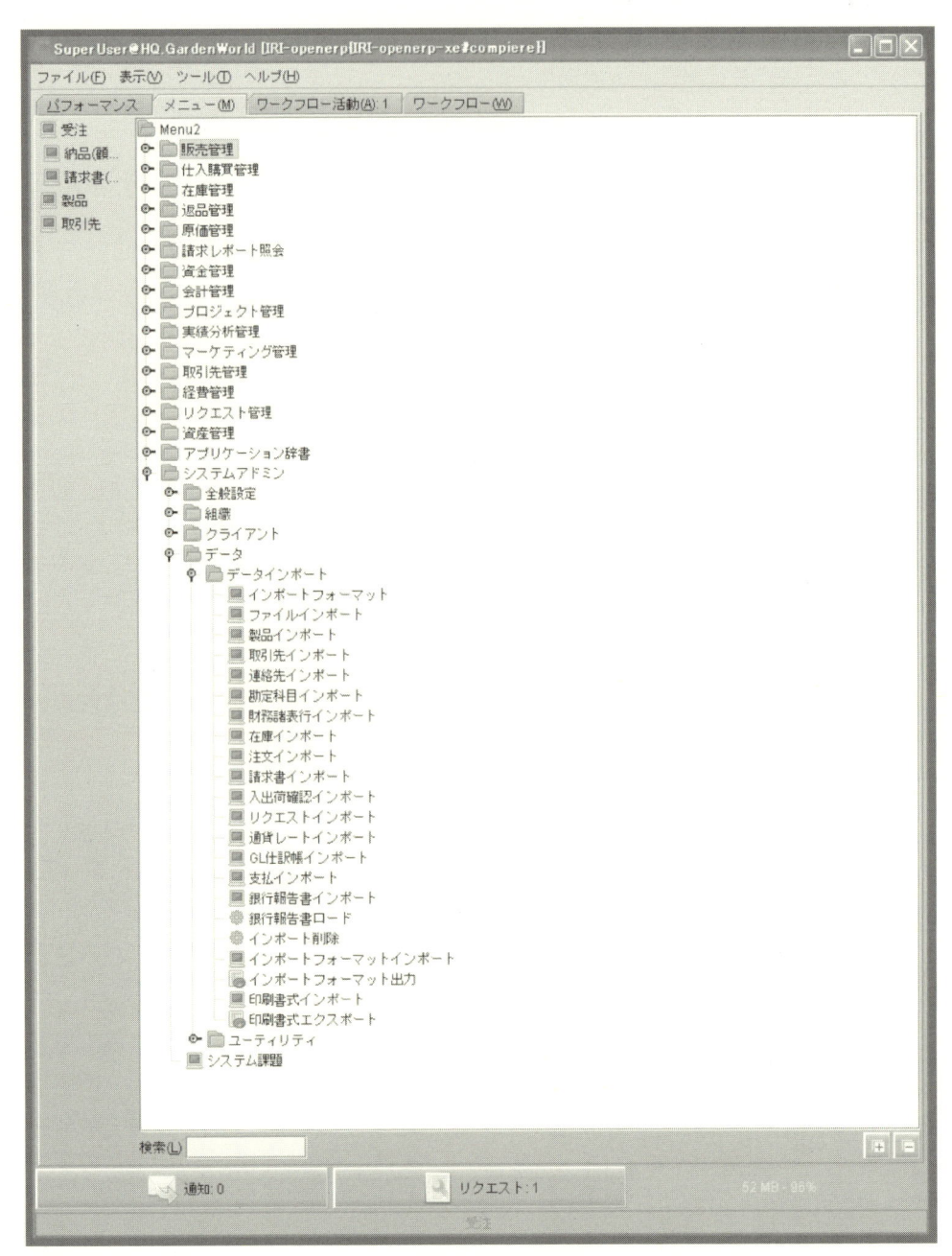

図3.4 データインポートメニュー

3.4.2 データエクスポート

Compiereでは、すべての画面から一覧表示データのエクスポートができます。

データエクスポート機能では、出力項目の選択をしたり、順番を変更したりできます。

出力形式には以下の7種類があります。

① Postscript
② XML
③ PDF
④ HTML
⑤ txt タブ区切り
⑥ ssv セミコロン区切り
⑦ csv カンマ区切り

3.5 帳票出力／定義

Compiereでは、レポートをカスタマイズして作成することが容易です。大きく分けて2種類のレポートがあります。1つは、一覧の形式で出力するレポートです。もう1つは、レポートフォーマットの定型を利用して出力するレポートです。それぞれカスタマイズが可能で、そのレポートをエクスポートすることができます。

3.5.1 一覧帳票

一覧帳票は、ウィンドウに表示された情報を一覧表形式で表示する帳票です。

表示項目、ソート順序、フォーマットアイテム（フィールド、イメージ、テキスト、印刷書式、幅／高さ、合計／平均／カウント／グループ化の値設定）などを変更することが可能です。

各ウィンドウのツールバーより「レポート」ボタンを利用すると一覧表示レポートウィンドウが表示されます。

一覧帳票はドリルダウンできます。

また、一覧帳票は以下の形式でエクスポートできます。

① Postscript
② XML
③ PDF
④ HTML
⑤ txt タブ区切り
⑥ ssv セミコロン区切り
⑦ csv カンマ区切り

ドリルダウン
データの集計レベルを1つずつ掘り下げて集計項目をさらに詳細にする操作を意味します。

3.5 帳票出力／定義

　一覧帳票のツールバーの「カスタマイズ」ボタンをクリックして、一覧帳票の形式をカスタマイズできます。

　印刷書式として、印刷用紙、印刷フォント、印刷フォントカラーなどを定義できます。

　表示順番として、印刷帳票に印刷出力する項目の選択と順序を定義できます。

　ソート順番として、一覧帳票のレコードのソート順序を定義できます。

　書式アイテムとして、詳細な設定や翻訳の定義ができます。

3.5.2　定型帳票

　定型帳票は、一覧帳票と比べてカスタマイズ度が高く、さまざまなフォーマットでレポートを出力することができます。

　印刷フォーマットとして以下のような指定をします。

① テーブル
② レポートビュー
③ フォーム
④ 標準ヘッダー／フッター
⑤ 印刷用紙
⑥ 印刷テーブル書式
⑦ ヘッダーマージン
⑧ フッターマージン
⑨ 印刷フォント
⑩ 印刷色
⑪ コピー／作成ボタン

　表示順番、ソート順番の指定もできます。

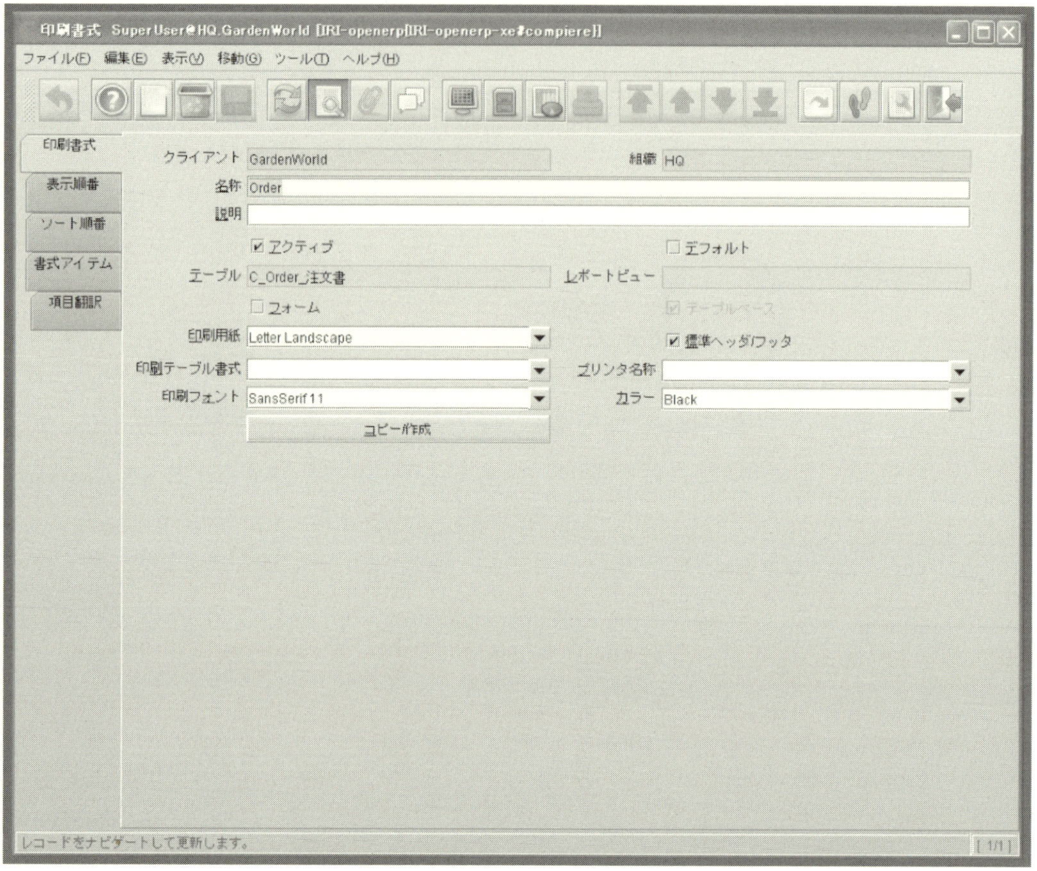

図 3.5　帳票カスタマイズ画面

3.6 ファイル添付／帳票アーカイブ

Compiereでは、すべての画面で添付ファイルをつけることができます。また、現在時点の帳票を保存したい場合に、帳票アーカイブとしてシステム内に持つことができます。

3.6.1 ファイル添付

Compiereでは、すべての画面で添付ファイルをつけることができます。

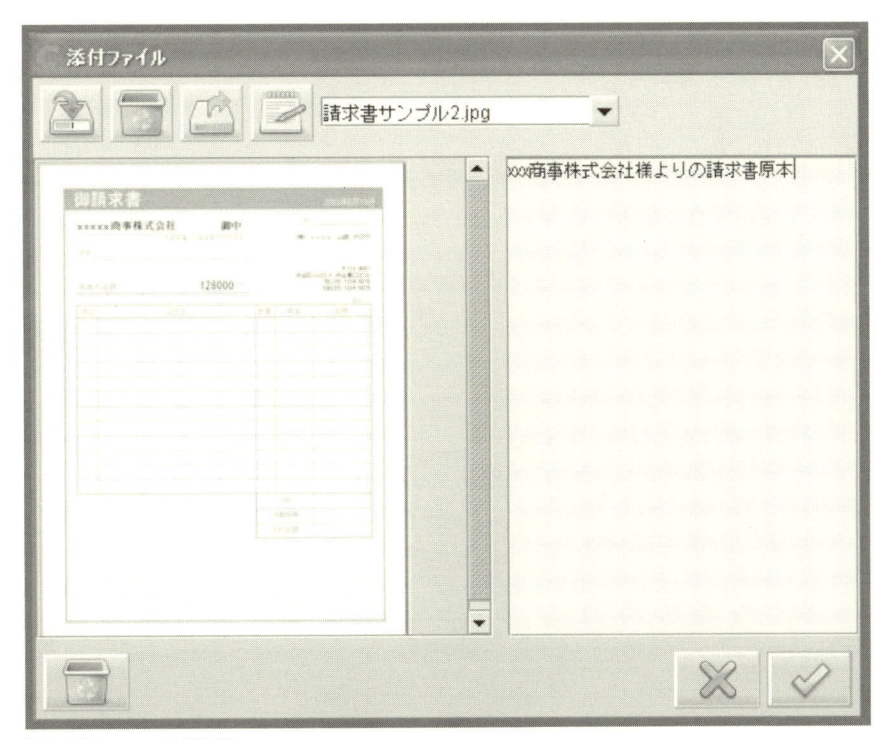

図3.6（1）　ファイル添付例

例えば、取引先からきた注文書・請求書・納品書・領収書などの原本のスキャンファイル、製品のイメージ画像、またはワード・エクセルなどのファイルを添付することができます。

> **スキャンファイル**
> スキャナーを使用して原稿を光学的に読み込み、デジタルデータ化したファイルのことを指します。

3.6.2　帳票アーカイブ

また、現在時点の帳票を保存したい場合に、帳票アーカイブとしてシステム内に持つことができます。

在庫のように毎日変動しているデータの帳票や、再実行に時間がかかる重い処理で作られる帳票などをアーカイブして利用することができます。

図 3.6（2）　帳票アーカイブ例

3.7 通知／メール送信／オンラインチャット

Compiereには、通知／メール送信／オンラインチャットなどのコミュニケーションツールが実装されています。

3.7.1 通知

　通知は、会計転記処理・ワークフロー処理などのシステム処理においてエラーがあった時などに、決められたユーザに通知メッセージが送られます。

　ユーザがログインした時点で通知件数・通知内容を確認することができます。

3.7.2 メール送信

　取引先に向けて注文書・納品書・請求書などの書類をPDFファイルとして添付してメール送信、支払督促状など送付対象先にまとめて自動送信、または一括メール配信／メルマガ機能を持っているので、販促メールなどを取引先にまとめて送ることができます。

　取引先ごとにメール送信用のテンプレートを使い分けることによって、取引先の設定により外国語でメール配信することができます。

　また、Eコマースにおいては、注文受付・出荷通知などの定型のメールを自動送信することができます。

メール‐マガジン【e-mail magazine】
電子メールを使用して多数の人に配信する機能です。

3.7.3　オンラインチャット

　Compiere では、各ドキュメントに対して、ログインユーザがオンライン／オフラインでチャットの形で情報交換できます。

　オンラインチャットには、フォーラム（スレッド）型・メモ型および Wiki 型があり、情報交換の履歴が該当ドキュメントと紐づけて保存できます。

チャット　【chat】
コンピュータネットワークを通じてリアルタイムに文字ベースの会話を行う機能を指します。

フォーラム【forum】
パソコン通信のネットワーク内に設定された、共通の興味をもつ者が集まる場所（主にサイト）を指します。

Wiki　【ウィキ】
Web ブラウザから簡単に Web ページの発行・編集などが行える、Web コンテンツ管理システムです。Web サーバにインストールして Web ブラウザから利用できます。

4.1	システム環境の単位
4.2	組織構造
4.3	倉庫・保管場所の位置付け
4.4	セキュリティ（アクセス権限）
4.5	取引先マスタ
4.6	製品マスタ
4.7	価格、プライスリスト、割引
4.8	会計期間と勘定科目
4.9	通貨、税金

第4章 Compiereの基本的な概念

4.1 システム環境の単位

Compiereでシステム環境を分けたいときには、データベース・スキーマ単位に分ける方法と、クライアント（会社）単位に分ける方法があります。
データベース・スキーマ単位に分けた場合は完全に独立した環境となり、クライアント（会社）単位に分けた場合はデータの独立性を確保できます。

4.1.1 データベース・スキーマ単位の分割

データベース・スキーマ単位で分ければ、論理的に独立したシステム環境を作ることができます。

開発環境、テスト環境、本番環境を作るときには、通常データベース・スキーマ単位で分けることによって実現します。

また、研修や実習など何人かの人で同時に操作を行ってみたい場合に、各人の個別の環境を確保するときにもデータベース・スキーマ単位で分けるのが便利です。

データベース・スキーマをコピーすれば、設定やアドオン・プログラムも含めて同じ環境を作成することができます。

どのデータベースに入って操作するかは、ログイン時にサーバの選択により変更することができます。

この、データベース・スキーマ単位でシステム環境を分ける方法が、論理的に最も大きく分ける方法です。

スキーマ 【schema】
データベースの構造を意味します。

4.1.2　クライアント（会社）単位の分割

1つのデータベース・スキーマの中に、いくつかのクライアント（「会社」と翻訳している）を作成します。

クライアントには、1つのデータベース・スキーマ内の環境に共通の「System クライアント」と、その他の「クライアント（いわゆる会社）」があります。

「System クライアント」は、1つのデータベース・スキーマ内の環境に1つだけ存在します。その他の「クライアント」は、1つのデータベース・スキーマ内の環境に1つもしくは複数個存在します。

「System クライアント」では、アドオン・プログラムや共通のシステム設定を行い、その他の「クライアント」では、その会社内でのみ有効な設定を行います。それぞれで行える設定が異なっています。

マスターデータやその他のデータは、クライアントが異なれば異なるデータとして管理されます。したがって、ログインユーザーが異なるクライアントのデータにアクセスはできません。

どのクライアントとして実行するかは、Compiere のログイン時に指定します。具体的には、ログイン時のユーザに与えられた職責とクライアントの中で、選択することができます。

「System クライアント」のメンテナンスをするためには、"System Administrator" 職責でログインする必要があります。

クライアント

クライアントは通常、会社の単位を意味します。各会社間に共通のクライアント（System クライアント）も存在します。

例えば、次のように環境を分割して使用します。

```
┌──────────────┐   ┌──────────────┐   ┌──────────────┐
│ データベース │   │ データベース │   │ データベース │
│ スキーマ1    │   │ スキーマ2    │   │ スキーマ3    │
└──────────────┘   └──────────────┘   └──────────────┘
   開発環境           テスト環境         本番環境
   として使用         として使用         として使用
```

図 4.1（1） データベース・スキーマ単位の分割

1つのデータベース・スキーマの中に、例えばA、B、Cの3個の独立した環境を作る場合のイメージ

```
          System クライアント（＝A、B、Cに共通）
    ┌─────────────┐ ┌─────────────┐ ┌─────────────┐
    │ クライアントA │ │ クライアントB │ │ クライアントC │
    └─────────────┘ └─────────────┘ └─────────────┘

              1つのデータベース・スキーマ
```

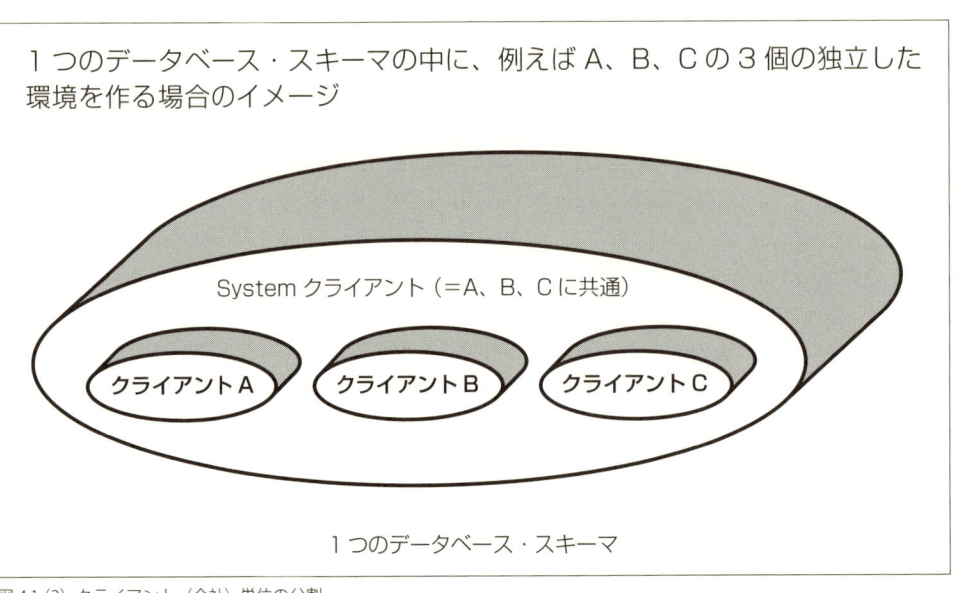

図 4.1（2） クライアント（会社）単位の分割

4.2 組織構造

Compiere では、クライアント（会社）の中にいくつかの組織を作成し組織構造を作ります。
サマリ組織を作り階層化することもできます。

4.2.1 組織構造

クライアント（会社）の中には、複数の組織を作成できます。

組織は、支店・営業所などを設定してもよいですし、部課などを設定してもかまいませんが、実取引を登録するときは、必ず組織を指定する必要があります。

組織は、実取引の登録時に使用する組織のほかに、集計用に使用するサマリ組織を設定し、組織を階層化することができます。

サマリ組織の階層パターンはいくつでも作成できます。

全社組織（共通の意味合い）として"＊"を登録することができます。全社組織"＊"は共通のデータとしてクライアント内で共有できます。

ログイン時にそのユーザの職責に指定可能な範囲の中で組織を選択することができます。

組織は、販売組織や購買組織などモジュールごとに分かれているのではなく、ERP としてクライアント（会社）全体で統一された組織となっています。

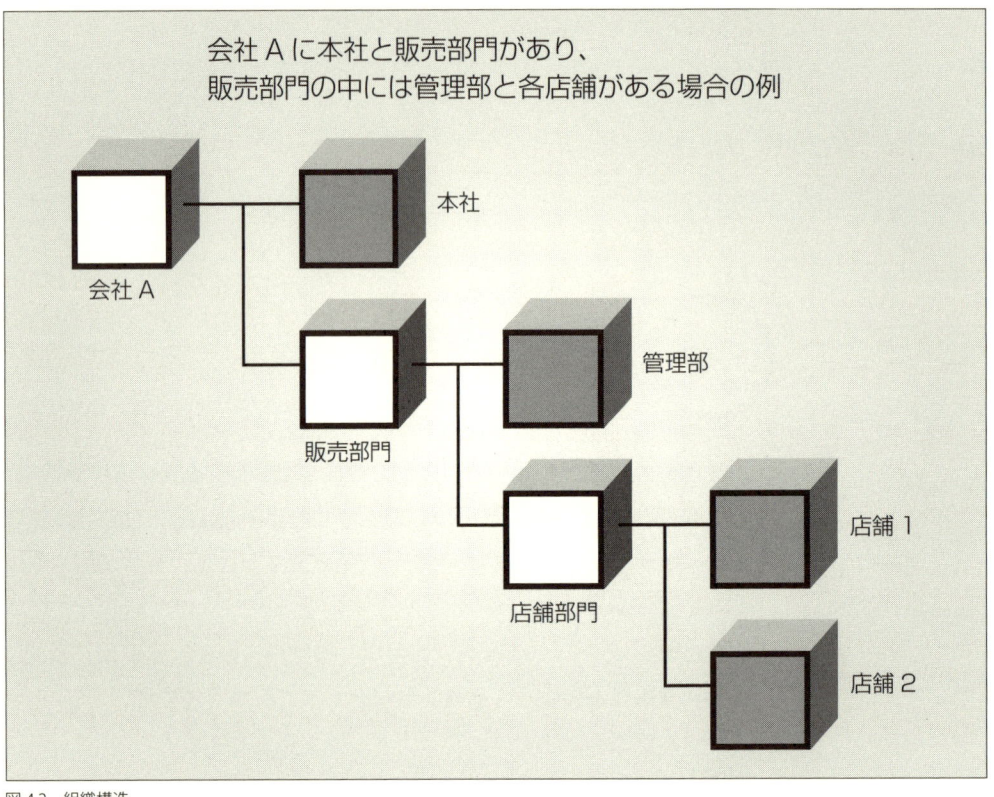

会社Aに本社と販売部門があり、
販売部門の中には管理部と各店舗がある場合の例

本社
会社A
管理部
販売部門
店舗1
店舗部門
店舗2

図4.2　組織構造

4.3 倉庫・保管場所の位置付け

Compiereで取引を登録するためには、組織と倉庫が必須項目になります。組織の中に倉庫が存在します。倉庫の中に保管場所が存在します。入荷・出荷・移動などの取引は、保管場所ベースで実行されます。

4.3.1 倉庫・保管場所

　　Compiereで取引を登録するためには、組織と倉庫が必須項目になります。組織と倉庫がない取引は登録できません。

　　組織の中に倉庫が存在します。組織をまたがった倉庫は定義できません。

　　取引組織の中には、少なくとも1つの倉庫（Warehouse）の存在が必要です。複数倉庫を持つこともできます。

　　製品を倉庫に在庫するとき（入荷・出荷・移動などの取引）は、保管場所（Location）ベースで実行されます。倉庫の中に保管場所が存在します。保管場所は複数持つことができます。

組織・倉庫・保管場所の定義例

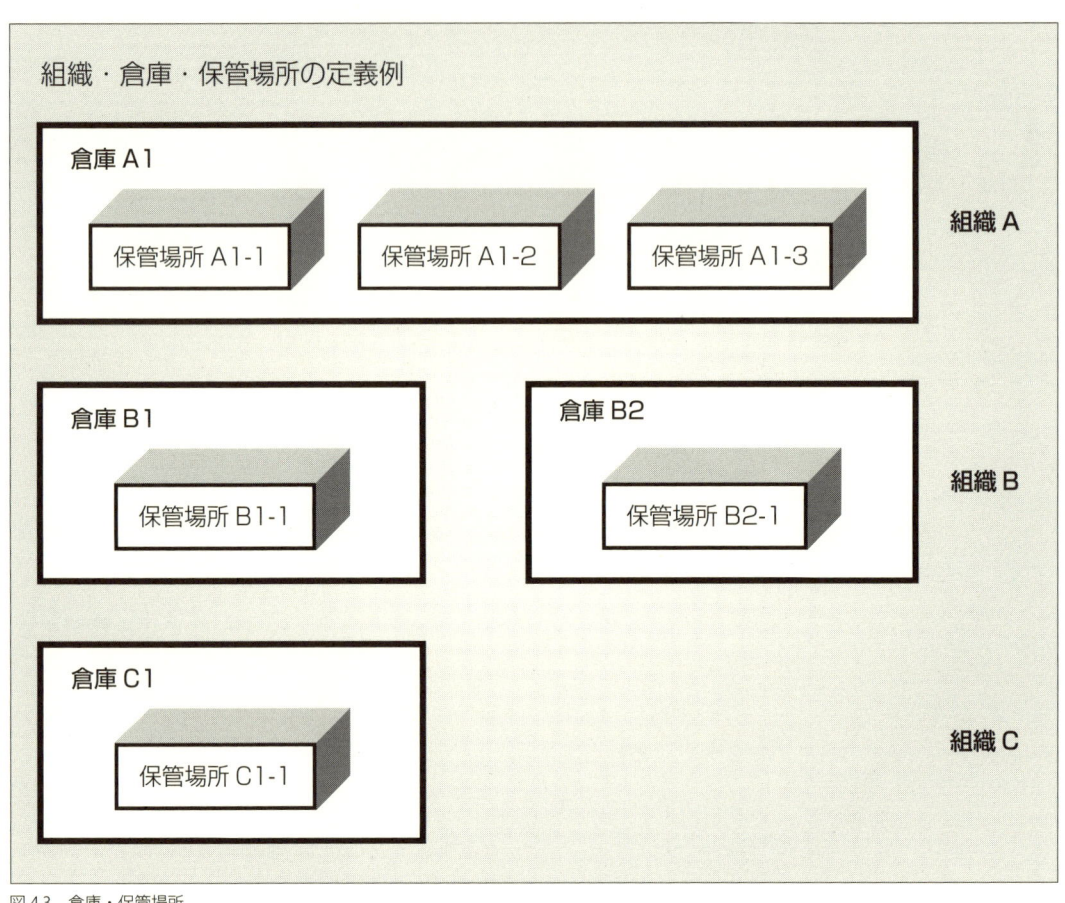

倉庫 A1
- 保管場所 A1-1
- 保管場所 A1-2
- 保管場所 A1-3

組織 A

倉庫 B1
- 保管場所 B1-1

倉庫 B2
- 保管場所 B2-1

組織 B

倉庫 C1
- 保管場所 C1-1

組織 C

図 4.3　倉庫・保管場所

4.4 セキュリティ（アクセス権限）

Compiereでのセキュリティを確保するためのアクセス権限は、職責を利用することで管理します。
職責によって、メニューやデータのアクセス権限を設定できます。
ユーザと職責を対応付けることで、各ユーザごとのアクセス権限を制御します。

4.4.1 セキュリティ（アクセス権限）

アクセス権限 【access right】
アプリケーションの利用者に与えられた、操作権限を意味します。

　Compiereでのセキュリティを確保するためのアクセス権限は、職責を利用することで管理します。
　アクセス権限は、職責に対して設定することができます。
　職責ごとに、実行できる機能を設定し、メニュー表示に反映することができます。
　また、職責ごとにデータアクセス権限を設定することができます。
　職責ごとに、アクセスできるテーブルの指定や項目レベルでの指定もできます。

　職責に対して、ユーザを割り当てることができ、また、ユーザに対して職責を関連付けられますので、結局ユーザごとに対してのアクセス権限設定ができることになります。

アクセスログ 【access log】
アプリケーションやデータの操作記録を意味します。

　また、各種アクセスログや変更履歴もとることができるので、アクセスレポートを出して分析することができます。

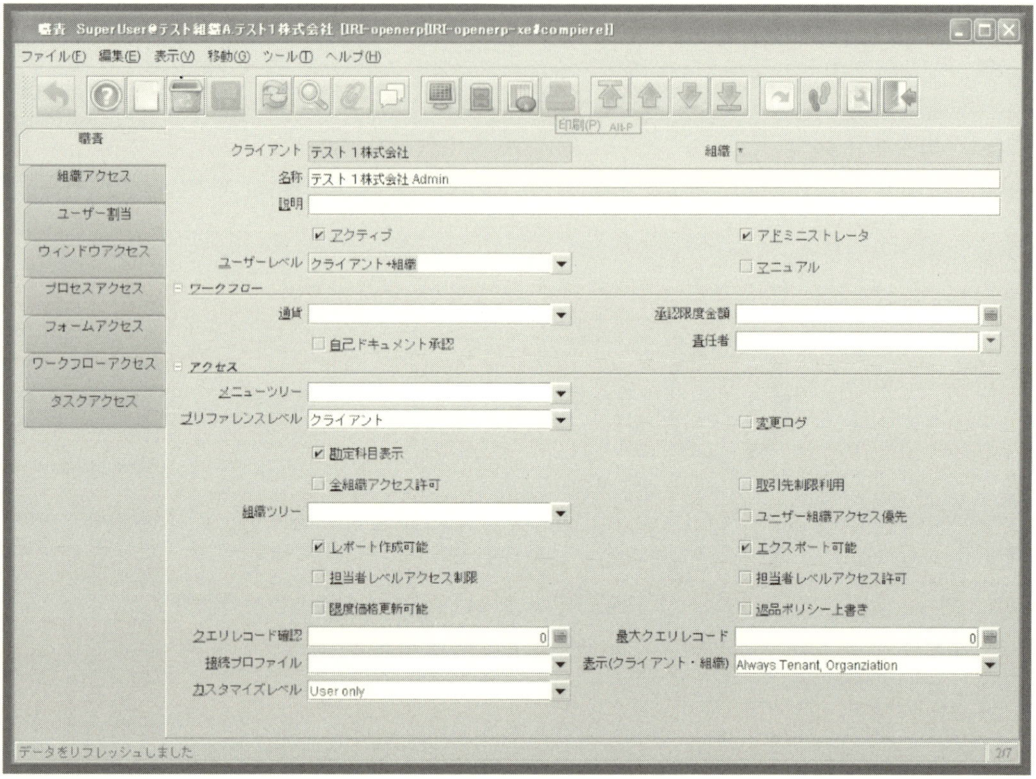
職責 SuperUser@テスト組織A.テスト1株式会社 [IRI-openerp[IRI-openerp-xe#compiere]]
ファイル(F) 編集(E) 表示(V) 移動(G) ツール(T) ヘルプ(H)
印刷(P) Alt-P
職責
組織アクセス
ユーザー割当
ウィンドウアクセス
プロセスアクセス
フォームアクセス
ワークフローアクセス
タスクアクセス
クライアント テスト1株式会社
組織 *
名称 テスト1株式会社 Admin
説明
アクティブ
アドミニストレータ
ユーザーレベル クライアント+組織
マニュアル
ワークフロー
通貨
承認限度金額
自己ドキュメント承認
責任者
アクセス
メニューツリー
プリファレンスレベル クライアント
変更ログ
勘定科目表示
全組織アクセス許可
取引先制限利用
組織ツリー
ユーザー組織アクセス優先
レポート作成可能
エクスポート可能
担当者レベルアクセス制限
担当者レベルアクセス許可
限度価格更新可能
返品ポリシー上書き
クエリレコード確認 0
最大クエリレコード 0
接続プロファイル
表示(クライアント・組織) Always Tenant, Organziation
カスタマイズレベル User only
データをリフレッシュしました
2/7

図 4.4 職責設定画面

4.5 取引先マスタ

Compiereでは、1つの取引先コードで得意先と、仕入先を両方登録することができます。また、従業員も取引先として登録します。
　各取引先間の関係も定義できますので、例えば取引は支店ごとに行っているが請求は本社に出すという場合などにも一括処理ができます。
　取引先の情報として登録できるものには、会計仕訳を作成するときのルール、銀行口座情報、住所、担当者、連絡先、請求ルール、出荷ルール、プライスリスト、与信情報、支払条件などがあります。

4.5.1 同一コードでの得意先、仕入先

　Compiereでは、ERPとしてシステム全体で取引先マスタを一元管理する構造になっています。したがって、同じ取引先が得意先にもなり仕入先にもなる場合には同一コードで登録することができます。得意先マスタと仕入先マスタを二重に情報入力しなければならなかったり、バラバラな管理になってしまったりすることはありません。
　また、従業員も支払いが発生して、住所情報など同様の情報を管理することになるので、Compiereでは取引先マスタの中に登録します。

4.5.2 取引先間の関係付け

　取引先の中には、1つの会社の各支店ごとに取引は管理したいが、請求は本社一括に出したいなど取引先間の関連付けを行いたい場合があ

ります。この場合 Compiere では、取引をする単位に1取引先として個別のコードで取引先を登録し、それらの関連付けを取引先関連設定で行うことができます。関連付けは、請求先のほかに、出荷先、支払元、送金先についても定義できます。

4.5.3　会計仕訳の作成ルール

　取引先に対して、売掛や前受、仕入負債や前払等の詳細勘定科目を個別に指定することができます。商品とサービスなどで異なる勘定科目を指定しておくこともできます。
　また、自社の部門や商品分類などによっても勘定科目を分けておきたい場合にも、それぞれで別個の勘定科目を設定しておくことができます。

4.5.4　取引先属性情報

　取引先属性情報としては、銀行口座情報、住所情報、担当者・連絡先情報などの情報を登録しておくことができます。これらは、出荷先住所と請求先住所など1取引先に対して複数個登録しておくことができます。

4.5.5　取引ルールの情報

　取引先に対して設定できる取引ルールとしては、次のようなものがあります。
- 請求スケジュールや請求方法などの請求ルール

4.5 取引先マスタ

- 出荷の方法や出荷経路などの出荷ルール
- 顧客ごとに価格や割引などを設定する場合のプライスリスト
- 与信管理するための与信限度額
- 支払条件

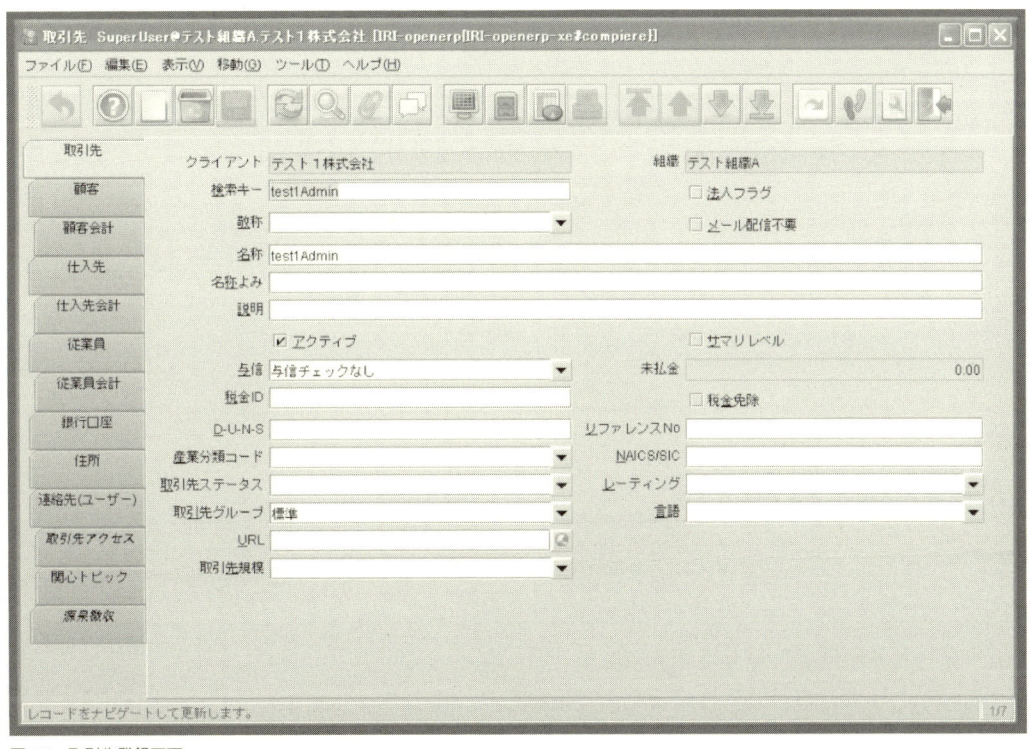

図4.5 取引先登録画面

4.6 製品マスタ

Compiereでの製品には、通常の取引に使う商品のほかに、在庫を持たないサービス製品タイプがあります。

製品は、製品カテゴリによって分類することができ、また部品表を持つことにより、製品の中に他の製品を含むことができます。

製品の属性はサイズ、色など複数個任意に定義することができます。属性は属性セットとして組み合わせを登録し、製品と対応付けます。属性セットは、ロット管理、シリアル番号管理、保証日付管理などを行う場合に定義をします。

その他、JANやSKU番号の管理、重量、保管場所、仕入先、仕入価格、顧客、標準価格などの設定も行えます。

4.6.1 製品タイプの種類

Compiereでの製品には、4種類の製品タイプがあります。

この内、通常の取引では「商品」または「サービス」という製品タイプを使用します。簡単にいえば、商品は在庫を持つことができる製品タイプであり、サービスは在庫を持たない製品タイプです。

Compiereでは製品は取引する対象物という概念ですので、上記2種類のほかに、リソース（人物、物などのリソース）と経費タイプ（サービスおよび取引サイクルの中に発生する経費）という製品タイプもあります。

4.6.2　製品の分類・体系

製品は、製品カテゴリによって分類することができます。製品カテゴリの単位で在庫ポリシー（FIFO、LIFOなど）やプライスリスト・計画マージン、勘定科目などの指定ができます。勘定科目の指定は、原価計算方法（標準原価／平均など）、原価計算レベル（バッチ・ロット／クライアント／組織）、科目（製品資産、製品経費、原価調整、在庫清算、販売経費、価格差異、割引、売上など）について行えます。

またCompiereの製品には、部品表という特性を持つ製品を定義することができます。部品表は、製品、サービス、他の部品表から構成されており、製品の中に製品を階層として持つことができます。

4.6.3　製品属性／属性セット

Compiereでは、製品の属性は任意に何個でも定義することができます。例えば、サイズや色などを属性として定義します。定義した属性の中で、ある製品に関連する属性を集めたものが属性セットです。属性セットにより、属性の集合と製品を対応付けます。すなわち、ある製品がどれだけの属性を持っていても属性セットを定義することにより製品に対して登録することができます。

4.6.4　ロット管理、シリアル番号管理、保証日付管理

ロット【lot】
同一仕様の製品や部品をまとめた、生産単位などを意味します。

シリアル番号【serial number】
製品ごとの固有の番号を意味します。

ロット管理、シリアル番号管理、保証日付管理を行いたい場合は、指定することによって行えます。必須にするかどうか、管理方法・採番方法などの選択もできます。

これらは、属性セット単位で製品に関連付けます。

4.6.5 会計／勘定科目との対応付け

勘定科目の対応付けは、製品単位でもできます。

製品単位で設定できるものは、製品資産科目、製品経費科目、原価調整科目、在庫清算科目、製品販売経費科目、価格差異、割引、売上科目などです。

4.6.6 その他の設定項目

製品に対して設定できるその他の項目としては、次のようなものがあります。

- JAN や SKU 番号の管理
- 計量単位、重量、容量の指定
- 保管場所および棚の高さ・幅・深さ、1 パレットあたりの数量
- 購買する／しない、仕入先、仕入価格、注文単位、納期など
- 販売する／しない、顧客、標準価格など
- 代替製品、関連製品、補充方法・タイミング、在庫レベルなど

JAN コード【Japanese Article Number】
日本で使われている商品識別コードおよびバーコード規格です。

SKU【Stock Keeping Unit】
在庫管理の単位のことです。主に小売業における商品管理手法の1つで、単品管理に使われます。

パレット【pallet】
輸送や物流などに使う、荷物を載せる台を指します。工場やトラック、コンテナ、倉庫などでの荷役作業を扱いやすくするために利用します。

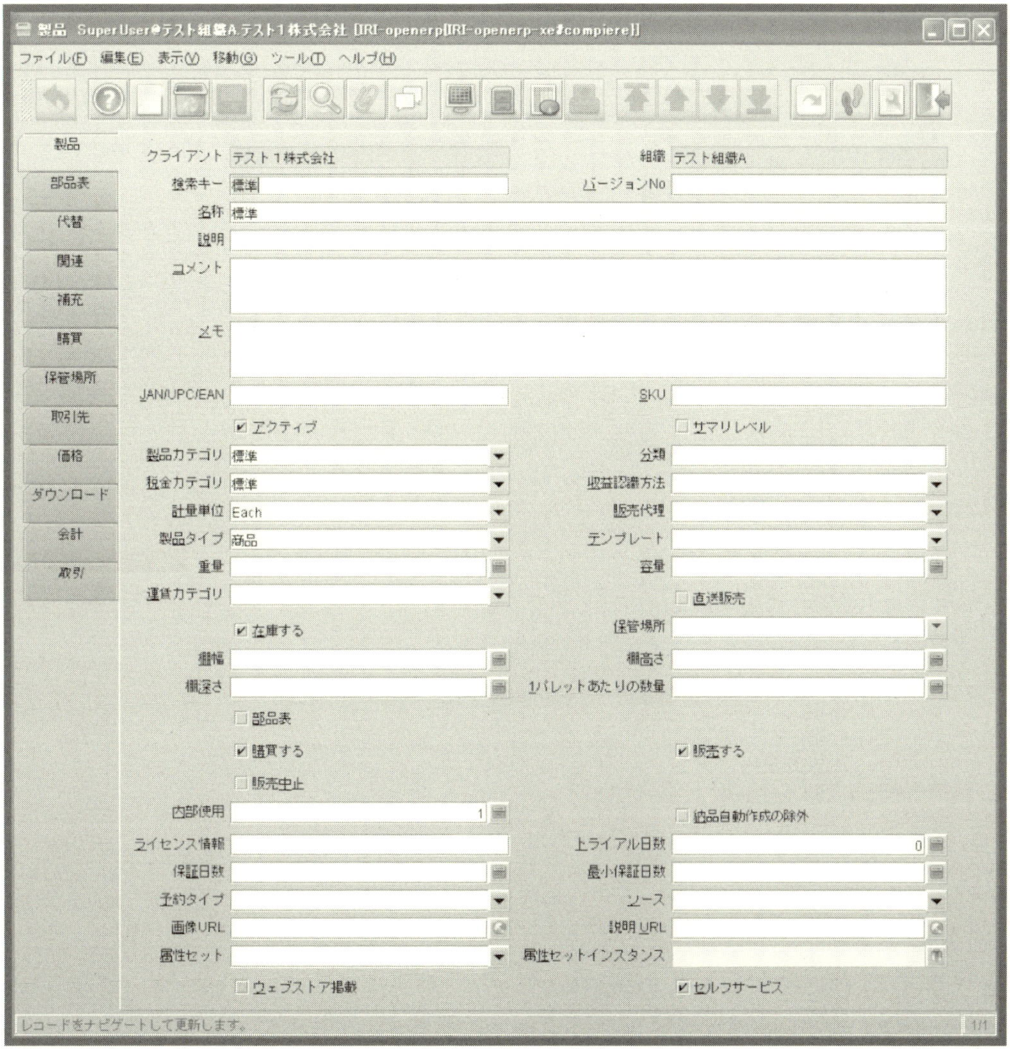
製品 SuperUser@テスト組織A.テスト1株式会社 [IRI-openerp[IRI-openerp-xe#compiere]]
ファイル(F) 編集(E) 表示(V) 移動(G) ツール(T) ヘルプ(H)
製品
部品表
代替
関連
補充
購買
保管場所
取引先
価格
ダウンロード
会計
取引
クライアント
テスト1株式会社
組織
テスト組織A
検索キー
標準
バージョンNo
名称
標準
説明
コメント
メモ
JAN/UPC/EAN
SKU
アクティブ
サマリレベル
製品カテゴリ
標準
分類
税金カテゴリ
標準
収益認識方法
計量単位
Each
販売代理
製品タイプ
商品
テンプレート
重量
容量
運賃カテゴリ
直送販売
在庫する
保管場所
棚幅
棚高さ
棚深さ
1パレットあたりの数量
部品表
購買する
販売する
販売中止
内部使用
1
納品自動作成の除外
ライセンス情報
トライアル日数
0
保証日数
最小保証日数
予約タイプ
ソース
画像URL
説明URL
属性セット
属性セットインスタンス
ウェブストア掲載
セルフサービス
レコードをナビゲートして更新します。
1/1

図 4.6 製品登録画面

4.7 価格、プライスリスト、割引

Compiereでは、プライスリストを利用することにより製品や製品カテゴリ、取引先別の価格を設定することができます。
プライスリストの計算のためにプライスリスト・スキーマに規則を定義します。
価格には、定価、標準価格、限度価格の3種類があります。
割引は割引スキーマとしてあらかじめ定義して、取引先に適応することができます。

4.7.1　価格設定できる単位

　Compiereでは、プライスリストを利用することにより製品や製品カテゴリ、取引先別の価格を設定することができます。
　また、仕入先別に価格を設定することも可能です。
それらを特定せずに、一般的なプライスリストを作っておくこともできます。
　価格の最終決定は、取引の登録時に取引先に関連されている1つのプライスリストを確定することにより決定します。

4.7.2　プライスリストの体系

　Compiereでは、プライスリスト・スキーマとプライスリストがあります。
　プライスリスト・スキーマは、プライスリストのための計算規則を定義します。為替レートのタイプや仕入先、製品カテゴリ・製品の特

定も指定できます。

　プライスリストは、通貨や課税処置を決定します。販売用プライスリスト／仕入用プライスリストの区別も指定します。実施価格限度（その価格を下回ることができない限度）の指定もできます。

4.7.3　価格の種類

　Compiereでは、「定価」、「標準価格」、「限度価格」の3種類の価格を持っています。

　定価は公式の販売価格、標準価格はユーザの購入価格、限度価格は割引などの後の価格を調べるためという意味合いで使っています。

　それぞれについて、どの価格をベースにして計算するか、最小・最大金額、付加金額、割引率、四捨五入方法が指定できます。他のプライスリストをベースにして価格を計算することもできます。

4.7.4　製品の価格

　プライスリストを設定したときには、「プライスリスト作成」ボタンを実行すると、そのプライスリストで指定されている製品の価格が計算されます。

　プライスリストにはバージョンがありますので、新しい価格をある有効開始日から適応したいときなどにも使用できます。

　また、新しい製品を登録したときには、「プライスリスト作成」で再計算させることにより製品の価格が反映されます。

4.7.5 取引先別の価格

特定の取引先には異なった価格で販売したいときなどに、取引先マスタに異なった価格体系のプライスリストを指定することにより、取引先別の価格体系を持つことができます。

また、プライスリスト設定により、取引先別に販売する製品を限定することもできます。これらの場合は、その分のプライスリストを用意しておく必要があります。

4.7.6 割引

特定の取引先の取引に対して、割引スキーマを設定することによって割引することができます。

割引スキーマには、フラットパーセント割引（例えば、5％割引）、分岐割引（例えば、100以上買うと5％割引、200以上買うと8％割引）が定義可能です。

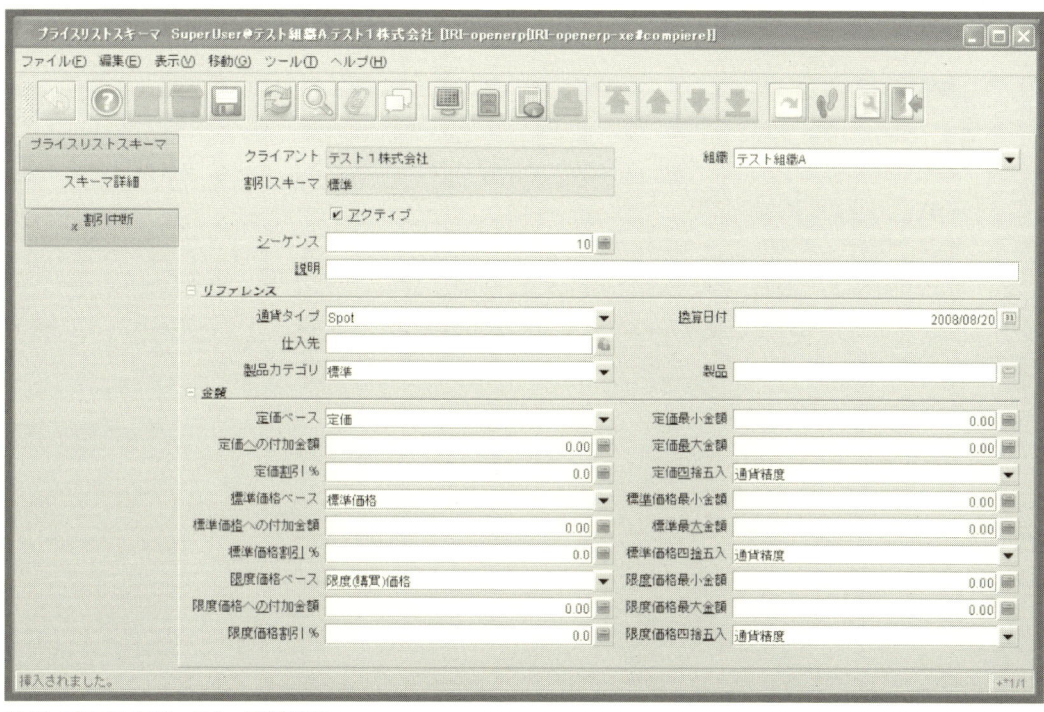

図 4.7　プライスリスト・スキーマ登録画面

4.8 会計期間と勘定科目

Compiereでは、会計カレンダーを持っており、これによって会計期間を指定することができます。

会計取引には会計期間の指定が必要ですが、オープンしている会計期間に対してのみ取引の登録が可能です。

会計期間は、各期間ごと（通常1カ月）にオープン／クローズができます。

Compiereは、各国、各社の勘定科目体系に対応できます。

勘定科目は取引勘定科目またはサマリ用の勘定科目などの体系・コードを設定し、登録します。

4.8.1 会計カレンダー

Compiereでは、会計カレンダーを持っており、これによって会計期間を設定することができます。

会計カレンダーは複数持つことが可能です。ベースとして1つの会計カレンダーが必須です。クライアント情報登録画面で、クライアント単位に会計カレンダーを設定します。最初にクライアントを作成する際にはその年の会計カレンダーが作成されます。

会計カレンダーの中に、年ごとの会計期間を持っています。年が変わった場合は新しい会計期間を作成します。

一度作成した会計カレンダーは、監査上の問題により削除することができません。

4.8.2 会計期間のオープン／クローズ

　Compiereでの会計取引には会計期間の指定が必要ですが、オープンしている会計期間に対してのみ取引の登録が可能です。

　会計期間は、各期間ごと（通常1カ月）にオープン／クローズができます。

　また、各期間の中でドキュメントタイプごとにオープン／クローズなどの制御もできます。

4.8.3 勘定科目

　勘定科目は、取引勘定科目、サマリ用の勘定科目などの体系・コードを設定し、登録します。

　クライアントの作成時に、勘定科目データをインポートして登録します。その後は修正したり、再インポートしたりできます。

　勘定科目の初期残高を登録する場合も、データインポートにより行います。

　Compiereでの勘定科目には、資産／負債／純資産／収益／経費のタイプとメモ用の「Memo」タイプがあります。

第4章　Compiereの基本的な概念

図 4.8（1）　会計期間設定画面

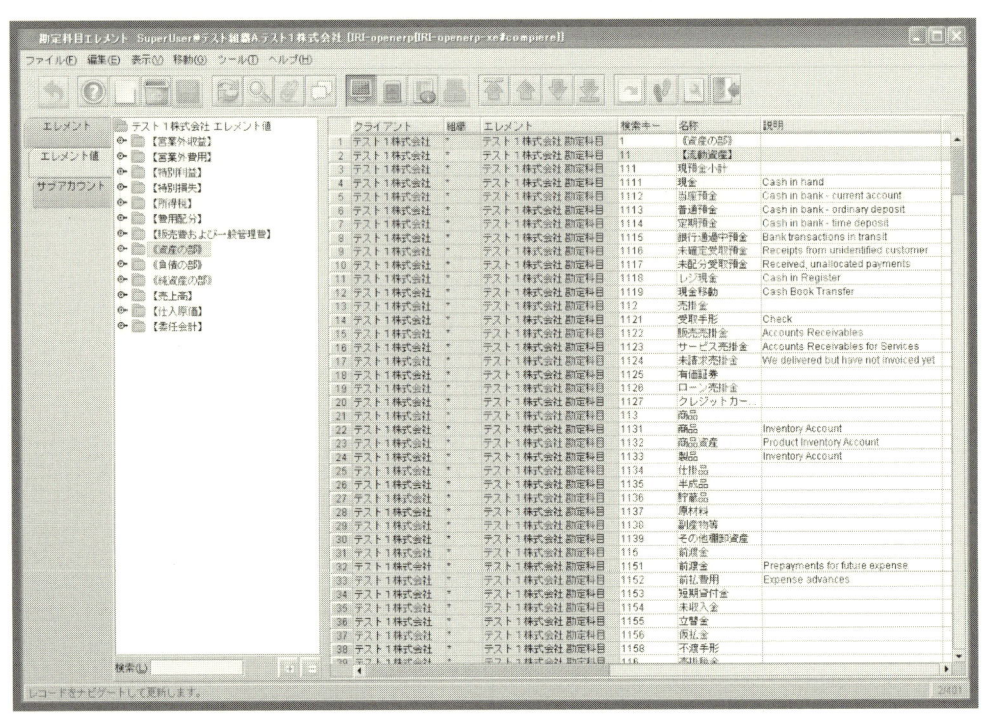

図 4.8（2）　勘定科目エレメント画面

4.9 通貨、税金

Compiereでは、各国の通貨での取引に対応できるように設計されています。Compiereでの税金税率は、非常に柔軟に設定できるようになっています。製品カテゴリ、取引先、取引の国地域によって違う税率を適用することも可能です。

4.9.1 通貨

　Compiereでは、各国の通貨での取引に対応できるように設計されています。

　為替レートの設定をすることによって、有効日、タイプ別の換算レートで計算することができます。

　外国の通貨を使って取引を登録するには、使う外国の通貨のプライスリストを定義して、その取引の登録に指定すれば、直接外国の通貨での取引が登録できます。

4.9.2 税金

　Compiereでの税金税率は、非常に柔軟に設定できるようになっています。製品カテゴリ、取引先、取引の国地域によって違う税率を適用することも可能です。

　税金を設定するにはまず税金カテゴリを定義します。これは例えば「消費税」です。

第4章 Compiereの基本的な概念

　税金カテゴリの中に、実際の取引で使われる税率をいくつか登録します。

図 4.9（1）　通貨／為替レート画面

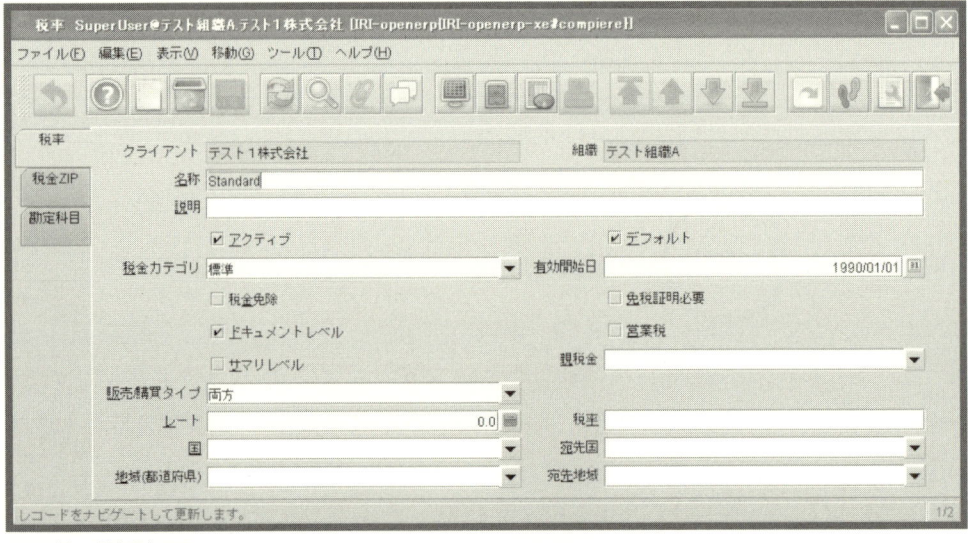

図 4.9（2）　税率設定画面

5.1		仕入購買業務の流れ
5.2		見積要求・依頼
5.3		発注
5.4		入荷・検収
5.5		請求書照合
5.6		支払
5.7		仕入返品

第5章 仕入購買管理

第5章 仕入購買管理

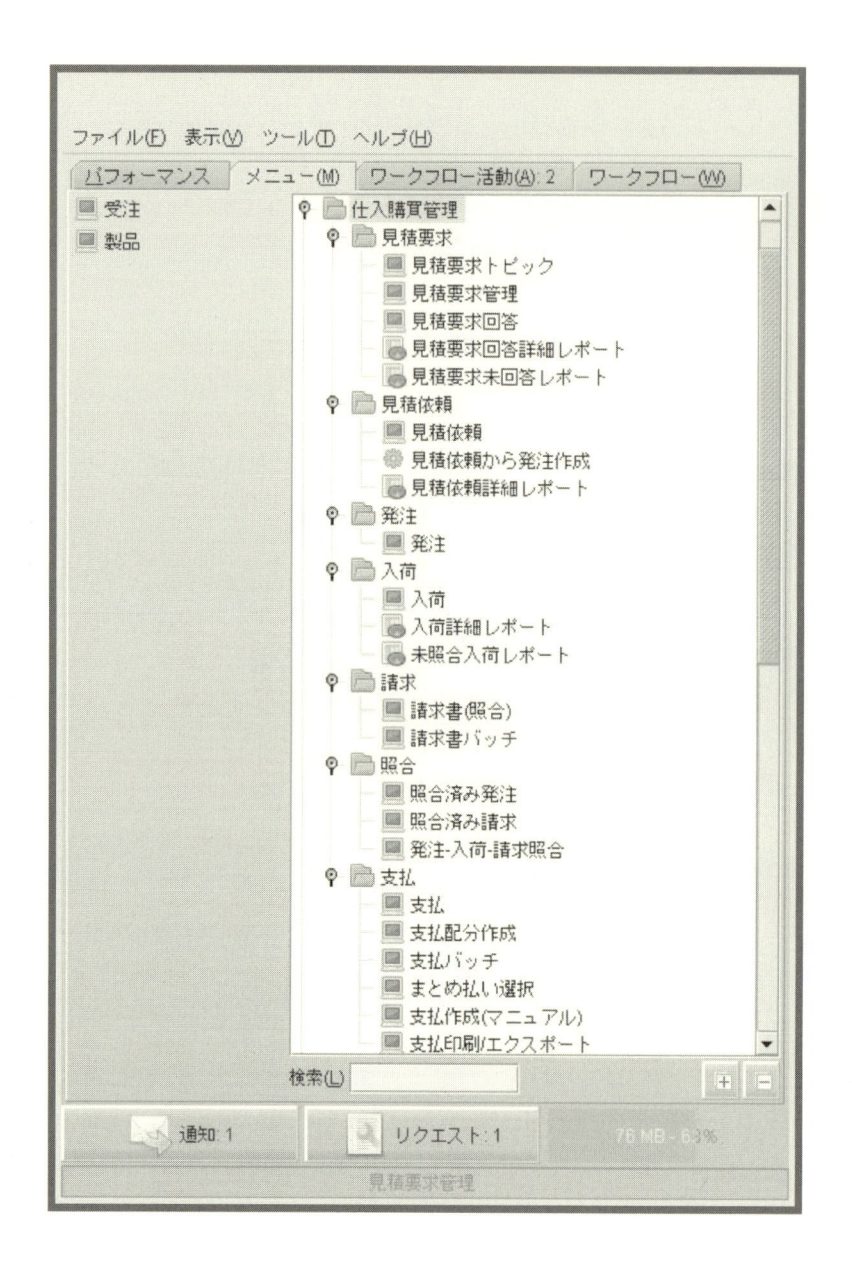

```
ファイル(F)  表示(V)  ツール(T)  ヘルプ(H)
[ パフォーマンス ] [ メニュー(M) ] [ ワークフロー活動(A): 2 ] [ ワークフロー(W) ]

■ 受注
■ 製品
    ┣ 📁 仕入購買管理
        ┣ 📁 見積要求
        ┃   ┣ ■ 見積要求トピック
        ┃   ┣ ■ 見積要求管理
        ┃   ┣ ■ 見積要求回答
        ┃   ┣ 📄 見積要求回答詳細レポート
        ┃   ┗ 📄 見積要求未回答レポート
        ┣ 📁 見積依頼
        ┃   ┣ ■ 見積依頼
        ┃   ┣ ⚙ 見積依頼から発注作成
        ┃   ┗ 📄 見積依頼詳細レポート
        ┣ 📁 発注
        ┃   ┗ ■ 発注
        ┣ 📁 入荷
        ┃   ┣ ■ 入荷
        ┃   ┣ 📄 入荷詳細レポート
        ┃   ┗ 📄 未照合入荷レポート
        ┣ 📁 請求
        ┃   ┣ ■ 請求書(照合)
        ┃   ┗ ■ 請求書バッチ
        ┣ 📁 照合
        ┃   ┣ ■ 照合済み発注
        ┃   ┣ ■ 照合済み請求
        ┃   ┗ ■ 発注-入荷-請求照合
        ┗ 📁 支払
            ┣ ■ 支払
            ┣ ■ 支払配分作成
            ┣ ■ 支払バッチ
            ┣ ■ まとめ払い選択
            ┣ ■ 支払作成(マニュアル)
            ┗ ■ 支払印刷/エクスポート

検索(L) [          ]                    [+][-]

[ 通知:1 ]  [ リクエスト:1 ]   76 MB - 63%
              見積要求管理
```

仕入購買業務の流れ

5.1 仕入購買業務の流れ

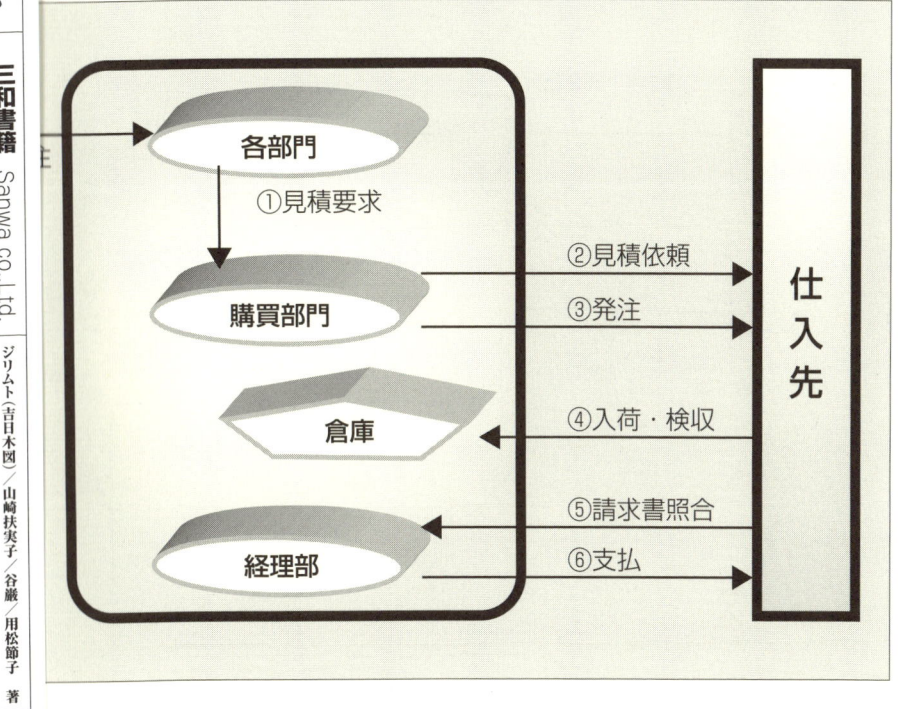

① 見積要求

社内各部門から購買部門に対して、見積要求を行います。

② 見積依頼

購買部門は見積依頼書を作成し、仕入先に見積の依頼を出します。

③ 発注

発注書を作成し、仕入先に発注します。

④ 入荷・検収

仕入先からの納品に伴い入荷・検収処理を行います。

⑤ 請求書照合

仕入先からの請求書を発注書および入荷データと照合し、請求書内容を確認・登録します。登録後、仕入計上されます。

第5章 仕入購買管理

⑥ **支払**

支払条件を元に計算された支払期日に合わせて、支払処理を行います。

⑦ **仕入返品**

仕入先から入荷した商品に不良・破損などがあった場合は、返品処理を行います。

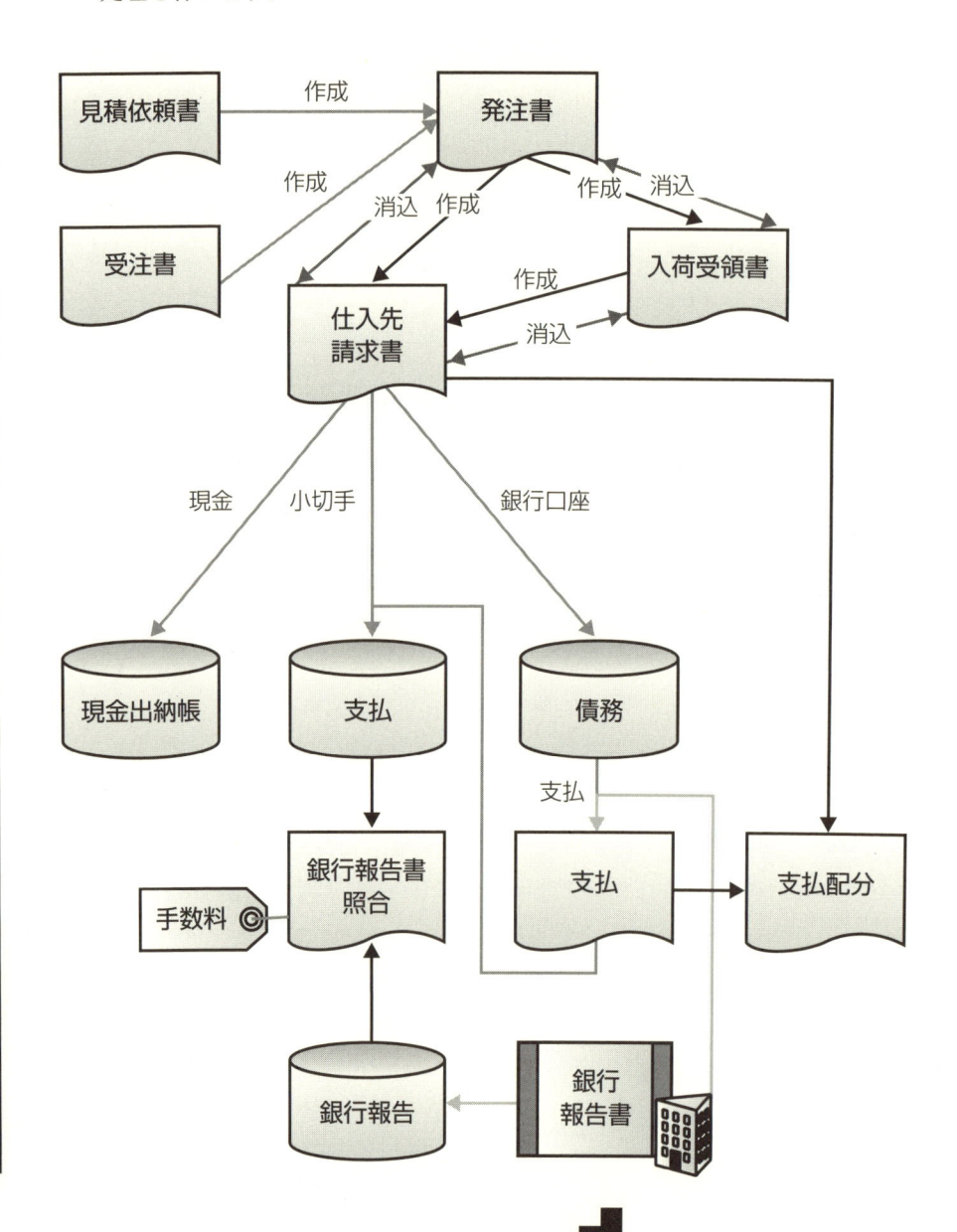

5.2 見積要求・依頼

見積要求・依頼 → 発注 → 入荷・検収 → 請求書照合 → 支払

社内各部門から購買部門に対して、見積要求を行います。
購買部門は見積依頼書を作成し、仕入先に見積の依頼を出します。

5.2.1 見積要求・依頼の作成方法

見積要求の作成方法には、以下の2つのパターンがあります。
（1） 受注データと連携して見積要求を登録
（2） 社内各部門にて直接見積要求を作成

仕入先への見積依頼書を作成したい場合は、見積依頼にて作成します。

見積依頼の作成方法には、以下の3つのパターンがあります。
（1） 購買部が直接見積依頼を登録
（2） 顧客からの受注データを元に購買部門が直接見積依頼を作成
（3） 社内部署からの見積要求を元に見積依頼を作成

5.2.2　見積要求・依頼の内容

見積要求には、顧客からの受注情報、回答期限、製品、数量、希望単価があります。

見積依頼書を作成する場合は、見積依頼登録により出力できます。

見積依頼書は、印刷して郵送・FAX またはシステムより PDF ファイルをメール添付にて送信することが可能です。見積依頼書のヘッダー項目としては、依頼担当者、依頼日、見積回答期限などがあります。明細項目としては、製品数量および希望単価を指定できます。製品のように数量×単価で金額が確定しないものについては、料金タイプが設けられており、例えば手数料・送料などに対応できます。

5.2.3　見積要求回答の管理方法

仕入先からの見積回答は見積要求回答に登録し管理します。
この画面上で見積回答の比較を行い、採用する見積情報を選択します。
見積回答の状況は、見積要求回答詳細レポートまたは見積要求未回答レポートにて管理できます。

5.2.4　見積要求・依頼データの発注への連動

採用された見積要求回答データまたは見積依頼データより、発注書を作成することができます。

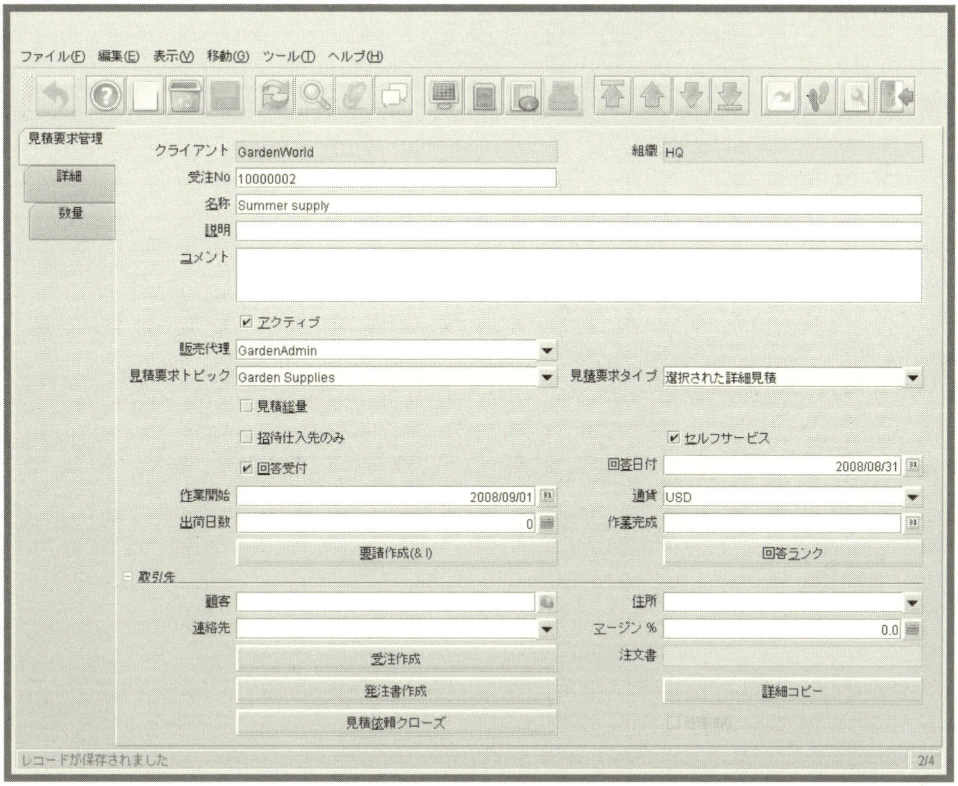

図 5.2（1） 見積要求画面

図 5.2（2） 見積依頼画面

5.3 発注

見積要求・依頼 → **発注** → 入荷・検収 → 請求書照合 → 支払

発注書を作成し、仕入先に発注します。

5.3.1　発注書の作成方法

発注書の作成方法には、以下の4つのパターンがあります。
（1）　購買部が直接発注書を登録
（2）　顧客からの受注データを元に発注書を作成
（3）　見積要求または見積依頼を元に発注書を作成
（4）　在庫補充による発注書作成（詳細は第7章の在庫補充を参照）

5.3.2　発注書の内容

発注書を作成する場合は、発注登録により出力できます。
発注書のヘッダー項目としては、仕入先、発注日付、納品希望日、

納品場所（倉庫）、支払条件などがあります。明細項目としては、製品、数量および発注価格、消費税、税率を指定できます。

　割引パーセントの使用で価格表の金額に対して割り引きした金額を自動計算することができます。

　外貨専用のプライスリストを用意することにより、外貨での発注も可能です。仕入先の言語設定により、指定言語での発注書を作成できます。

　発注した製品の入荷・請求状況は発注詳細画面にて確認できます。

　仕入先と請求取引先が異なる場合は、仕入先情報と請求先情報をそれぞれ登録しておくことで対応できます。

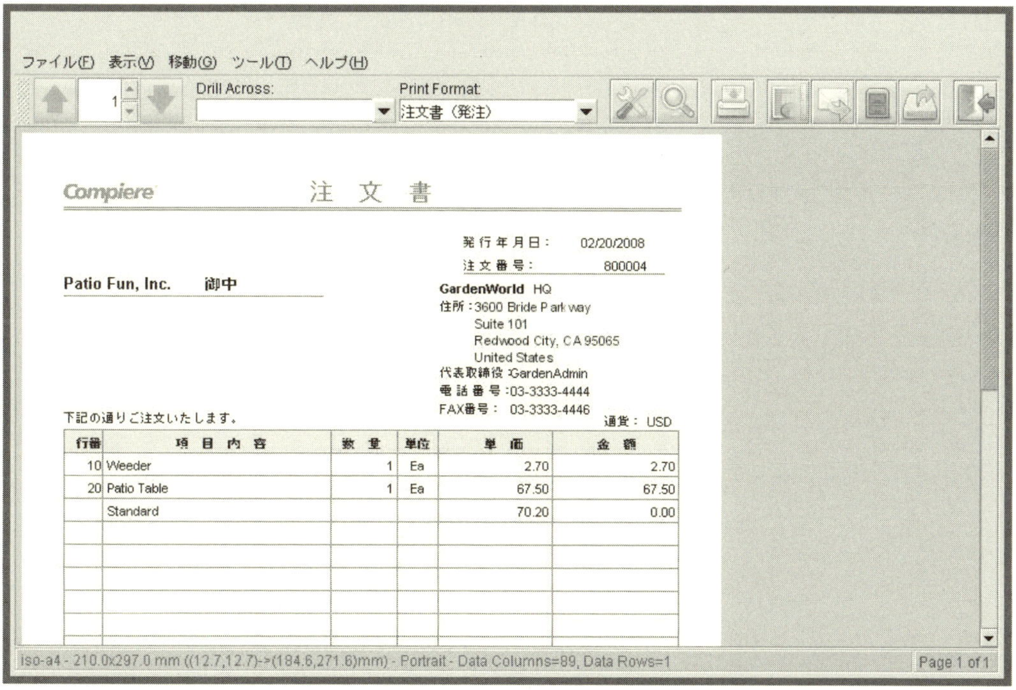

図5.3（1）　発注書

5.3.3 仕入先からの直送対応

顧客からの注文を受けた後、仕入先から顧客に直接納品する場合に利用できる直送発注機能があります。

作成元となる受注データを元に、発注書の納品先に顧客名、住所が出力されます。

5.3.4 支払方法・条件

支払方法には、現金、銀行振込、小切手・手形、クレジットカード、デポジットカード、後払いを選択できます。

支払条件の設定は、実日数、固定日付で設定できます。翌営業日、曜日指定も可能です。

5.3.5 発注残の管理方法

発注残管理は未入荷・未請求発注レポートまたは、発注詳細画面から一覧表を作成することにより発注の入荷・請求状況を確認・管理できます。

また、共通ヘッダーメニューの注文情報画面から仕入先別の発注状況をすばやく確認できます。

5.3 発注

5.3.6 発注データから入荷処理への連動

発注データを利用して、入荷処理をすることができます。

図 5.3（2） 発注画面

5.4 入荷・検収

見積要求・依頼 → 発注 → **入荷・検収** → 請求書照合 → 支払

仕入先からの納品に伴い入荷・検収処理を行います。

5.4.1 入荷時の処理方法

入荷の処理方法には、以下の2つのパターンがあります。
（1） 発注データを元に入荷・検収処理を実施
（2） 発注有無によらず直接入荷・検収処理を実施

5.4.2 入荷・検収登録の内容

入荷処理の登録項目には、仕入先、入荷日、記帳日付、倉庫・保管場所、製品、数量、製品属性（シリアル番号、ロット番号など）などがあります。
発注書を元に入荷処理を行う場合は、入荷詳細データに発注書の詳

細データを取り込むことができます。

　納品希望日を元に、発注画面から入荷予定表を出力することができます。

　受領書を作成する場合は、発注登録により出力できます。
　仕入先からの納品書のコピー（スキャンデータ）を添付ファイルとして保存することが可能です。

　入荷・検収のステータスは、確認タイプを利用することにより管理できます。確認タイプには、通常の入荷・検収のための「仕入先確認」、「検品確認」、「入荷確認」など、直送の場合は「直送確認」、「顧客確認」などが使えます。

　在庫データへの反映は、入荷データのステータスを「完成」にしたタイミングで実行されます。

5.4.3　まとめ入荷

　仕入先からの納品書に複数の発注書が含まれている場合、まとめ入荷の処理が可能です。
　入荷処理で対象の発注書を複数選択し、紐付け処理を行います。

5.4.4　分割入荷

　仕入先の納品書に合わせて、分割して入荷処理を行うことができます。
　入荷処理で対象の発注書を選択し、入荷詳細データに発注書の詳細データを取り込んだ後、入荷数を納品数に合わせて修正します。次の納品時には発注残数量に対して同様の処理を納品完了まで繰り返します。

5.4.5 入荷―発注の消し込み

入荷時に発注書の紐付けが確定できなかった場合、発注―入荷―請求照合画面にて、消し込み処理が行えます。消し込みが完了すると、発注および入荷画面の照合タブでそれぞれ関連付けされたことが確認できます。

図 5.4（1） 消し込み画面

5.4.6 入荷の管理方法

入荷状況は、入荷詳細レポートにて確認できます。また、発注書に紐付いていない入荷については、未照合入荷レポートで確認できますので、管理者が消し込みチェックを行うことができます。

また、共通ヘッダーメニューの出荷情報画面から取引先別の入出荷状況をすばやく確認できます。

5.4.7 入荷データから会計への計上

入荷処理のタイミングで、商品資産が増える仕訳が計上されます。

図 5.4（2） 入荷画面

5.5 請求書照合

見積要求・依頼 → 発注 → 入荷・検収 → **請求書照合** → 支払

仕入先からの請求書を発注書および入荷データと照合し、請求書内容を確認・登録します。登録後、仕入計上されます。

5.5.1　請求書照合の処理方法

請求書照合の方法には、以下の2つのパターンがあります。
（1）　入荷データまたは発注データを元に請求書照合を実施
（2）　入荷・発注にかかわらず先に仕入先請求書を直接登録して、後で請求書照合を実施

5.5.2　請求書照合の内容

請求書照合処理の登録項目には、仕入先、請求日付、記帳日付、製品、数量、支払方法、支払条件などがあります。
　入荷データまたは発注データを元に請求書照合を行う場合は、請求

書詳細データに入荷または発注詳細データを取り込むことができます。

仕入先からの請求書のコピー（スキャンデータ）を添付ファイルとして保存することが可能です。

5.5.3 まとめ請求（締め日請求）

仕入先からの請求書に複数の入荷または発注書が含まれている場合、まとめ請求（締め日請求）の処理が可能です。

請求書照合処理で対象の入荷または発注書を複数選択し、紐付け処理を行います。

5.5.4 分割請求

仕入先の請求書に合わせて、分割して請求書照合処理を行うことができます。

請求書照合処理で対象の入荷または発注書を選択し、請求詳細データに入荷または発注書の詳細データを取込んだ後、製品の請求数量・金額の修正をすることが可能です。次の請求時には残り分に対して同様の処理を請求処理完了まで繰り返します。

5.5.5 請求―入荷―発注の消し込み

仕入先請求書登録時に入荷または発注書の紐付けが確定できなかった場合、発注―入荷―請求照合画面にて、消し込み処理が行えます。消し込みが完了すると、請求、発注および入荷画面の照合タブでそれぞれ関連付けがされたことが確認できます。

5.5.6 請求書照合の管理方法

請求書照合状況は、下記の各種レポートにて確認できます。
- 請求取引レポート
- 日次、週間、月次レポート
- 製品カテゴリ別週間、月次レポート
- 仕入先別月次レポート
- 製品別四半期請求書レポート
- 顧客と製品カテゴリによる四半期請求書レポート
- 顧客と仕入先による四半期請求書レポート

また、共通ヘッダーメニューの請求情報画面から取引先別の請求状況をすばやく確認できます。

5.5.7 請求書照合データから会計への計上

請求書照合処理のタイミングで、仕入高／買掛金の仕訳が計上されます。

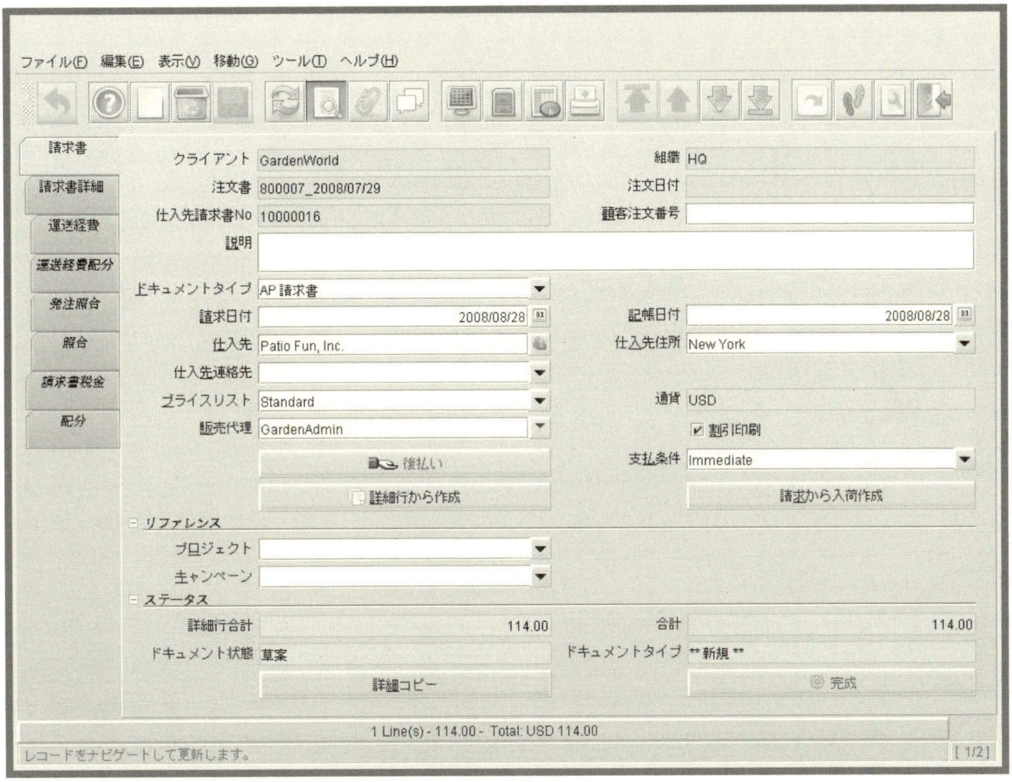

5.5 請求書照合

図 5.5　請求書照合画面

5.6 支払

見積要求・依頼 → 発注 → 入荷・検収 → 請求書照合 → 支払

> 支払条件を元に計算された支払期日に合わせて、支払処理を行います。

5.6.1 支払の処理方法

支払の処理方法には以下の3つのパターンがあります。
（1） 仕入先請求データを元に支払処理を実施
（2） 複数の仕入先請求データを元に支払処理を実施
（3） 仕入先請求書の有無にかかわらず直接支払処理を実施（前払いの場合など）

5.6.2 支払の内容

支払処理の登録項目には、仕入先、支払日付、記帳日付、支払方法、支払金額、などがあります。支払データに請求データを取り込むこと

ができます。

　支払日を指定して、支払作成一覧から支払対象となる請求データを選択しながら、支払データを作成することができます。

　支払時の「割引金額」、「貸倒損失」、「過不足支払金額」などの対応も可能です。

5.6.3　支払配分

　複数の請求書に対して、まとめて支払を行う場合、支払配分処理を行います。

　支払画面の支払金額に対して、配分タブの複数の請求書に紐付けることができます。

5.6.4　支払データの出力方法

　登録した支払情報は支払画面で確認および支払データとしての抽出が可能です。まとめ払い選択画面より、振込銀行単位別等に支配データをまとめて出力します。

5.6.5　支払の管理方法

　支払情報と請求情報から未払請求書の状況が確認できます。

　仕入先別の未払残分についても、取引先画面にて未払金項目にて確認可能です。また、共通ヘッダーメニューの入金情報画面から取引先別の入金状況をすばやく確認できます。

5.6.6 支払データから会計への計上

支払処理のタイミングで、買掛金の消し込み仕訳が計上されます。

図 5.6　支払画面

5.7 仕入返品

> 仕入先から入荷した商品に不良・破損などがあった場合は、返品処理を行います。

5.7.1 Compiere における仕入返品処理の構造

① **仕入先 RMA（Return Material Authorization）**

必要に応じて購買部が仕入先への返品依頼を元に仕入先 RMA を登録します。

仕入先 RMA は、返品商品を管理するために利用します。

② **仕入返品**

仕入返品を登録して、仕入先へ商品を返品します。

③ **返金**

仕入先へ支払い済みの場合は、クレジットメモを発行／送付し、返金してもらいます。

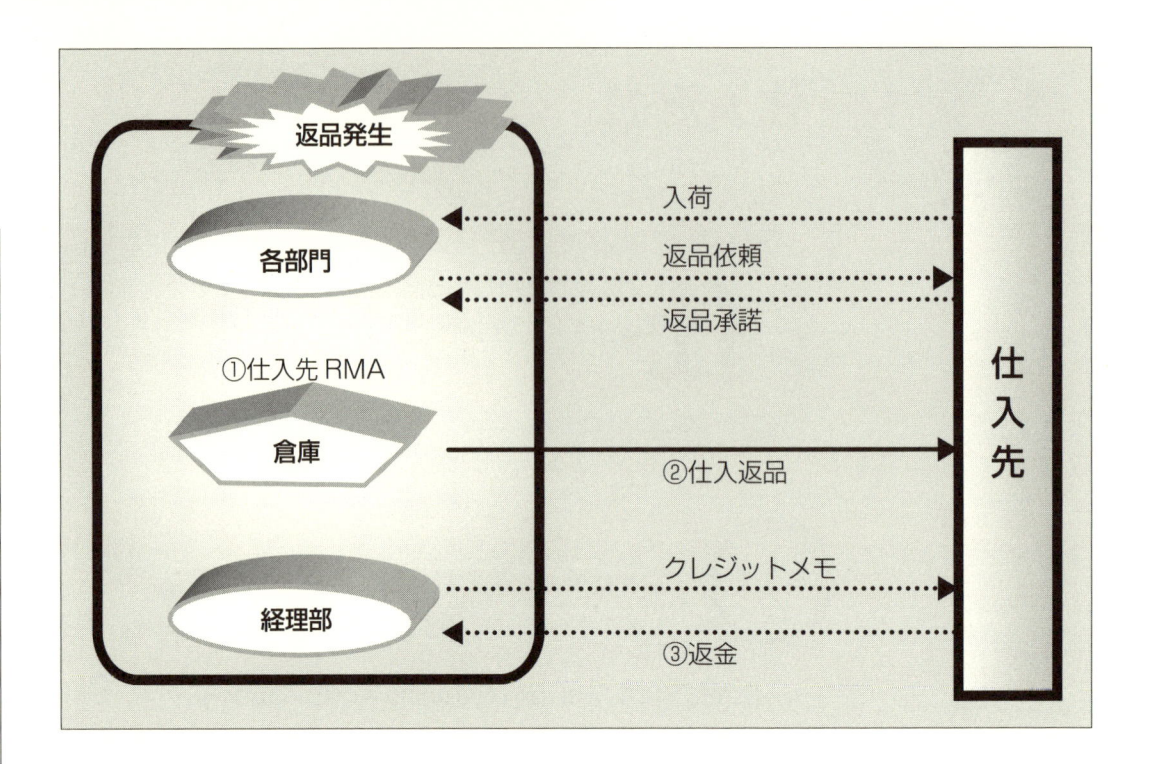

5.7.2 返品処理方法

返品処理方法には、以下の方法があります。
（1） 仕入先 RMA を登録
（2） 仕入先 RMA を元に仕入返品を作成
（3） 直接仕入返品を登録

5.7.3 仕入先 RMA の内容

仕入先 RMA の登録項目には、仕入先、返品情報と関連のある発注情報、入荷情報、RMA カテゴリ、返品ポリシー、製品、数量、単価な

どがあります。

　仕入先 RMA で設定する「RMA カテゴリ」と「返品ポリシー」は、それぞれ返品処理を管理・分析するのに役立ちます。RMA カテゴリは、返品理由をカテゴリ分けして登録しておくことができ、返品原因の追跡に利用できます。返品ポリシーは、仕入先、製品または製品カテゴリと関連づけて返品期限を設定することができます。このポリシーにより製品の受取りから何日以内であれば返品可能かなどの期限設定が可能です。

5.7.4　仕入返品の内容

　仕入返品の登録項目には、仕入先、製品、数量、単価があります。

　仕入先 RMA データを元に仕入返品を行う場合は、仕入返品に仕入先 RMA データを取り込むことができます。

　仕入先へ返品商品に対して既に支払い済みの場合、返金（クレジットメモ）を作成することができます。返金内容は請求書画面から確認できます。

5.7.5　仕入返品時の在庫との連動

　在庫データへの反映は、仕入返品データのステータスを「完成」にしたタイミングで実行されます。

5.7.6 返品データから会計データへの連動

仕入返品処理（完了）のタイミングで、商品資産減少の仕訳が計上されます。

図 5.7（1） 仕入先 RMA 画面

5.7 仕入返品

図5.7（2） 仕入返品画面

6.1	販売業務の流れ
6.2	見積
6.3	受注
6.4	出荷・納品
6.5	請求書発行
6.6	入金
6.7	顧客返品

第6章 販売管理

第6章 販売管理

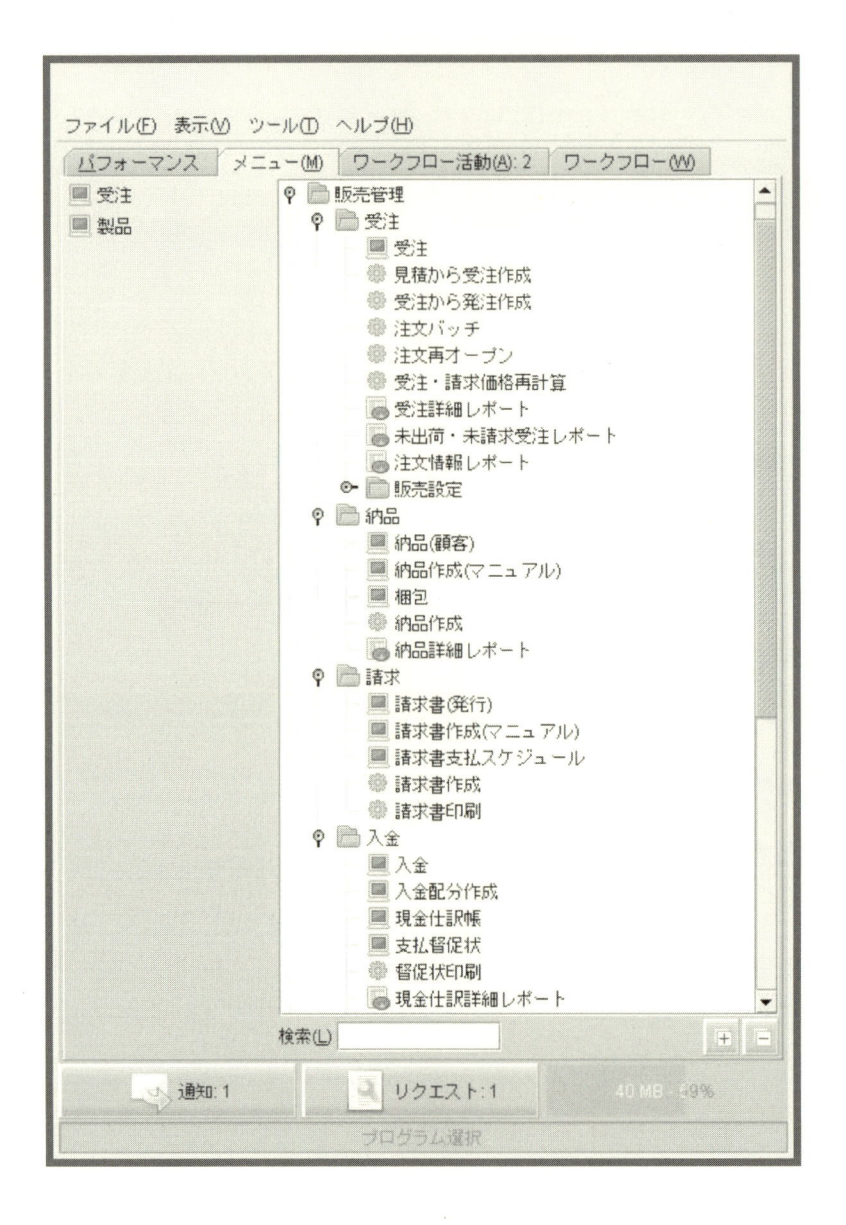

ファイル(F)　表示(V)　ツール(T)　ヘルプ(H)

| パフォーマンス | メニュー(M) | ワークフロー活動(A): 2 | ワークフロー(W) |

☑ 受注
☑ 製品

- 📁 販売管理
  - 📁 受注
    - 受注
    - 見積から受注作成
    - 受注から発注作成
    - 注文バッチ
    - 注文再オープン
    - 受注・請求価格再計算
    - 受注詳細レポート
    - 未出荷・未請求受注レポート
    - 注文情報レポート
  - 📁 販売設定
  - 📁 納品
    - 納品(顧客)
    - 納品作成(マニュアル)
    - 梱包
    - 納品作成
    - 納品詳細レポート
  - 📁 請求
    - 請求書(発行)
    - 請求書作成(マニュアル)
    - 請求書支払スケジュール
    - 請求書作成
    - 請求書印刷
  - 📁 入金
    - 入金
    - 入金配分作成
    - 現金仕訳帳
    - 支払督促状
    - 督促状印刷
    - 現金仕訳詳細レポート

検索(L) [   ]

通知:1　　リクエスト:1　　40 MB - 59%

プログラム選択

6.1 販売業務の流れ

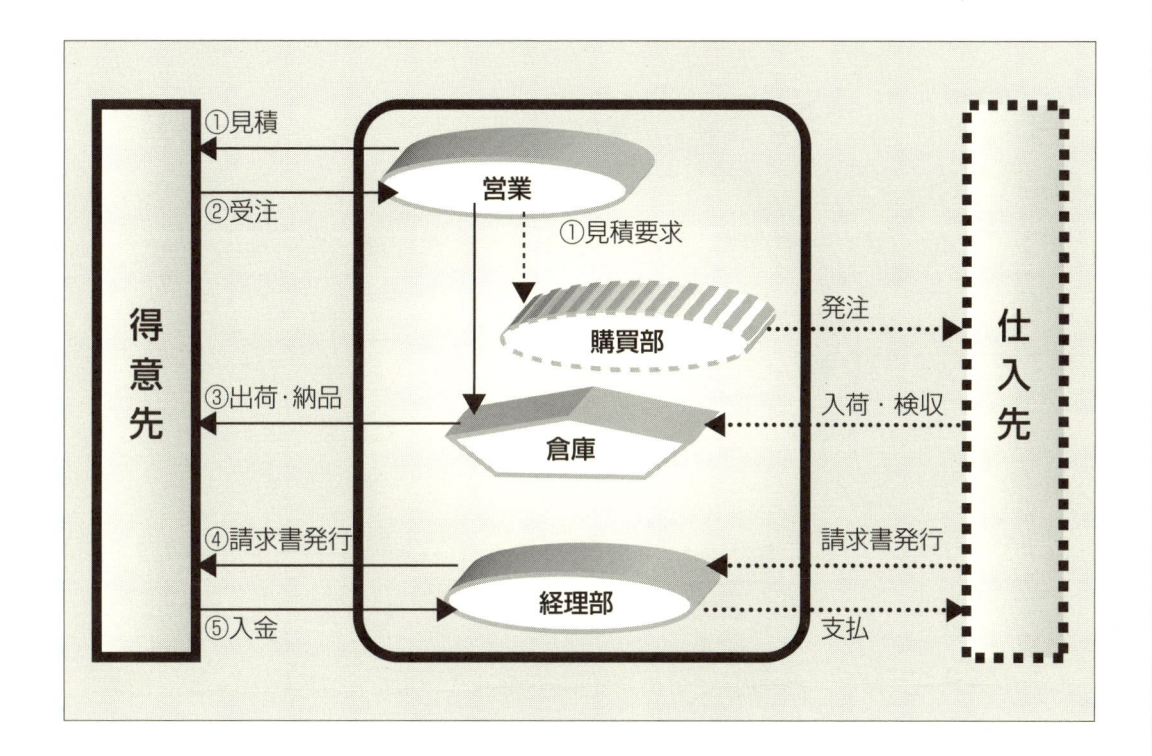

```
得意先
 ①見積    ←──── 営業
 ②受注    ────→       ①見積要求
                        ↓
                      購買部  ······発注······→ 仕入先
 ③出荷・納品 ←──── 倉庫   ←·····入荷・検収·····
 ④請求書発行 ←──── 経理部  ←·····請求書発行····
 ⑤入金    ────→        ······支払······→
```

① **見積**

　　得意先への、見積書を作成します。

② **受注**

　　得意先より注文を受け、受注登録します。

③ **出荷・納品**

　　得意先からの受注に対して出荷処理を行います。納品書を作成します。

④ **請求書発行**

　　得意先からの受注および出荷・納品データを元に、請求書を作成します。

⑤ **入金**

　得意先から入金された後、入金情報の登録を行います。

⑥ **顧客返品**

　得意先へ出荷した商品に不良・破損があった場合は、返品処理を行います。

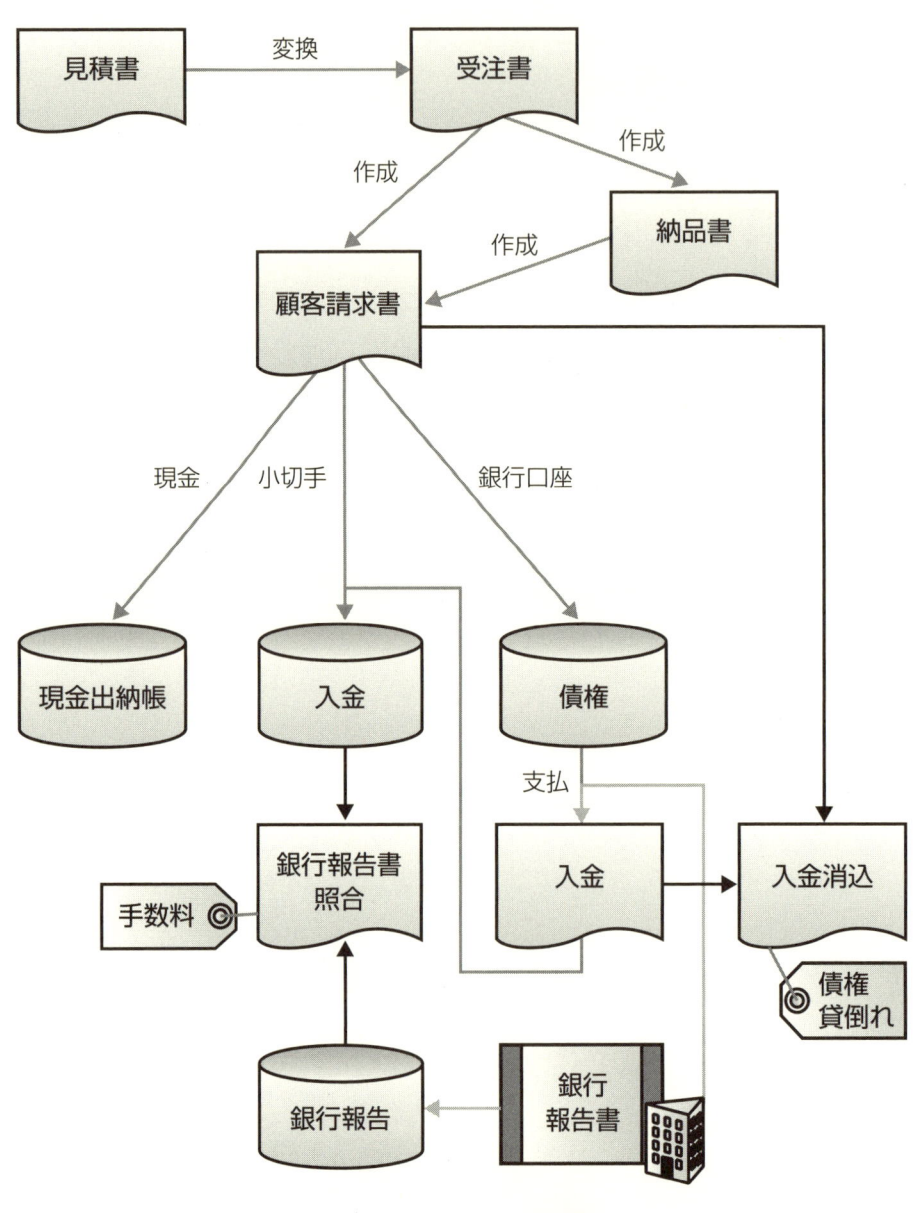

6.2 見積

見積 → 受注 → 出荷・納品 → 請求書発行 → 入金

得意先への、見積書を作成します。

6.2.1 見積の作成方法

見積の作成方法には、以下の方法があります。
（1） 営業部門にて直接見積を作成

6.2.2 見積の内容

見積を作成する場合は、見積登録により出力できます。

見積のヘッダー項目としては、顧客名、請求先、見積日付、納品希望日などがあります。明細項目は、製品、数量、見積価格、消費税、税率などがあります。

見積の登録時に、在庫確認がされ、在庫不足時に警告メッセージが

表示されます。

　見積書は、印刷して郵送・FAX またはシステムより PDF ファイルをメール添付にて送信することが可能です。

　見積の確定により在庫の引き当てをします。見積の在庫引き当ては、見積が受注できずクローズされた時、在庫引き当てを戻します。

6.2.3　見積データの受注への連動

　見積データを利用して、受注データを作成することができます。
「標準受注」、「POS 受注」、「クレジット受注」、「倉庫受注」、「前払い受注」などの受注タイプを選択し、受注データへ変換作成します。

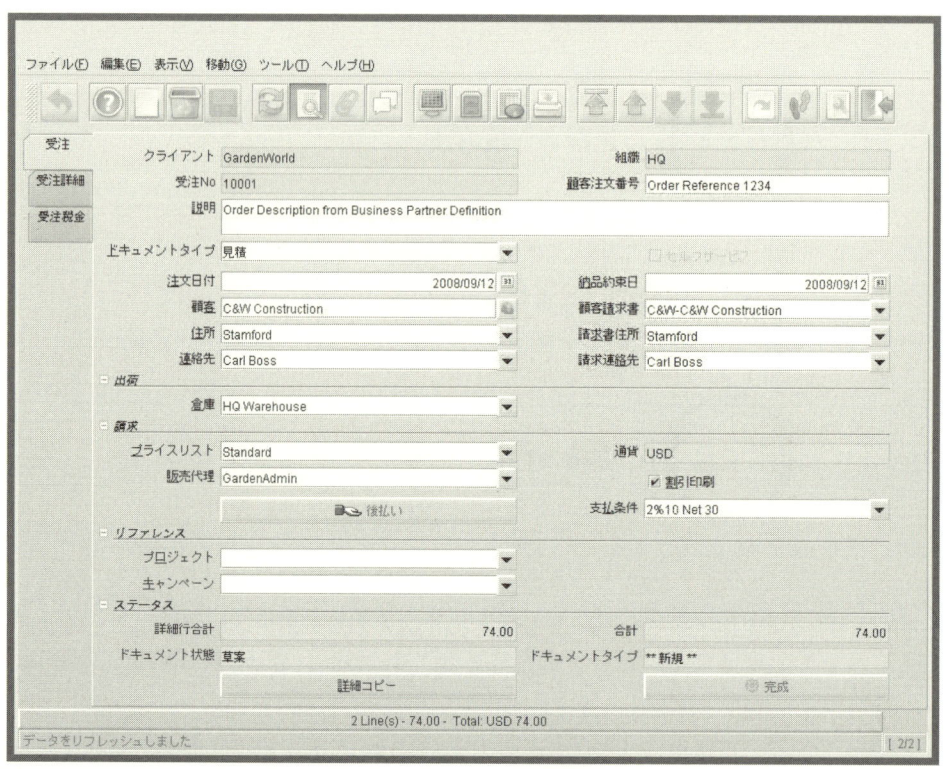

図 6.2（1）　見積画面

図 6.2（2） 見積書

6.3 受注

見積 → **受注** → 出荷・納品 → 請求書発行 → 入金

得意先より注文を受け、受注登録します。

6.3.1 受注の作成方法

受注の作成方法には、以下の3つのパターンがあります。
（1）営業部などが直接受注を登録
（2）見積データを元に受注を作成
（3）外部システムの受注データをインポート（例えば：ECシステム、EDI）

6.3.2 受注の内容

受注を作成する場合は、受注登録により行います。
受注のヘッダー項目としては、顧客、請求先、受注日付、納品希望

日、出荷方法、請求方法、などがあります。明細項目としては、製品、数量および受注価格、消費税、税率を指定できます。

得意先（送付先）と請求先が異なる場合は、得意先情報と請求先情報をそれぞれ登録しておくことで対応できます。例えば、支店から受注して、本社に請求するケース、個人顧客が注文して、送り先がほかの人のケースなどがあります。

受注の登録時に、在庫確認がされ、在庫不足時に警告メッセージが表示されます。
得意先に与信限度額を設定することで、注文が入る都度、与信残高から注文受付が可能かどうかを確認できます。与信設定の詳細は「第10章　取引先管理」にて説明します。

受注が確定した時点で、在庫が引き当てされます。
得意先からの受注を受けた時または商品在庫確認問合せに対して、リアルタイムで在庫数を確認することができます。共通ヘッダーメニューの製品情報画面から各倉庫の商品在庫数、出荷可能数、販売価格などの情報をすばやく確認できます。

6.3.3　受注の種類

受注登録をするとき、受注のタイプを選択することができます。この受注タイプによって、受注後のさまざまな業務フローに合わせて使い分けることができます。
受注のタイプは以下の7つを用意しています。（提案書と見積書も同一画面で作成しますので受注タイプに含まれています。）

① 「標準受注」　受注登録後、納品、請求を手動で作成します。標準的に利用する受注タイプです。

② 「提案書」 受注登録前の提案レベルでの情報を登録します。他の受注タイプへ変換が可能です。（在庫引き当てはありません。）
③ 「見積書」 見積として利用する情報を登録します。他の受注タイプへ変換が可能です。
④ 「前払受注」 受注登録確定後、入金確認がとれた時点で納品が自動作成されます。
⑤ 「POS受注」 受注登録確定後、納品／請求／支払が自動的に作成されます。
⑥ 「クレジット受注」 受注登録確定後、納品／請求が自動的に作成されます。
⑦ 「倉庫受注」 受注登録確定後、納品が自動的に作成されます。

6.3.4　出荷条件

　受注した製品に対して、出荷条件を設定することによって、自動出荷をコントロールできます。
　「在庫がある分出荷」、「詳細行ごとに在庫足りる時出荷」、「受注商品すべて在庫足りる時出荷」、「受領後出荷」、「強制出荷」、「手動出荷」を選択できます。この出荷条件によって納品データの作成を制限します。例えば、「受注商品すべて在庫足りる時出荷」を選択すると、すべての商品の在庫が充足するまで出荷されません。
　出荷条件は、顧客ごとに設定をしておくと、受注登録時にデフォルト表示され、変更可能です。

6.3.5　請求方法・請求スケジュール

　請求方法は、顧客に対して請求書を発行する方法のことです。
　顧客の請求方法を事前設定しておくと、受注登録時にデフォルト表

示され、変更可能です。
　請求方法には、「即時請求」、「納品後請求」、「全受注納品後請求」、「配達後顧客スケジュール」を選択できます。

　請求方法に「配達後顧客スケジュール」を選択した場合、取引先の請求スケジュールを利用して請求を行います。請求スケジュールには最小請求金額、請求頻度（毎月、毎週、月2回、毎日など）、請求日付を設定できます。この請求方法・スケジュールによって、請求書発行データの作成を制限します。

6.3.6　受注残の管理方法

　受注残管理は未出荷・未請求受注レポートまたは、受注詳細画面から一覧表を作成することにより、受注の出荷・請求書発行を確認・管理できます。

　注文請書を提出する必要がある場合、「受注」画面から注文請書を印刷することができます。
　また、共通ヘッダーメニューの注文情報画面から得意先別の受注状況をすばやく確認できます。

6.3.7　受注データから出荷処理への連動

受注データを利用して、出荷処理をすることができます。

図 6.3　受注画面

6.4 出荷・納品

見積 → 受注 → 出荷・納品 → 請求書発行 → 入金

得意先からの受注に対して出荷・納品処理を行います。納品書を作成します。

6.4.1　出荷時の処理方法

出荷の処理方法には、以下の2つのパターンがあります。
（1）　商品在庫数、顧客出荷条件を元に自動出荷・納品処理を実施
（2）　担当者が手動出荷・納品処理を実施

6.4.2　出荷・納品登録の内容

　出荷処理の登録項目には、顧客、出荷日、記帳日付、倉庫・保管場所、製品、数量、製品属性（シリアル番号、ロット番号）などがあります。
　受注を元に自動出荷処理を行う場合は、倉庫と顧客の条件で表示された未出荷受注データを選択して納品データを作成することができます。

納品約束日を元に、受注画面から出荷予定表を出力することができます。

納品書は、納品画面から出力できます。納品書は納品物と同梱送付、郵送・FAX またはシステムより PDF ファイルをメール添付にて送信することが可能です。

出荷納品に関するステータス（出荷指示、ピック、出庫、納品、顧客受領）は、確認タイプを利用することにより管理できます。確認タイプには、通常の出荷のための「ピック確認」、「出荷確認」など、直送の場合は「仕入先確認」、「直送確認」、「顧客確認」などが使えます。

在庫データへの反映、引き当て数量の取消は、出荷データのステータスを「完成」にしたタイミングで実行されます。

6.4.3 同梱納品

同じ顧客から複数の受注を受け、送付先が同じ場合、同梱納品の処理が可能です。

出荷処理で対象の受注を複数選択し、紐付け処理を行えます。

6.4.4 分割納品

商品の在庫状況、顧客の出荷条件に合わせて、分割して出荷処理を行うことができます。受注データとは異なる実際の出荷数を登録し、出荷処理を行います。次の納品時には受注残数量に対して同様の処理を繰り返し行い、分割納品します。

6.4.5 出荷・納品の管理方法

出荷・納品状況は、納品詳細レポートにて確認できます。まだ出荷していない残受注については、未出荷・未請求受注レポートで確認できます。

6.4.6 出荷・納品データから会計への計上

出荷・納品処理のタイミングで、商品資産が減る仕訳が計上されます。

図 6.4 納品画面

6.5 請求書発行

見積 → 受注 → 出荷・納品 → **請求書発行** → 入金

得意先への出荷・納品データを元に、請求書を作成します。

6.5.1 請求書の発行方法

請求の方法には、以下の2つのパターンがあります。
（1） 顧客の請求方法に合わせて、受注・納品データごとに請求書発行を実施
（2） 顧客の締め日に合わせて、まとめて請求書発行を実施

6.5.2 請求書発行の内容

請求書発行処理の登録項目には、顧客、請求書発行日付、記帳日付、製品、数量、支払方法、支払条件などがあります。
納品データを元に請求書発行処理を行う場合は、組織と顧客を検索

条件として表示された未請求納品データを選択して、請求書発行データを作成することができます。

請求書画面から、作成した請求書を印刷することまたは、システムからメール送信することができます。請求書プレビュー画面より、メール送信を実行すると、請求書がPDFファイル形式で添付され、メッセージとともに送信可能です。

6.5.3　まとめ請求（締め日請求）

複数の出荷・納品に対して、まとめて請求書を発行することが可能です。同じ請求顧客であることと受注に持つ請求スケジュールを条件にして、請求書をまとめて発行することができます。

6.5.4　分割請求

顧客の依頼に合わせて、分割して請求書発行処理を行うことができます。

請求書発行処理で対象の出荷データを選択し、請求詳細データに出荷詳細データを取り込んだ後、製品の請求数量・金額の修正が可能です。次の請求時には残り分に対して同様の処理を請求処理完了まで繰り返します。

6.5.5　請求発行の管理方法

請求書発行状況は、下記の各種レポートにて確認できます。
- 請求取引レポート
- 日次・週間・月次レポート
- 製品カテゴリ別週間・月次レポート
- 仕入先別月次レポート
- 製品別四半期請求書レポート
- 顧客と製品カテゴリによる四半期請求書レポート
- 顧客と仕入先による四半期請求書レポート

また、共通ヘッダーメニューの請求情報画面から取引先別の請求状況をすばやく確認できます。

6.5.6　請求書発行データから会計への計上

請求書照合処理のタイミングで、売掛金／売上高の仕訳が計上されます。

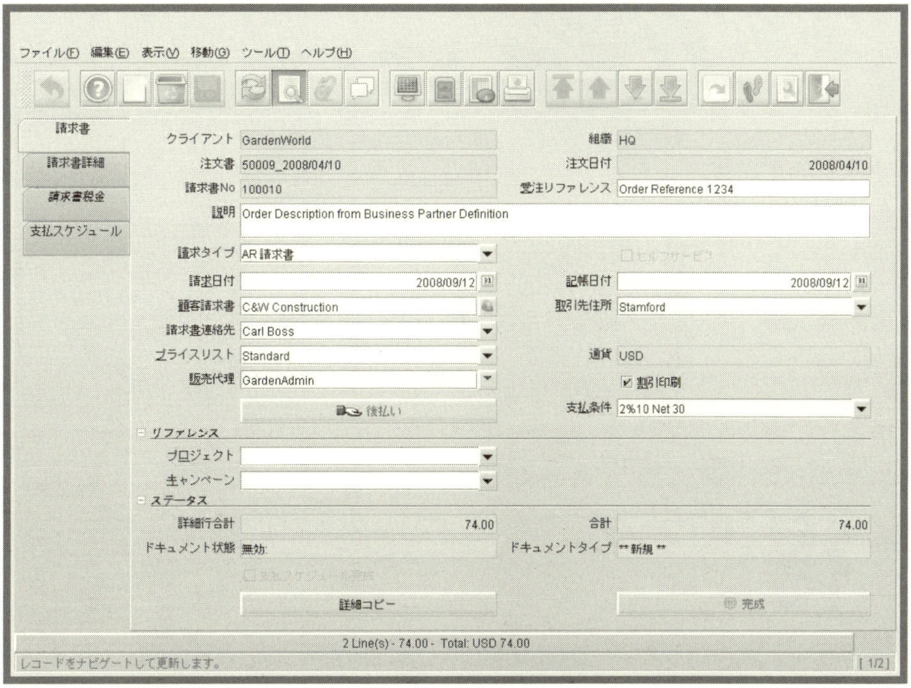

図 6.5（1） 請求書発行画面

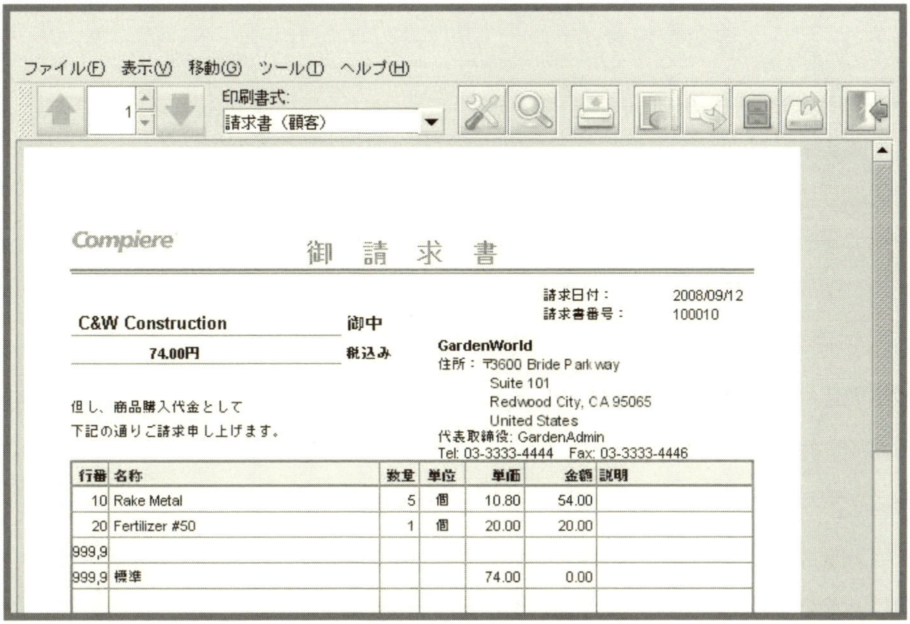

図 6.5（2） 請求書発行画面

6.6 入金

見積 → 受注 → 出荷・納品 → 請求書発行 → **入金**

> **得**意先から入金された後、入金情報の登録を行います。

6.6.1　入金の処理方法

入金の処理方法には以下の3つのパターンがあります。
（1）　一請求書に対する入金処理を実施
（2）　複数の請求書に対する入金処理を実施
（3）　請求書の有無にかかわらず直接入金処理を実施（前受けの場合など）

6.6.2　入金の内容

入金処理の登録項目には、顧客、入金日付、記帳日付、入金銀行情報、入金方法、入金金額などがあります。入金データに顧客請求データを取り込むことができます。

入金時の「割引金額」、「貸倒損失」、「過不足支払金額」などの対応も可能です。

顧客に「入金確認書」を送付する必要がある場合、「入金」画面から「入金確認書」を出力することができます。

請求書の支払期日までに顧客入金が確認されていない場合、支払督促状を自動発行してメール送信することができます。

6.6.3　入金配分

複数の請求書に対して、顧客よりまとめて入金がされた場合、入金配分処理を行います。

入金画面の入金金額に対して、複数の請求書に紐付けることができます。

6.6.4　入金データの出力方法

登録した入金情報は入金画面で確認および入金データとしての抽出をすることが可能です。

6.6.5　入金の管理方法

入金情報と請求情報から未入金請求書の状況が確認できます。

取引先別の未払金についても、取引先画面にて未払金項目にて確認可能です。

また、共通ヘッダーメニューの入金情報画面から取引先別の入金状

況をすばやく確認できます。

　前払受注の場合、受注を元に入金データを作成します。この場合、受注データを入金データ詳細に紐付けて行うことができます。

6.6.6　入金データから会計への計上

　入金処理のタイミングで、売掛金の消し込み仕訳が計上されます。

図 6.6　入金画面

6.7 顧客返品

> **得** 意先へ出荷した商品に不良・破損などがあった場合は、返品処理を行います。

6.7.1 Compiereにおける顧客返品処理の構造

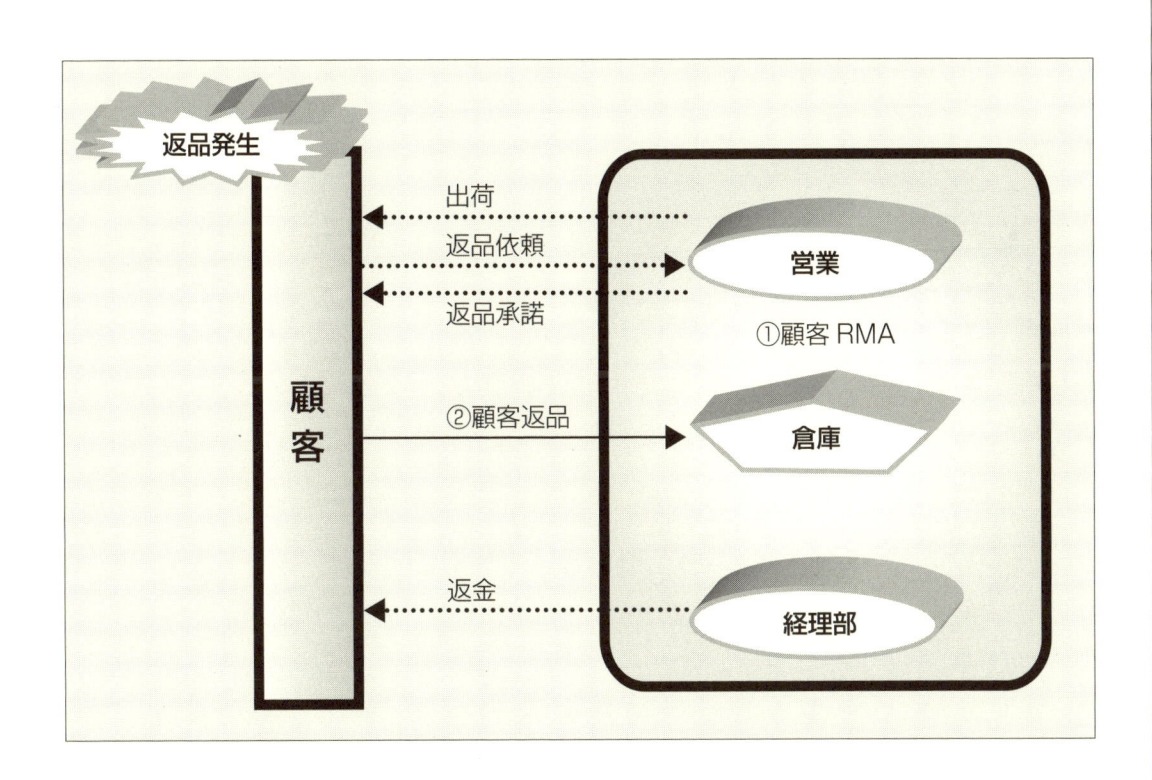

```
返品発生

顧客 ←――出荷―――― 営業
     ――返品依頼――→
     ←―返品承諾――
              ①顧客RMA

     ――②顧客返品――→ 倉庫

     ←――返金――――  経理部
```

① **顧客 RMA（Return Material Authorization）**
必要に応じて営業担当が顧客の返品依頼を元に顧客 RMA を登録します。
顧客 RMA は、顧客返品を管理するために利用します。

② **顧客返品（売上返品）**
顧客から商品を返品してもらい、顧客返品を登録します。

③ **返金**
顧客から入金済みの場合は、返金処理を行います。

6.7.2　顧客 RMA/ 顧客返品の作成方法

返品処理方法には、以下の方法があります。
（1）　顧客 RMA を登録
（2）　顧客 RMA を元に顧客返品を作成
（3）　直接顧客返品を登録

6.7.3　顧客 RMA の内容

顧客 RMA の登録項目には、顧客、返品情報と関連のある受注情報、出荷情報、RMA カテゴリ、返品ポリシー、製品、数量、単価があります。

顧客 RMA で設定する「RMA カテゴリ」と「返品ポリシー」は、それぞれ返品処理を管理・分析するのに役立ちます。RMA カテゴリは、返品理由をカテゴリ分けして登録しておくことができ、返品原因の追跡に利用できます。返品ポリシーは、顧客、製品または製品カテゴリと関連付けて返品期限を設定することができます。このポリシーにより製品の出荷から何日以内であれば返品可能かなどの期限設定が可能

です。例えば、「30日以内はすべての顧客から返品を受け付けるが、ある特定の顧客に対しては45日以内まで許可する」などです。

6.7.4 顧客返品の内容

顧客返品の登録項目は、顧客、製品、数量、単価があります。

顧客RMAデータを元に顧客返品を行う場合は、顧客返品に顧客RMAデータを取り込むことができます。

顧客が返品商品に対して既に入金済みの場合、返金（クレジットメモ）を作成することができます。返金内容は請求書画面から作成します。

6.7.5 顧客返品時の在庫との連動

在庫データへの反映は、顧客返品データのステータスを「完成」にしたタイミングで実行されます。

6.7.6 返品データから会計データへの連動

顧客返品処理のタイミングで、商品資産が増加の仕訳が計上されます。商品欠損の場合、棚卸で調整することができます。

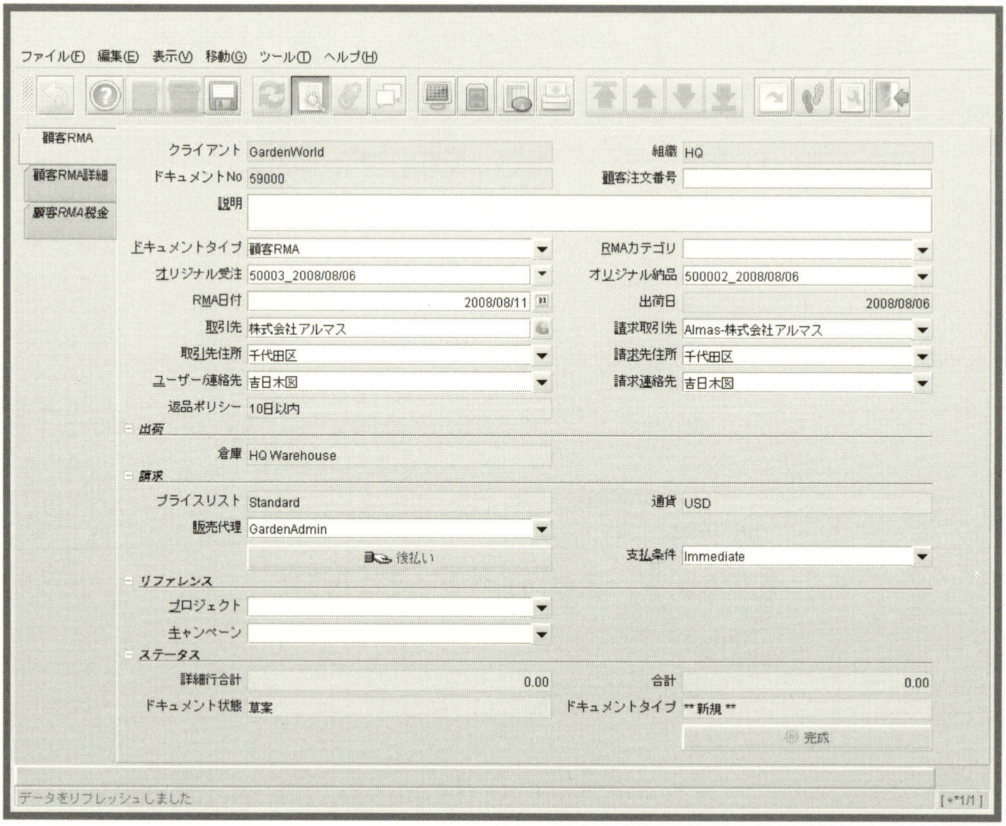

図 6.7（1） 顧客 RMA 画面

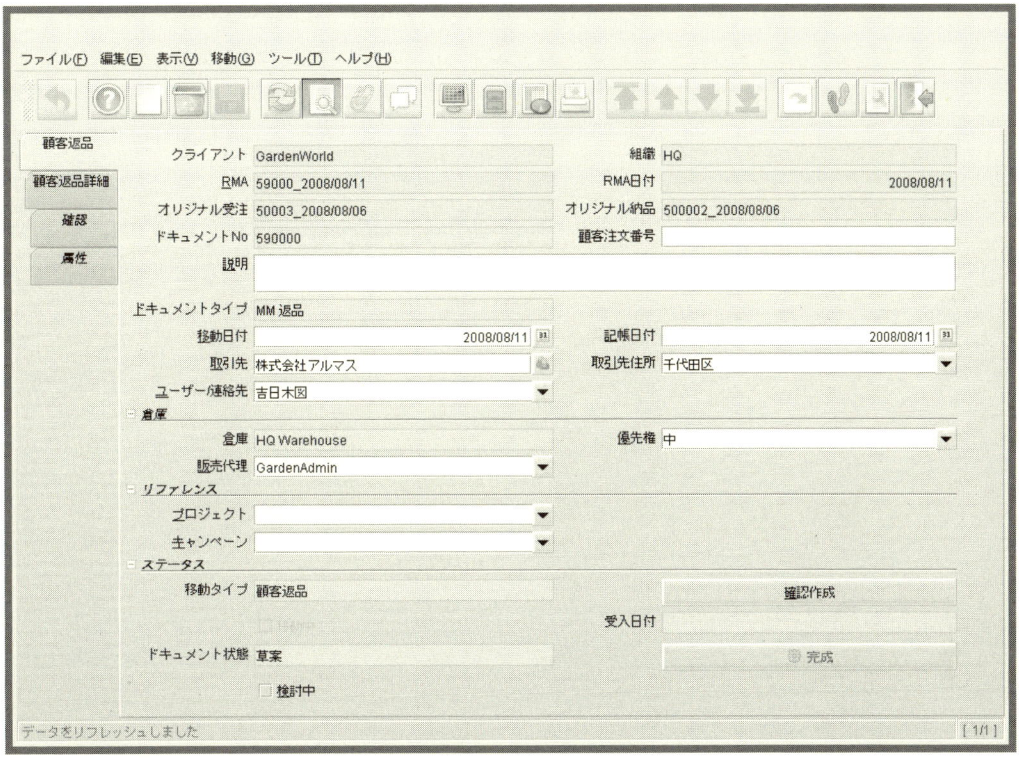
ファイル(F) 編集(E) 表示(V) 移動(G) ツール(T) ヘルプ(H)
顧客返品
顧客返品詳細
確認
属性
クライアント GardenWorld
組織 HQ
RMA 59000_2008/08/11
RMA日付 2008/08/11
オリジナル受注 50003_2008/08/06
オリジナル納品 500002_2008/08/06
ドキュメントNo 590000
顧客注文番号
説明
ドキュメントタイプ MM 返品
移動日付 2008/08/11
記帳日付 2008/08/11
取引先 株式会社アルマス
取引先住所 千代田区
ユーザー/連絡先 吉日木図
倉庫
倉庫 HQ Warehouse
優先権 中
販売代理 GardenAdmin
リファレンス
プロジェクト
キャンペーン
ステータス
移動タイプ 顧客返品
確認作成
受入日付
ドキュメント状態 草案
完成
検討中
データをリフレッシュしました
[1/1]
図 6.7 (2) 顧客返品画面

7.1		在庫業務
7.2		入出荷
7.3		在庫移動
7.4		棚卸
7.5		在庫補充
7.6		製品組立／解体
7.7		製品属性
7.8		ロット／シリアル番号管理
7.9		保障期限管理

第7章 在庫管理

第7章 在庫管理

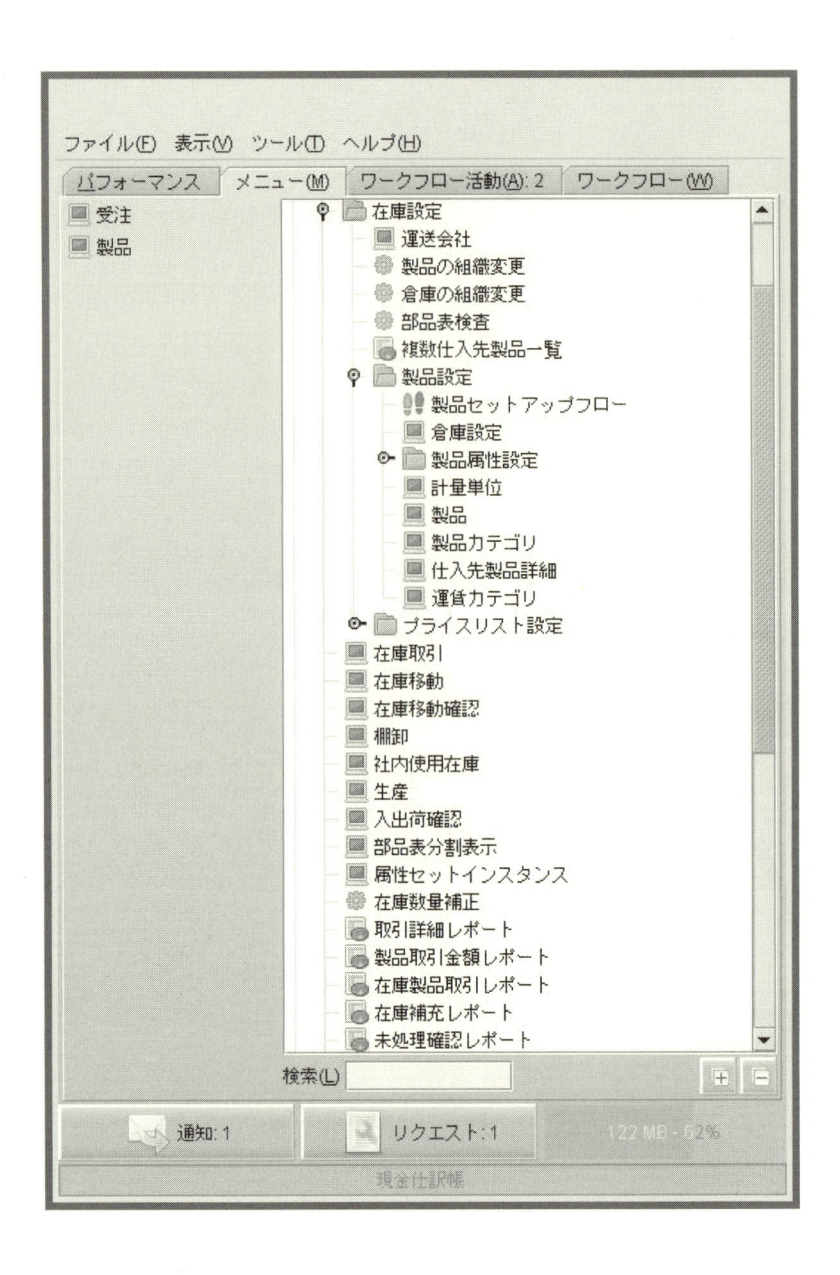

```
ファイル(F)  表示(V)  ツール(T)  ヘルプ(H)
[ パフォーマンス | メニュー(M) | ワークフロー活動(A): 2 | ワークフロー(W) ]
☐ 受注           ┌─ 📁 在庫設定
☐ 製品           │   ├─ ■ 運送会社
                 │   ├─ ⚙ 製品の組織変更
                 │   ├─ ⚙ 倉庫の組織変更
                 │   ├─ ⚙ 部品表検査
                 │   ├─ ■ 複数仕入先製品一覧
                 │   └─ 📁 製品設定
                 │       ├─ 👣 製品セットアップフロー
                 │       ├─ ■ 倉庫設定
                 │       ├─ 📁 製品属性設定
                 │       ├─ ■ 計量単位
                 │       ├─ ■ 製品
                 │       ├─ ■ 製品カテゴリ
                 │       ├─ ■ 仕入先製品詳細
                 │       └─ ■ 運賃カテゴリ
                 ├─ 📁 プライスリスト設定
                 ├─ ■ 在庫取引
                 ├─ ■ 在庫移動
                 ├─ ■ 在庫移動確認
                 ├─ ■ 棚卸
                 ├─ ■ 社内使用在庫
                 ├─ ■ 生産
                 ├─ ■ 入出荷確認
                 ├─ ■ 部品表分割表示
                 ├─ ■ 属性セットインスタンス
                 ├─ ⚙ 在庫数量補正
                 ├─ 📖 取引詳細レポート
                 ├─ 📖 製品取引金額レポート
                 ├─ 📖 在庫製品取引レポート
                 ├─ 📖 在庫補充レポート
                 └─ 📖 未処理確認レポート

検索(L) [            ]                    [+] [−]

[💬 通知:1]  [📋 リクエスト:1]   122 MB - 52%
              現金仕訳帳
```

7.1 在庫業務

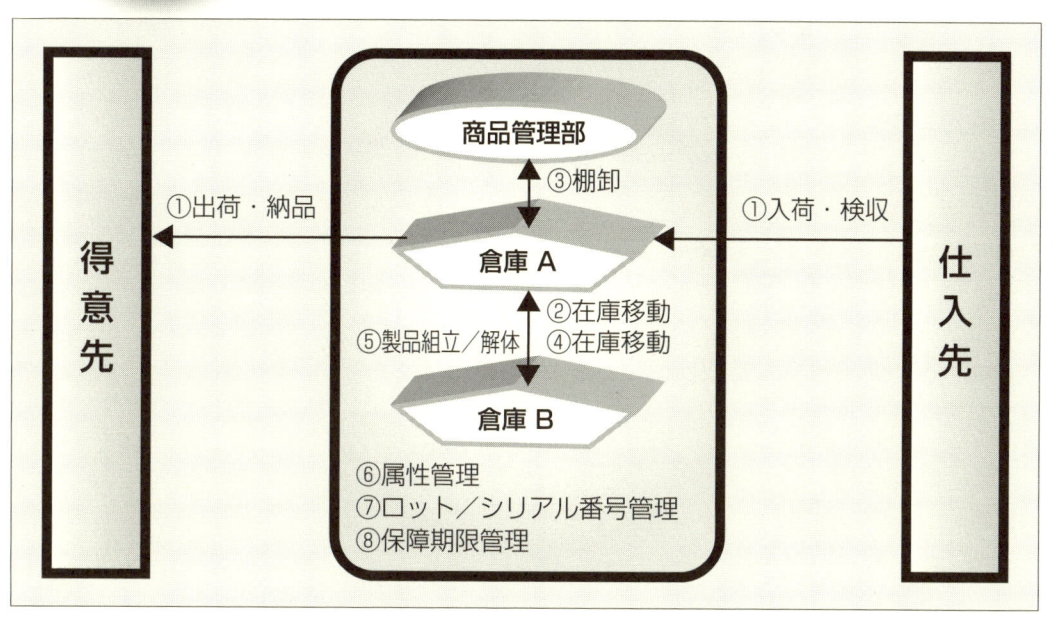

```
              商品管理部
                 ↕ ③棚卸
   ①出荷・納品         ①入荷・検収
得  ←――――――  倉庫 A  ←――――――  仕
意                                 入
先        ⑤製品組立／解体  ②在庫移動    先
                        ④在庫移動
                 ↕
              倉庫 B

        ⑥属性管理
        ⑦ロット／シリアル番号管理
        ⑧保障期限管理
```

① **入出荷**

　　仕入先からの入荷・検収、得意先への出荷・納品を行います。

② **在庫移動**

　　倉庫間、または倉庫内の保管場所間で商品の移動を行います。

③ **棚卸**

　　倉庫の製品在庫数を一覧で出力し、差異の登録・確認、棚卸作業を行います。

④ **在庫補充**

　　製品情報から補充が必要かどうかを確認し、在庫補充処理を行います。

⑤ **製品組立／解体**

　　まとめ売りまたは、バラ売りに対応するために、製品の組立／解体処理を行います。

⑥ **製品属性**

　製品を識別して在庫を持つため、属性（色やサイズなど）の管理を行います。

⑦ **ロット／シリアル番号管理**

　製品を識別して在庫を持つため、ロット／シリアル番号での管理を行います。

⑧ **保障期限管理**

　製品の保障期限の管理を行います。

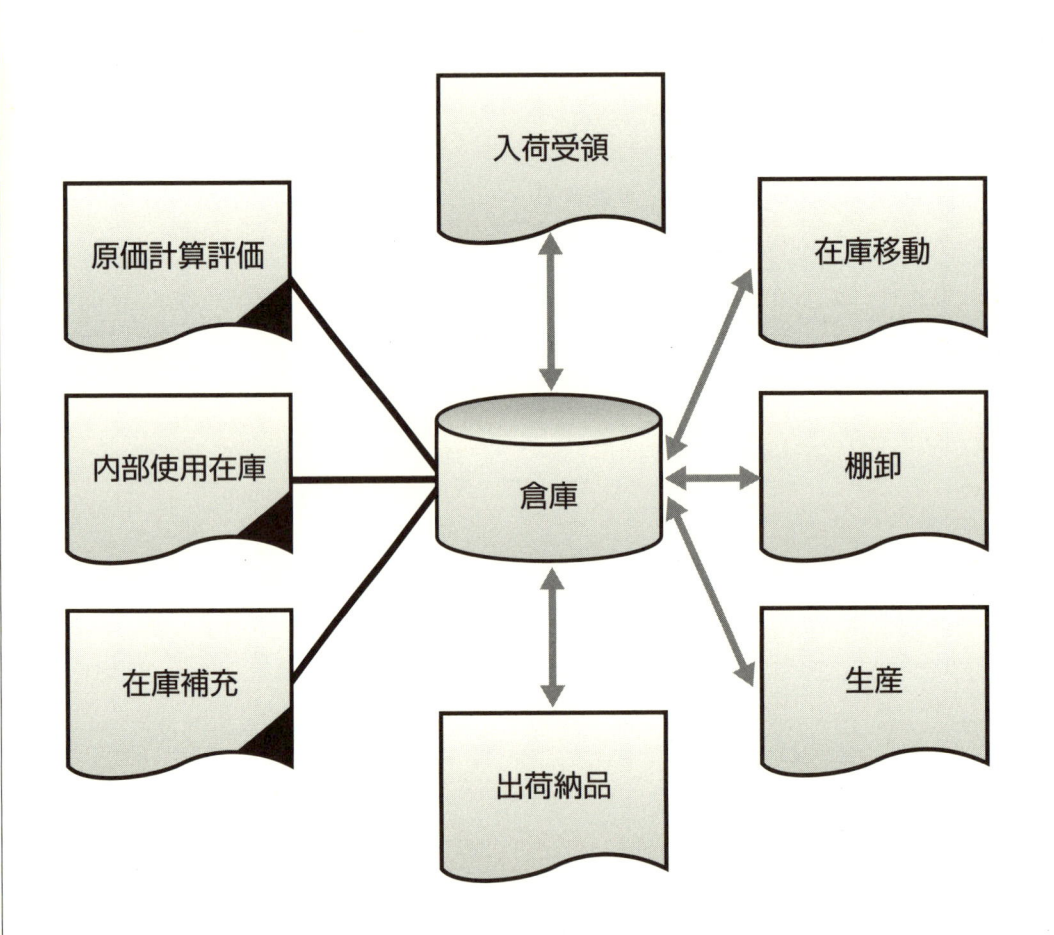

7.2 入出荷

仕入先からの入荷・検収、得意先への出荷・納品を行います。

7.2.1 入出荷の処理方法

入出荷の商品の動きには、以下の2つのパターンがあります。
（1） 仕入先から倉庫へ入荷・検収処理を実施
（2） 倉庫または仕入先から得意先へ出荷・納品処理を実施

7.2.2 入出荷の内容

納品された発注商品に対して入荷処理を行います。入荷と発注間で漏れを防ぐために消し込み処理が可能です。
受注確定後、出荷ルールを条件に納品処理を行います。納品書を元に倉庫から該当商品を出荷します。

詳細は、「第5章 仕入購買管理」で入荷処理、「第6章 販売管理」で出荷処理を参照してください。

7.2.3　入出荷の管理方法

　在庫データへの反映は、入出荷データのステータスを「完成」にしたタイミングで行われます。

　検品承認などのために、完成前のステータスを管理する確認処理を追加することができます。これにより、仕入先からの納品書と実際の入荷商品との確認、得意先からの受注情報と実際の出荷商品との確認が終了し、完成された時点で在庫が反映されます。

　入出荷の状況は、納品詳細レポート、入荷詳細レポートで確認することができます。ピックリスト作成をするのに、利用できます。

　また、共通ヘッダーメニューの出荷情報画面から取引先別の入出荷状況をすばやく確認できます。確認処理を利用した場合、入出荷確認状況を未処理確認レポート、未処理確認詳細レポートで確認することができます。

7.3 在庫移動

> 倉庫間、または倉庫内の保管場所間で商品の移動を行います。

7.3.1 在庫移動の処理方法

在庫移動の処理方法には、以下の2つのパターンがあります。
（1） 商品管理部が直接在庫移動を登録
（2） 在庫補充による在庫移動作成（詳細は後述の在庫補充を参照）

7.3.2 在庫移動の内容

在庫移動のヘッダー項目としては、移動日付、在庫移動タイプ、メモなどがあります。明細項目としては、製品、移動数量、（送り元）保管場所、送り先保管場所を指定できます。

在庫移動は、異なる倉庫間、または同じ倉庫内の保管位置の移動が可能です。

保管位置での移動の場合は、棚番号（アイルX、ビンY、レベルZ）を指定します。

在庫移動指示書を作成する場合は、在庫移動登録により出力できます。

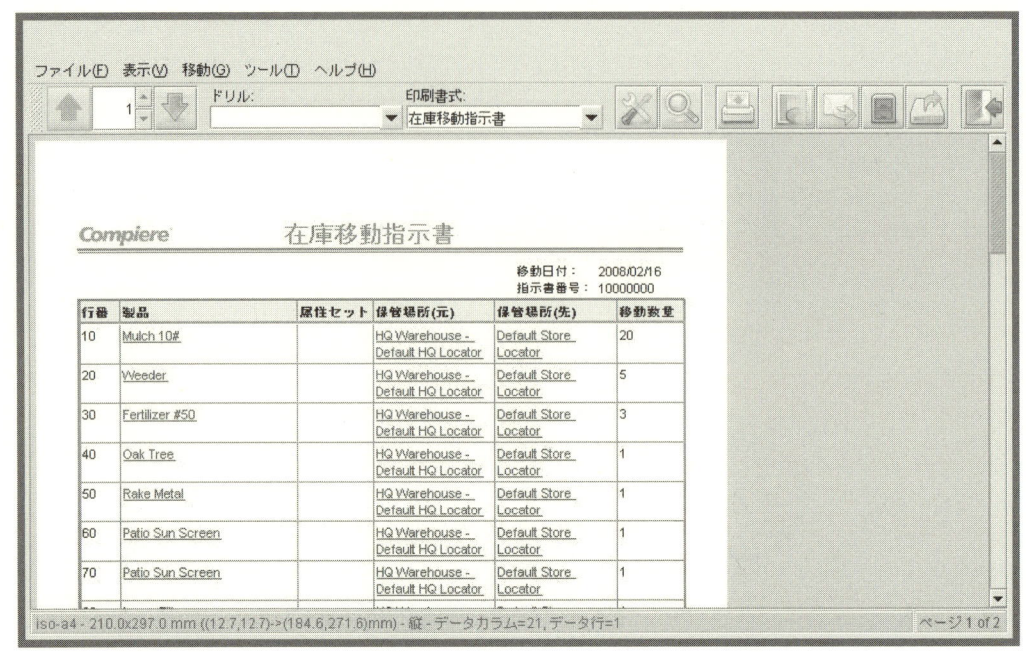

図 7.3(1) 在庫移動指示書

7.3.3　在庫移動の管理方法

　在庫移動の履歴情報を、在庫移動画面または、製品情報から確認することができます。
　確認処理を利用した場合、製品情報から在庫移動未確認数量を確認することができます。(確認処理については入出荷の管理方法を参照。)

図 7.3 (2) 在庫移動詳細画面

7.4 棚卸

倉庫の製品在庫数を一覧で出力し、差異を登録・確認し、棚卸作業を行います。

7.4.1　棚卸の処理方法

棚卸の処理方法には、以下の3つのパターンがあります。
（1）全商品在庫差異の調整のため、棚卸リストを自動作成し、棚卸処理を実施
（2）個別商品在庫調整のため、棚卸処理を実施
（3）社内使用在庫調整のため、棚卸処理を実施

7.4.2　棚卸の内容

　棚卸処理の登録項目には、倉庫、棚卸日付、保管場所、製品、棚卸数量などがあります。
　倉庫内の実数量と帳簿上の数量を照らし合わせるため、保管場所、製品、製品カテゴリ、在庫数などを条件として棚卸一覧リストを自動作成することができます。そのリストとともに実在庫数量を確認し、棚卸を実施します。

棚卸画面で実在庫数を登録し、棚卸データを「完成」にしたタイミングで、在庫数が調整されます。

会社で利用するために商品の出庫をする場合は、社内使用在庫機能を利用できます。この機能は、棚卸処理を経由して在庫する商品の数量を減らします。会計上は、棚卸損失ではなく、料金タイプで設定された科目に計上されます。

7.4.3　棚卸の管理方法

棚卸の履歴情報を、棚卸画面または製品情報から確認することができます。
社内使用在庫の場合も同様に、棚卸履歴として製品情報から確認できます。

棚卸リストを作成すると、その時点での在庫数を表示します。しかし、常に取引が行われているために、在庫数の変動は継続して発生しています。再度リストを作成するのではなく、数量更新機能でその時点の在庫数を表示することが可能です。

7.4.4　棚卸データから会計への計上

棚卸を「完成」にしたタイミングで、在庫の損失または利益が棚卸損失科目に計上されます。

第7章 在庫管理

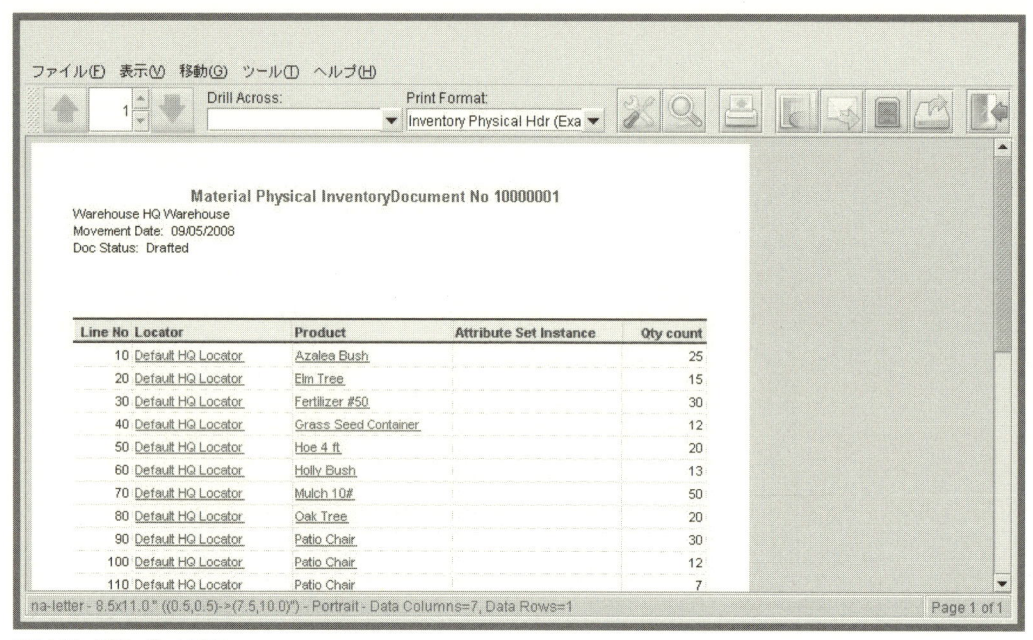

図7.4（1）棚卸レポート画面

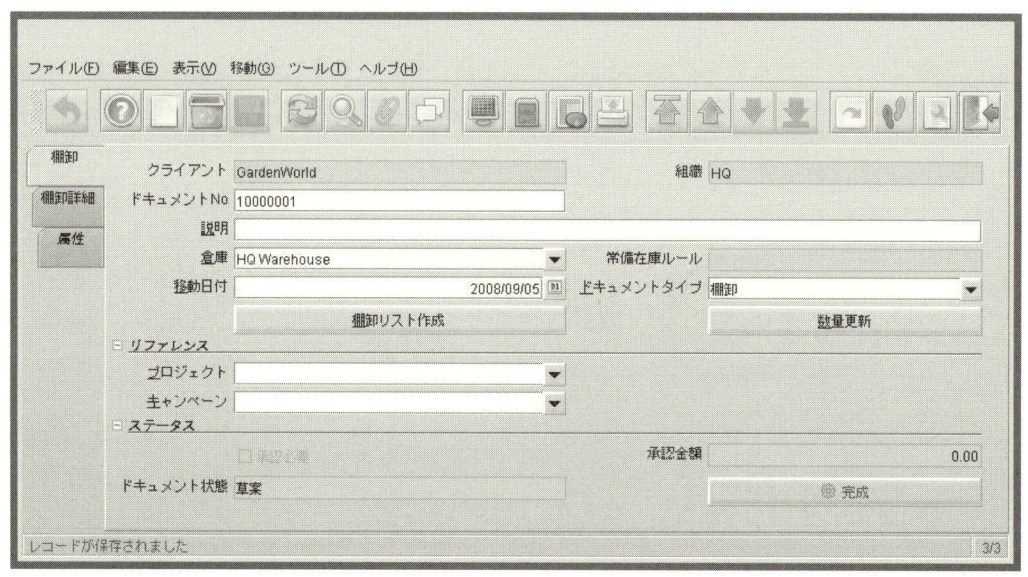

図7.4（2）棚卸画面

7.5 在庫補充

製品情報から補充が必要かどうか確認し、在庫補充処理を行います。

7.5.1 在庫補充の処理

在庫補充には、以下の処理があります。
（1） 製品の持つ補充条件を元に、在庫補充レポートを作成
（2） 製品の持つ補充条件を元に、製品見積依頼書を自動作成
（3） 製品の持つ補充条件を元に、製品発注書を自動作成
（4） 製品の持つ補充条件を元に、在庫移動を自動作成

7.5.2 在庫補充の内容

在庫補充は、各製品に設定する補充条件を元に、補充レポートを作成します。

補充条件は、「手動補充、最小在庫レベルを下回ると注文、最大在庫レベルをメンテナンス」とあります。最小数、最大数を設定することにより、どのくらい補充が必要なのかを明確にすることができます。

在庫補充レポートは、製品、製品の仕入先、最大と最小数量、最小限注文数量、手元数量、予約済み数量、注文数量などを表示します。このレポート作成と同時に、補充の方法を選択し、仕入先への発注書、ソース倉庫からの在庫移動、見積依頼書の自動作成をすることができます。

7.5.3　在庫補充の管理方法

在庫補充の履歴情報は、出力したレポートを管理して確認することができます。補充レポートから自動作成で、仕入先への発注書、在庫移動、見積依頼書を作成した場合は、それらのステータスを完成にした時点で、製品情報の取引履歴に残ります。

図7.5 (1) 製品の持つ在庫補充画面

7.5 在庫補充

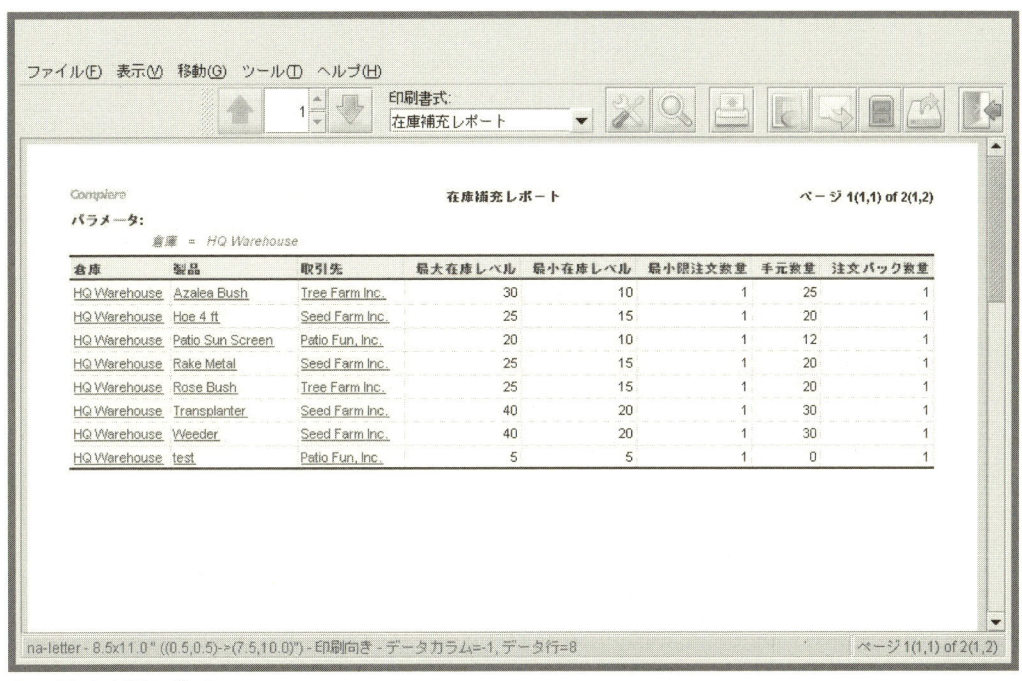

図7.5 (2) 在庫補充レポート

7.6 製品組立／解体

> ま とめ売りまたは、バラ売りに対応するために、製品の組立／解体処理を行います。

7.6.1　製品組立／解体の処理方法

製品組立／解体の処理方法には、以下の方法があります。
（1）　製品の持つ部品表を元に、製品組立／解体を実施

7.6.2　製品組立／解体の内容

製品組立／解体は、複数の製品をセットにして別の製品として売る場合、逆にセットの製品をバラ売り（解体）する場合に利用します。

製品は在庫する製品であること、また「部品表」を設定した製品であることを条件として、組立／解体処理が可能になります。

製品の持つ部品表には、どの製品をどのくらいの量で組立／解体するかを登録します。1つの部品表には、複数の製品を持つことが可能です。

製品組立／解体の登録項目には、製品、組立計画数量／解体計画数

7.6 製品組立／解体

量、保管場所などがあります。部品表に設定した情報を元に、自動的に製品必要数量が計算されます。

在庫データへの反映は、製品表「完成」のタイミングで実行されます。

7.6.3 製品組立／解体の管理方法

製品組立／解体の履歴情報を、生産画面または製品情報から確認することができます。

組立の場合は、製品情報にまとめ売り商品の在庫数が増えて、それに含まれる単品商品の在庫数が減ります。逆にバラ売りの場合、製品情報にセット商品の在庫数が減り、部品表に含まれる商品の在庫数が増えます。

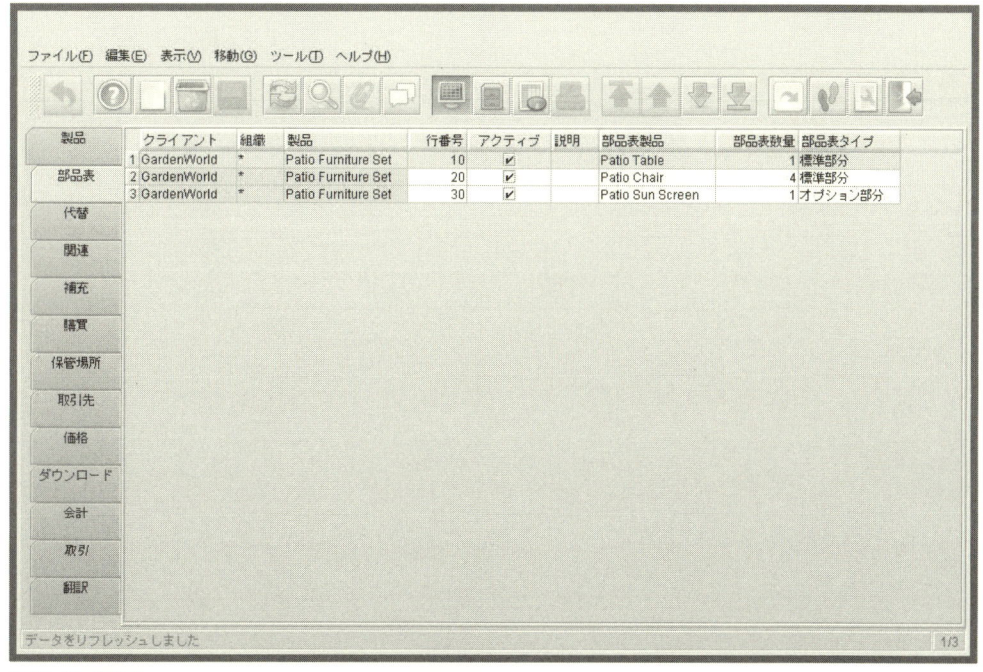

図 7.6（1）部品表

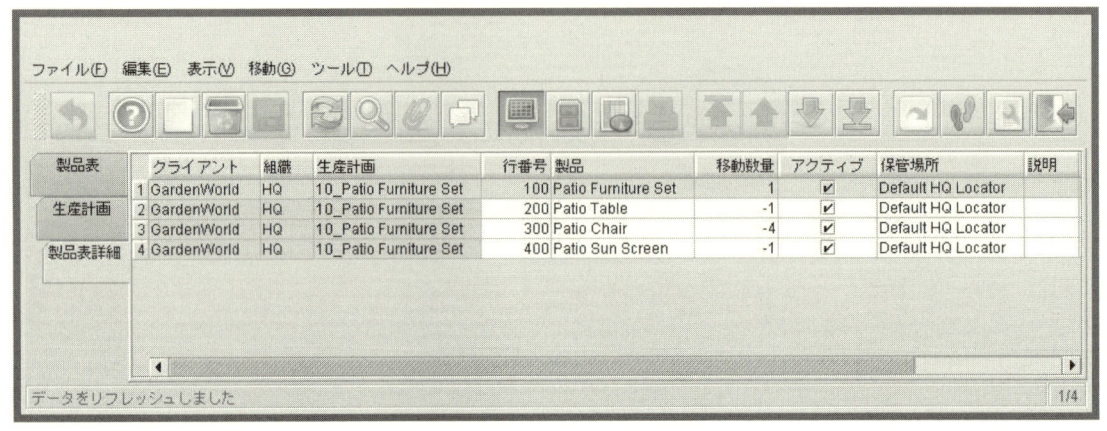

図 7.6（2）製品組立／解体画面

7.7 製品属性

製品の識別をするため、色やサイズの属性管理を行います。

7.7.1 製品属性の設定方法

製品属性の設定方法には、以下の方法があります。
（1） 属性セット、属性値定義後、製品に紐付ける

7.7.2 属性設定の内容

製品に属性設定をすることにより、特定製品の識別ができます。

属性設定概念図（図7.7（1））を参考にしますと、製品Tシャツに対して、属性セットを持たせます。その属性セットは色・サイズ2つの属性を持ち、それぞれ属性は、属性値として情報を持ちます。
例えば、色の属性値には、「緑、赤、白」と3色の種類、サイズの属性値には、「L、M、S」の3つのサイズがあります。この製品Tシャツには、この属性セットを利用する、属性は緑、Lサイズを設定すると定義します。これらの定義は製品の属性設定です。

属性設定により、共通した属性を管理でき、他の製品に対しても利

用できるようになります。

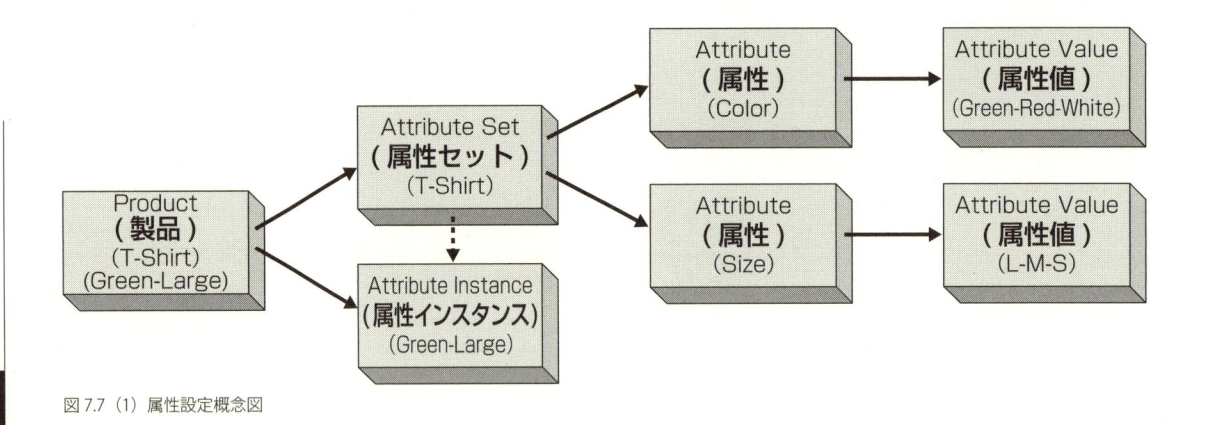

図7.7（1）属性設定概念図

　属性セットの登録項目には、属性セット名称、紐付ける属性などがあります。

　属性の登録項目には、属性名称、属性値タイプなどがあります。属性値タイプはリスト、数字、また直接入力の文字列などを選択できます。

　属性を設定することにより、在庫数を属性ごとに持つことができます。

　取引処理時（発注、入荷、在庫、受注、出荷）に、属性を指定することができます。

7.7.3　属性設定の管理方法

製品ごとに属性セットの定義を設定します。
　共通ヘッダーメニューの製品情報画面から属性セットを持っているかどうかを確認することができます。また、検索条件としても属性を選択できます。

図 7.7（2）属性セット

図 7.7（3）属性

7.8 ロット／シリアル番号管理

製品の識別をするため、ロット／シリアル番号での管理を行います。

7.8.1　ロット／シリアル番号の設定方法

ロット／シリアル番号管理の設定方法には、以下の方法があります。
（1）属性セット、ロット管理またはシリアル管理定義後、製品に紐付ける

7.8.2　ロット／シリアル番号の内容

製品属性（7.7 製品属性を参照）と同様で、製品の属性としてロットまたはシリアル番号を持ち、管理することができます。

ロット／シリアル番号を設定することにより、在庫数をロット／シリアル番号ごとに持つことができます。
　取引処理時（発注、入荷、在庫、受注、出荷）に、ロットまたはシリアル番号を指定することができます。取引時に新規の値を採番する、または既存の番号を割り当てることも可能です。

ロット／シリアル管理の登録項目には、名称、スタートNO、増加量、採番NO、接頭辞、接尾辞などがあります。

7.8.3 ロット／シリアル番号の管理方法

製品ごとに属性セット（ロット／シリアル番号管理を持つ）の定義を設定します。

共通ヘッダーメニューの製品情報画面から属性セットを持っているかどうかを確認することができます。また、検索条件としてもロット／シリアル番号を選択できます。

図 7.8 (1) ロット管理

図 7.8（2）ロットの属性セット

7.9 保障期限管理

製品の保障期限の管理を行います。

7.9.1 保障期限の処理方法

保障期限管理の設定方法には、以下の方法があります。
（1） 属性セットで保障日数を定義後、製品に紐付ける

7.9.2 保障期限の内容

製品属性（7.7 製品属性を参照）と同様で、製品の属性として保障日数を持ち、管理することができます。保障期限の管理は、消費期限や賞味期限などにも利用できます。

取引処理時（発注、入荷、在庫、受注、出荷）に、保障期限を指定することができます。取引時にはデフォルトで、取引日から保障日数をプラスした日付が表示されます。そのままその保障日数を割り当てることも可能ですし、別の日数を設定することもできます。

保障期限管理の登録項目には、名称、保障日数、必須タイプなどがあります。

7.9.3 保障期限の管理方法

製品ごとに保障期限の属性セットの定義を設定します。

共通ヘッダーメニューの製品情報画面から属性セットを持っているかどうかを確認することができます。また、検索条件としても保障期限を利用することができます。

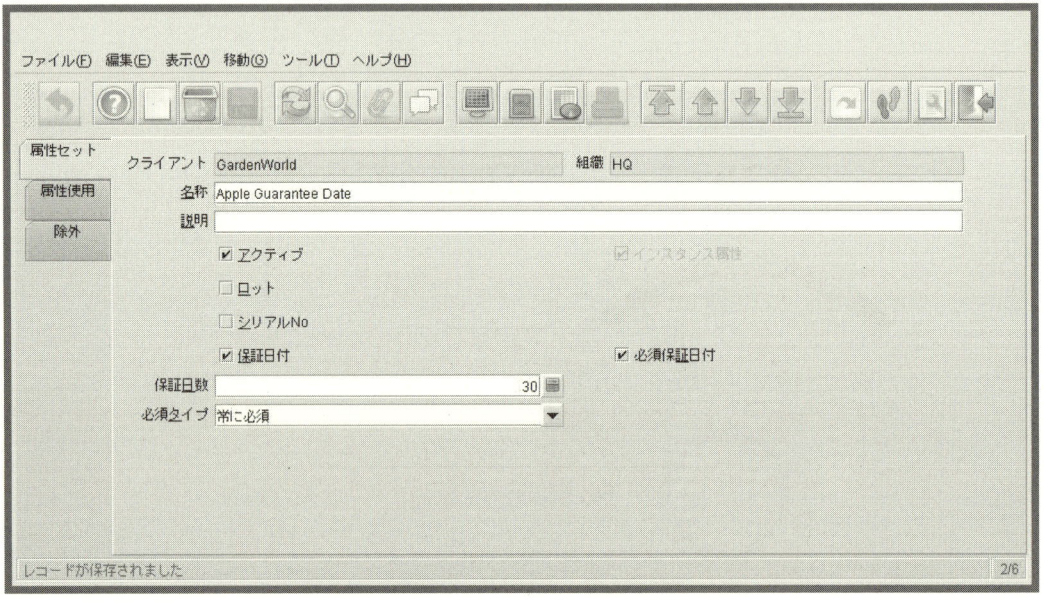

図7.9 保障期限の属性セット

8.1	経理業務
8.2	仕訳登録
8.3	経費精算
8.4	預金出納帳管理
8.5	現金出納帳管理
8.6	小切手・手形管理
8.7	原価評価登録／計算
8.8	決算処理

第8章 経理業務

第8章 経理業務

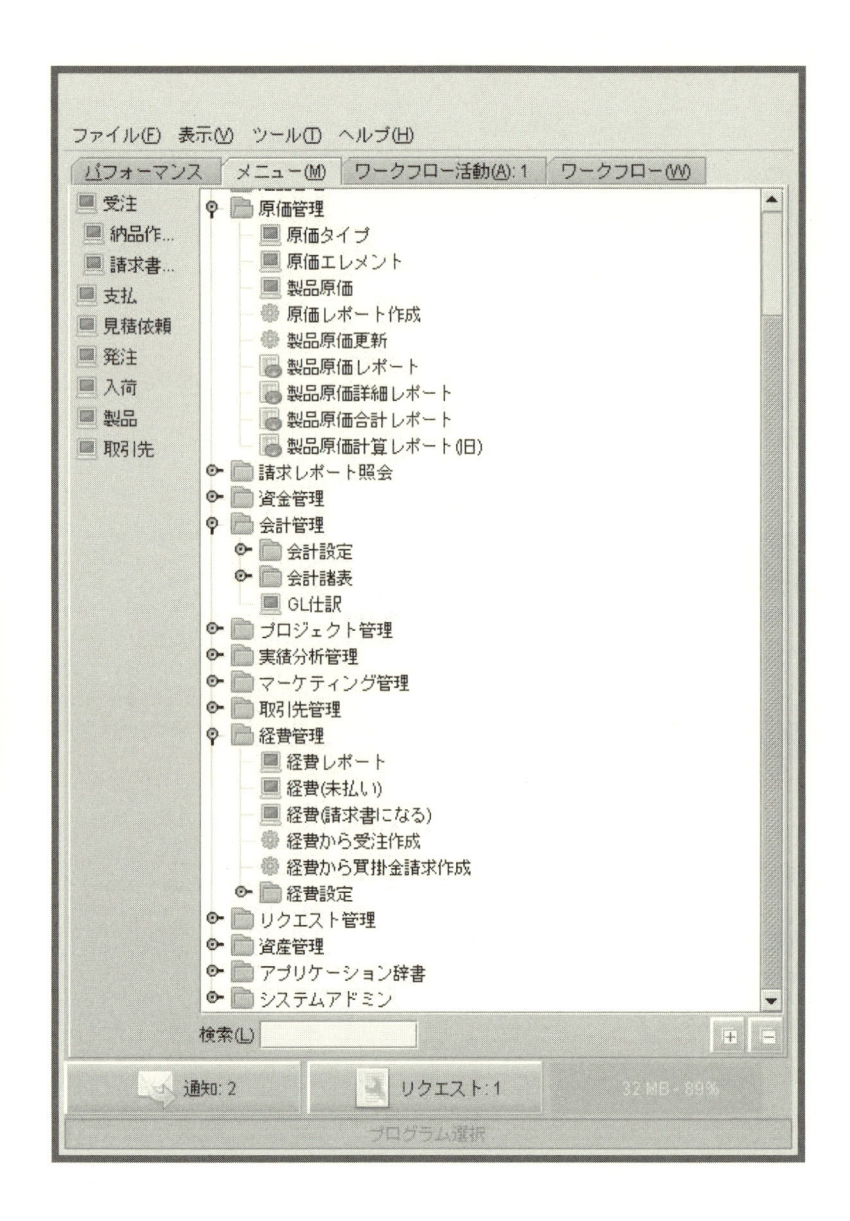

```
ファイル(F)  表示(V)  ツール(T)  ヘルプ(H)
[パフォーマンス] [メニュー(M)] [ワークフロー活動(A):1] [ワークフロー(W)]

■ 受注           ○─ 📁 原価管理
■ 納品作...              ■ 原価タイプ
■ 請求書...              ■ 原価エレメント
■ 支払                  ■ 製品原価
■ 見積依頼              ⚙ 原価レポート作成
■ 発注                  ■ 製品原価更新
■ 入荷                  ■ 製品原価レポート
■ 製品                  ■ 製品原価詳細レポート
■ 取引先                ■ 製品原価合計レポート
                       ■ 製品原価計算レポート(旧)
                ○─ 📁 請求レポート照会
                ○─ 📁 資金管理
                ○─ 📁 会計管理
                     ○─ 📁 会計設定
                     ○─ 📁 会計諸表
                        ■ GL仕訳
                ○─ 📁 プロジェクト管理
                ○─ 📁 実績分析管理
                ○─ 📁 マーケティング管理
                ○─ 📁 取引先管理
                ○─ 📁 経費管理
                        ■ 経費レポート
                        ■ 経費(未払い)
                        ■ 経費(請求書になる)
                     ⚙ 経費から受注作成
                     ⚙ 経費から買掛金請求作成
                     ○─ 📁 経費設定
                ○─ 📁 リクエスト管理
                ○─ 📁 資産管理
                ○─ 📁 アプリケーション辞書
                ○─ 📁 システムアドミン

検索(L) [          ]                    [+][-]

[📧 通知:2]  [📋 リクエスト:1]   32 MB - 89%
            プログラム選択
```

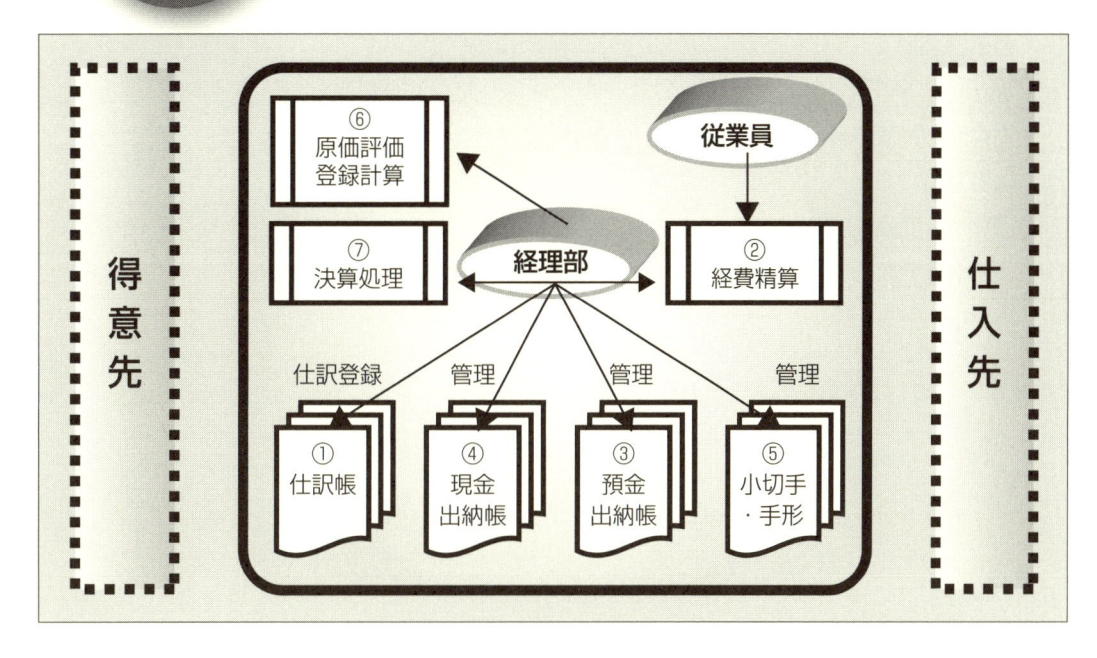

8.1 経理業務

```
           ⑥
       原価評価           従業員
       登録計算
                              ②
          ⑦      経理部      経費精算
       決算処理

   得    仕訳登録  管理   管理   管理    仕
   意                                    入
   先     ①      ④     ③     ⑤      先
        仕訳帳  現金   預金   小切手
               出納帳 出納帳  ・手形
```

① **仕訳登録**

　　経理部門が仕訳を登録して、会計帳簿に記帳することができます。

② **経費精算**

　　従業員の経費精算を登録して、経費請求書を作成することができます。従業員経費は、指定経費製品の科目と未払金科目に自動記帳されます。

③ **預金出納帳管理**

　　預金口座あての入金、または預金口座からの支払は、「銀行報告書（預金出納帳）」にて管理できます。銀行報告書の日次締め処理で、預金および銀行通過中科目の仕訳が記帳されます。

④ **現金出納帳管理**

　　販売取引と仕入購買取引、従業員精算などの現金扱いの入金・支払は、現金出納帳にて管理されます。現金出納帳の日次締め処理で、

現金および関連科目の仕訳が記帳されます。

⑤ 小切手・手形管理

小切手・手形での入金、支払処理ができます。小切手は、特別印刷書式を利用して自動発行できます。

⑥ 原価評価計算

クライアント（会社）または組織レベルで原価計算方法を設定して、自動的に原価再評価することができます。

⑦ 決算処理

記帳された各種取引の仕訳を検証し、決算調整仕訳などを登録完了後、会計期間をクローズします。

8.2 仕訳登録

経理部門が仕訳を登録して、会計帳簿に記帳することができます。

8.2.1 仕訳登録の方法

仕訳登録には、以下の2つのパターンがあります。
（1） 経理部担当者が手動で仕訳登録
（2） 外部システムから仕訳データをインポートして仕訳登録

8.2.2 仕訳登録の内容

仕訳登録には、GL仕訳画面にて、仕訳バッチ単位で登録します。仕訳バッチの登録内容には、説明、転記タイプ、仕訳日付、記帳日付、会計期間、通貨などがあります。詳細画面には、説明（摘要）、勘定科目、借方金額、貸方金額を登録します。

仕訳データはCSV形式か、固定長形式のファイルで一括インポートすることができます。インポートファイルの項目順序は任意定義できます。

「GL仕訳」ドキュメントが完成されたタイミングで、登録仕訳が記帳されます。計上される科目は、仕訳詳細に指定された科目になります。

勘定科目の設定で、手動仕訳登録できるかできないかを制御できます。

8.2.3　仕訳の管理方法

手動登録仕訳は、GL仕訳画面で管理できます。
　仕訳に関する帳票としては、「日次会計実績レポート」、「会計実績詳細レポート」、「期間会計実績レポート」などで出力できます。これらレポートには、手動登録仕訳と自動作成仕訳が全部含まれます。

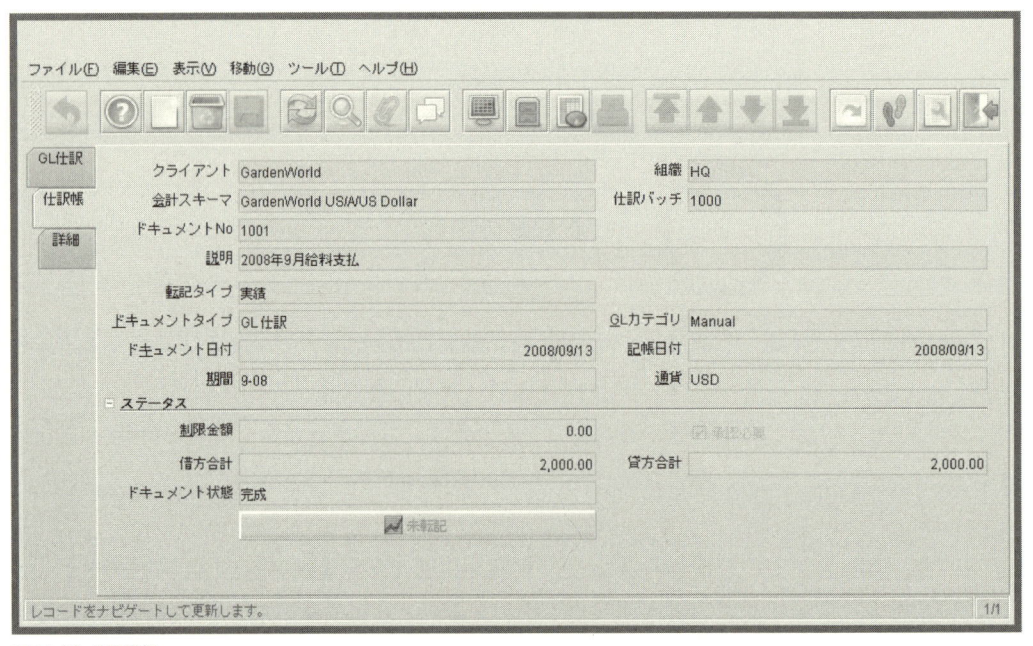

図8.2 (1) 仕訳登録

8.2 仕訳登録

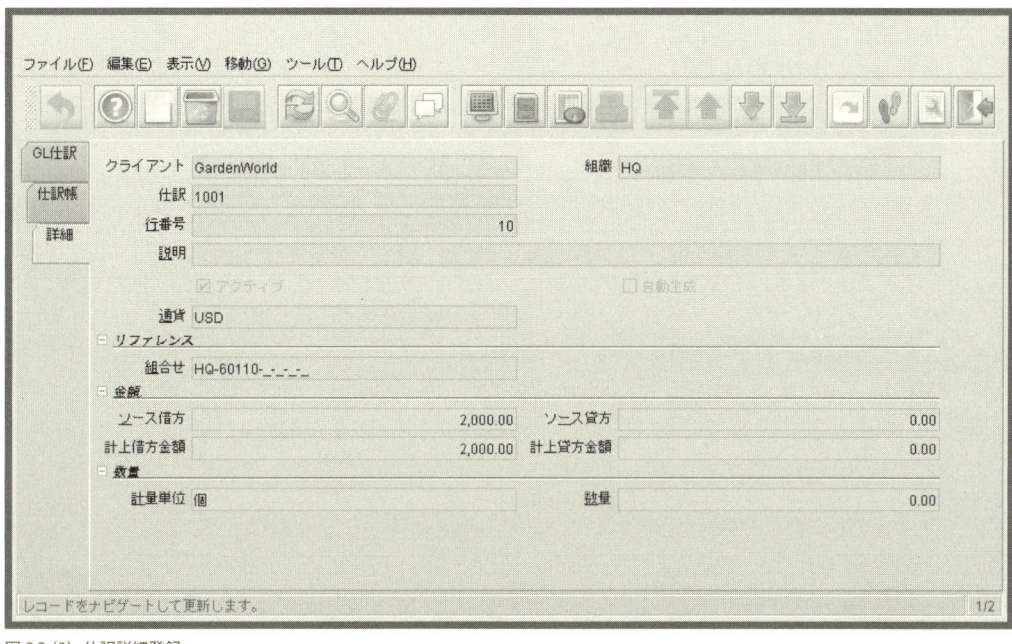

図 8.2 (2) 仕訳詳細登録

8.3 経費精算

従業員の経費精算を登録して、経費請求書を作成することができます。従業員経費は、指定経費製品の科目と未払金科目に自動記帳されます。

8.3.1 経費タイプ（経費製品）の設定方法

従業員の経費精算を登録するために、経費タイプ（経費製品）を登録する必要があります。例えば、旅費、交通費、新聞図書費、交際接待費などを経費タイプとして登録するのがいいでしょう。

経費タイプごとに、勘定科目体系ファイルの対応する費用科目を設定することで、精算した経費が、指定の費用科目に計上されます。

8.3.2 経費レポート登録の方法

経費レポートは、従業員が自分で経費精算時に登録するか、または経理部門が従業員の経費精算を元に登録する2種類のパターンがあるでしょう。

経費レポートの登録画面のヘッダーでは、主には、「従業員」、「精算日付」、「プライスリスト」、「倉庫」を登録して、詳細画面では、「経費タイプ（製品）」、「数量」、「通貨」、「金額」、「説明」などを登録します。

取引先に請求する経費として使用した場合は、「請求する」チェックボックスをチェックして、請求金額、請求する取引先を選ぶことで、

取引先からの受注を自動作成することができます。

8.3.3　経費請求書の作成

経費レポートが完成された後、メニューの「経費から買掛金請求書作成」を実行して未払金請求書を作成し、経費の支払処理をします。

8.3.4　経費請求書に対しての支払

経費精算に対する支払は、経費から作成された未払金請求書に対して、支払処理を実行することになります。支払処理は、前述の仕入先への支払と同様な処理になります。

8.3.5　経費レポート、経費請求書の管理

経費レポートは、「経費レポート」、「経費（未払い）」画面にて確認管理ができます。

経費請求書は仕入先請求書と同じように、請求情報画面または、各種請求レポートにて確認できます。

従業員未払金に関する情報は、「請求情報」画面または、「取引先未払金レポート」、「債権債務レポート」、「期日別入出金レポート」に確認管理できます。

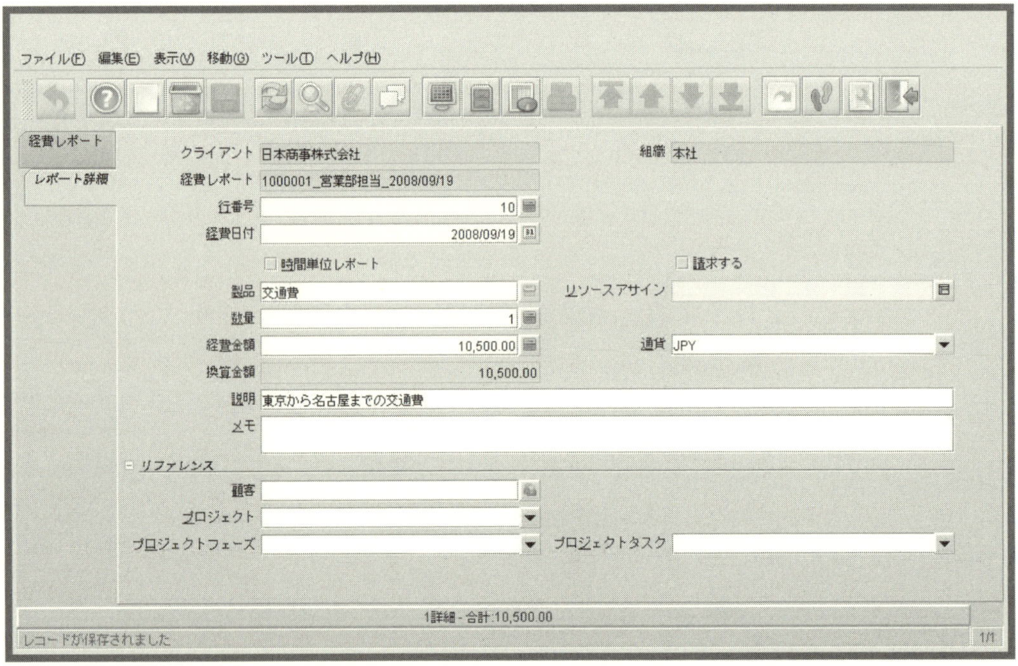
ファイル(F) 編集(E) 表示(V) 移動(G) ツール(T) ヘルプ(H)
経費レポート
レポート詳細
クライアント 日本商事株式会社
組織 本社
経費レポート 1000001_営業部担当_2008/09/19
行番号 10
経費日付 2008/09/19
時間単位レポート
請求する
製品 交通費
リソースアサイン
数量 1
経費金額 10,500.00
通貨 JPY
換算金額 10,500.00
説明 東京から名古屋までの交通費
メモ
リファレンス
顧客
プロジェクト
プロジェクトフェーズ
プロジェクトタスク
1詳細 - 合計:10,500.00
レコードが保存されました
1/1
図8.3 経費登録の画面

8.4 預金出納帳管理

預金口座あての入金、または預金口座からの支払は「銀行報告書（預金出納帳）」にて管理できます。銀行報告書の日次締め処理で、預金および銀行通過中科目の仕訳が記帳されます。

Compiere では、預金出納帳のことを銀行報告書と呼びます。

預金出納帳からの入出金の登録は、第6章に説明しました入金処理と、第5章に説明しました支払処理にて行います。入出金登録に関しては、第5章と第6章を参照してください。

8.4.1　銀行報告書の登録

銀行報告書は、銀行口座ごとに作成して管理します。1つの銀行口座に対して日々の入金、出金があった場合に、銀行報告書を作成します。

銀行報告書の登録には、以下の2つのパターンがあります。

（1）　入金、支払を選択して、銀行報告書を手動登録
（2）　銀行からのデータをインポートして、銀行報告書を登録

銀行報告書を手動登録するには、ヘッダーに銀行口座、名称と報告日付を登録して、該当銀行口座番号の入金または支払の詳細を持って来ることができます。入金、出金を選んで、口座残高に合わせ、銀行報告書を完成させます。

銀行報告書は銀行からのデータをインポートして作成もできます。例えば、銀行からのファームバンキングデータを全銀プロトコルで受け取り、Compiereのデータインポート機能でインポートすることができます。インポートされた銀行報告書によって、入金・支払データを作成することも可能です。

8.4.2　銀行報告書の仕訳

銀行報告書を完成後、預金勘定が更新されて、入金処理、支払処理で作成された、一時科目の「銀行通過中預金仕訳」が取り消されます。

8.4.3　銀行報告書の管理

銀行報告書の管理は、銀行報告書画面にて管理できます。

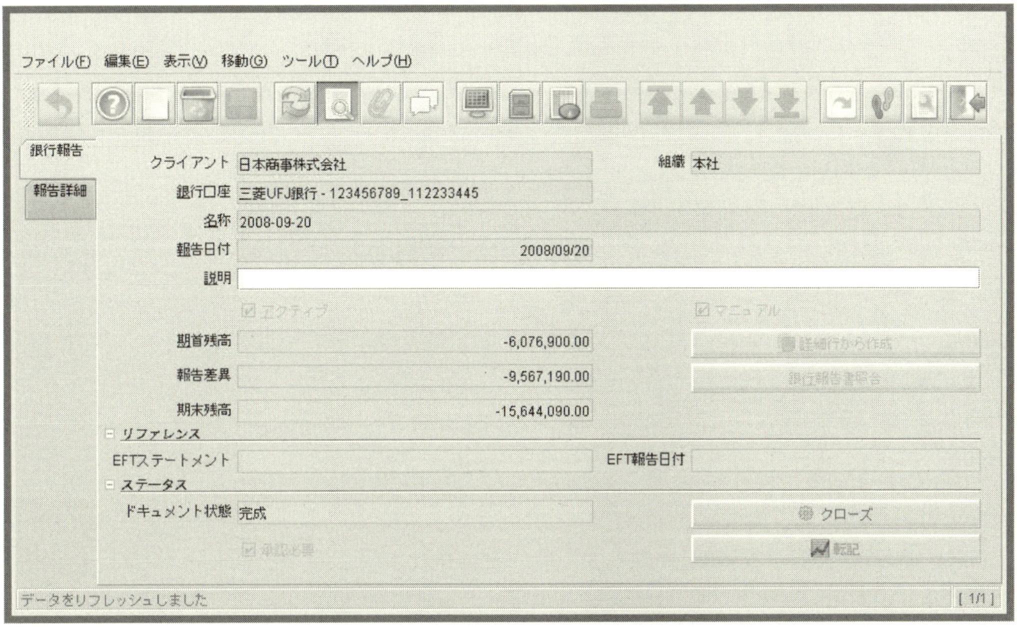

8.4 預金出納帳管理

図 8.4 銀行報告書登録の画面

8.5 現金出納帳管理

販 売取引と仕入購買取引、従業員精算などの現金扱いの入金・支払は現金出納帳にて管理されます。現金出納帳の日次締め処理で、現金および関連科目の仕訳が記帳されます。

8.5.1 現金出納帳の登録

　現金出納帳は、社内運用状況に合わせて複数持つことができます。注文書、請求書に対して、現金で支払った時に自動作成されます。それ以外の入出金があった場合、対象の現金出納帳に対して、現金仕訳帳画面から手動作成登録します。

　現金仕訳帳の登録には、ヘッダー画面には現金出納帳、名称、報告日付、記帳日付、期首残高を登録して、詳細画面には現金タイプ、通貨、金額を登録します。
　現金出納帳への記帳は、毎日の入出金を登録確認後に、「現金仕訳帳」を完成させたタイミングで行われます。

図 8.5 　現金仕訳帳画面

8.5.2 　現金出納帳の仕訳計上

現金出納帳が完成された後、現金の変動金額が会計に記帳される仕訳が自動作成されます。

8.5.3 　現金出納帳の管理

現金出納帳は、現金仕訳情報、現金仕訳帳画面または、現金仕訳詳細レポートにて管理できます。

8.6 小切手・手形管理

小切手・手形での入金／支払処理ができます。小切手は、特別印刷書式を利用して自動発行できます。

8.6.1 小切手印刷発行の設定

　Compiereでは、特別印刷書式を利用して、小切手の印刷発行が可能です。銀行情報画面の「銀行口座ドキュメント」で、小切手の印刷書式、開始番号を設定します。

図8.6 (1)　銀行口座ドキュメントの登録

8.6.2　小切手支払の作成

　小切手支払の作成は、メニューの「支払作成（マニュアル）」から作成できます。作成された支払は、支払バッチ画面で確認できます。支払が作成された後は、支払印刷／エクスポート画面が表示されて、小切手を指定のフォーマットで印刷することができます。

8.6.3　小切手印刷発行

　小切手を印刷出力するには、「支払印刷／エクスポート」画面で出力することができます。

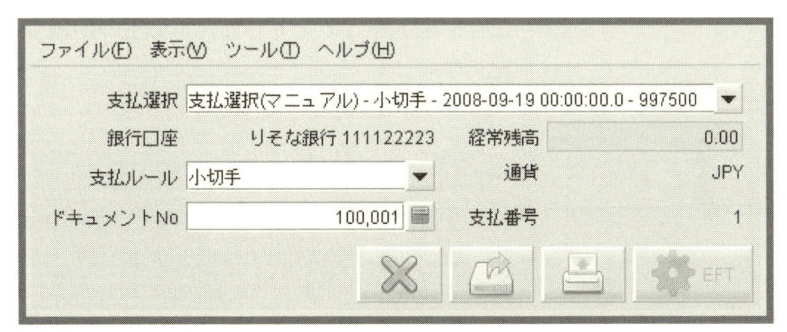

図 8.10（2）　小切手印刷発行

8.6.4　手形管理

　支払ルール（方法）に、手形を追加して、小切手と同じように印刷書式を定義して、印刷できるように設定できます。
　手形は日本特有のため、手形管理を別途行う場合はカスタマイズが必要です。

8.7 原価評価登録／計算

クライアント（会社）または組織レベルで原価の計算方法を設定して、自動的に原価再評価することができます。
　経理部門では、製品原価を手動設定する必要がある製品の原価の登録管理をします。

8.7.1 原価評価方法について

　Compiereの原価評価方法は、原価エレメントとして「原価エレメント」画面にて任意登録することができます。Compiereの原価エレメントで実装済みの原価計算方法は以下のようなものがあります。

- 標準原価計算——製品原価画面で設定する原価を商品原価とする方法
- 平均PO ——入荷した商品の発注価格の平均値を商品原価とする方法
- 最終購買——入荷した商品の最終発注価格を商品原価とする方法
- 平均請求——入荷した商品の仕入先請求価格の平均値を商品原価とする方法
- 最終請求——入荷した商品の仕入先最終請求価格を商品原価とする方法
- 先入れ先出し（FIFO）——先入れ先出し原則で商品原価を決める方法
- 後入れ先出し（LIFO）——後入れ先出し原則で商品原価を決める方法

会社がどの原価評価方法を選択するかは、会計スキーマにて設定さ

れます。

　Compiereでは、製品カテゴリ単位でも原価評価方法を選択できます。会計スキーマで選択された原価評価方法が、製品のカテゴリで設定された原価評価方法に上書きされます。製品カテゴリに原価評価方法が設定されていない場合は、会計スキーマに設定された原価評価方法が使われます。

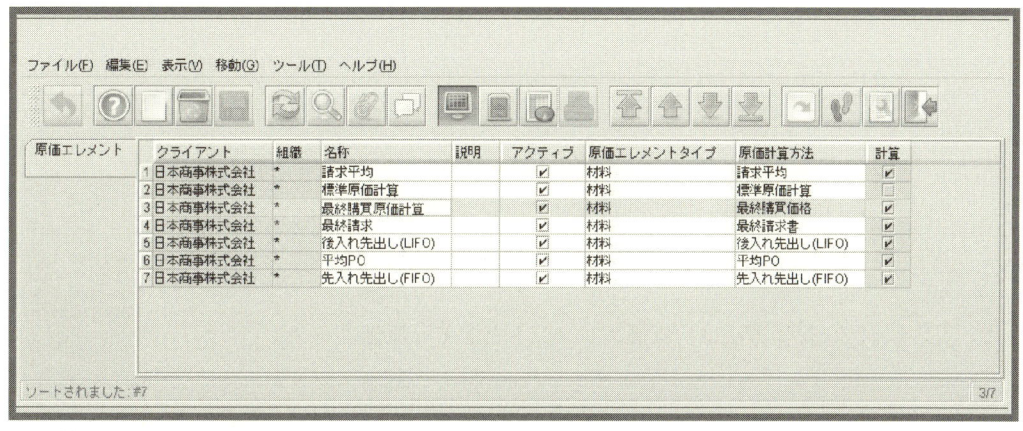

図8.7 (1)　原価エレメントの設定

8.7.2　商品原価の登録／生成

　商品の原価は、原価評価計算によって、取引を確定後、会計プロセサーによって自動計算されます。商品原価は原価レコード作成プロセスを実行することで再計算できます。

　手動修正可能な原価評価方法（標準原価、その他諸掛）で計算する商品原価値は、製品原価画面にて登録修正可能です。

　仕入先からの請求書詳細の費用を仕入費用として商品原価に割り振ることができます。

8.7.3 商品原価の確認

商品の各種評価方法の原価値は、製品原価画面で確認できます。原価計算に使われた製品取引原価詳細も、同じ画面で確認できます。原価キュータブには、FIFO/LIFO計算方法のための取引順序リストを持ちます。

図 8.7（2）製品原価画面

8.7.4 商品原価の管理

商品原価は、製品原価画面、製品原価レポート、製品原価詳細レポート、製品原価合計レポートにて、管理確認ができます。

8.8 決算処理

記帳された各種取引の仕訳を検証し、決算調整仕訳などを登録完了後、会計期間をクローズします。

8.8.1 決算調整仕訳登録

会計期間内の取引が終了して、決算処理をする場合は、GL仕訳登録画面から決算調整仕訳を登録することができます。

8.8.2 会計期間のクローズ

すべての調整仕訳などが登録完了後、会計期間をクローズすることで、決算締め処理をします。

会計期間をクローズするには、会計カレンダー画面で、会計年度、会計期間を選んで、「全部期間をオープン／クローズ」ボタンをクリックして、会計期間をクローズします。

一旦クローズした期間は、またオープンすることができますが、永久クローズすると再度オープンすることができなくなります。

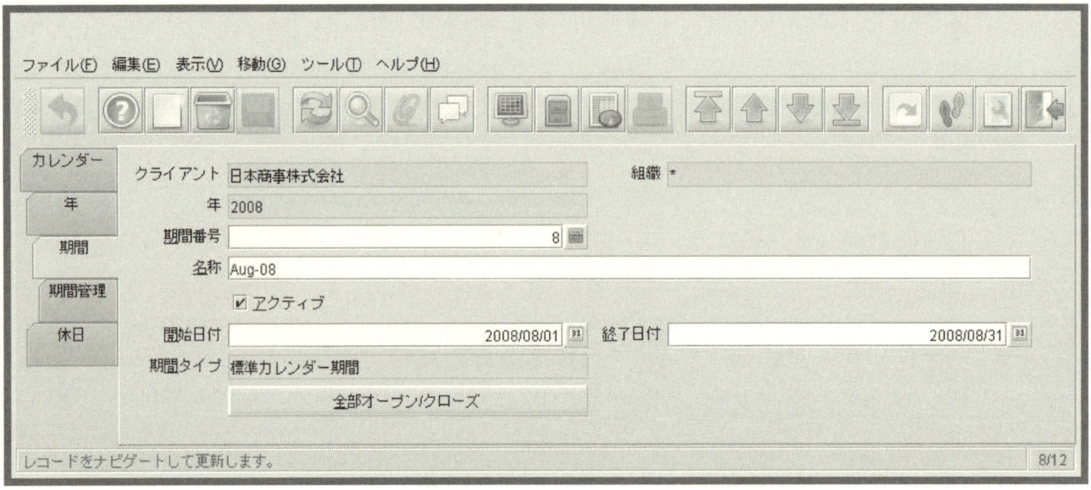

図 8.8 会計期間クローズ

9.1	会計実績分析の仕組み
9.2	総勘定元帳
9.3	自動仕訳計上
9.4	会計スキーマ
9.5	会計ディメンション
9.6	財務諸表の定義
9.7	財務諸表の作成
9.8	税務処理
9.9	予算管理
9.10	予算実績対比分析
9.11	ダッシュボード

第9章 会計実績分析

第9章 会計実績分析

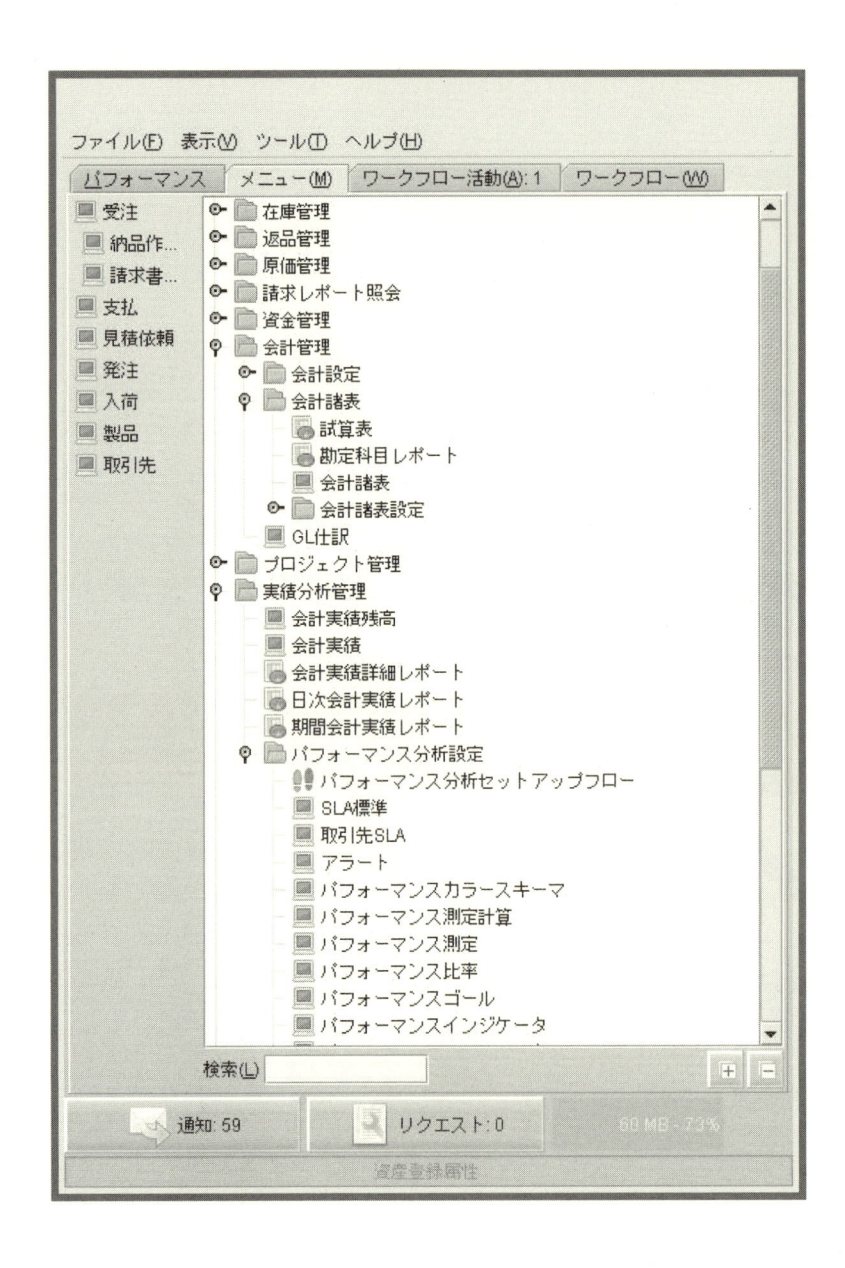

9.1 会計実績分析の仕組み

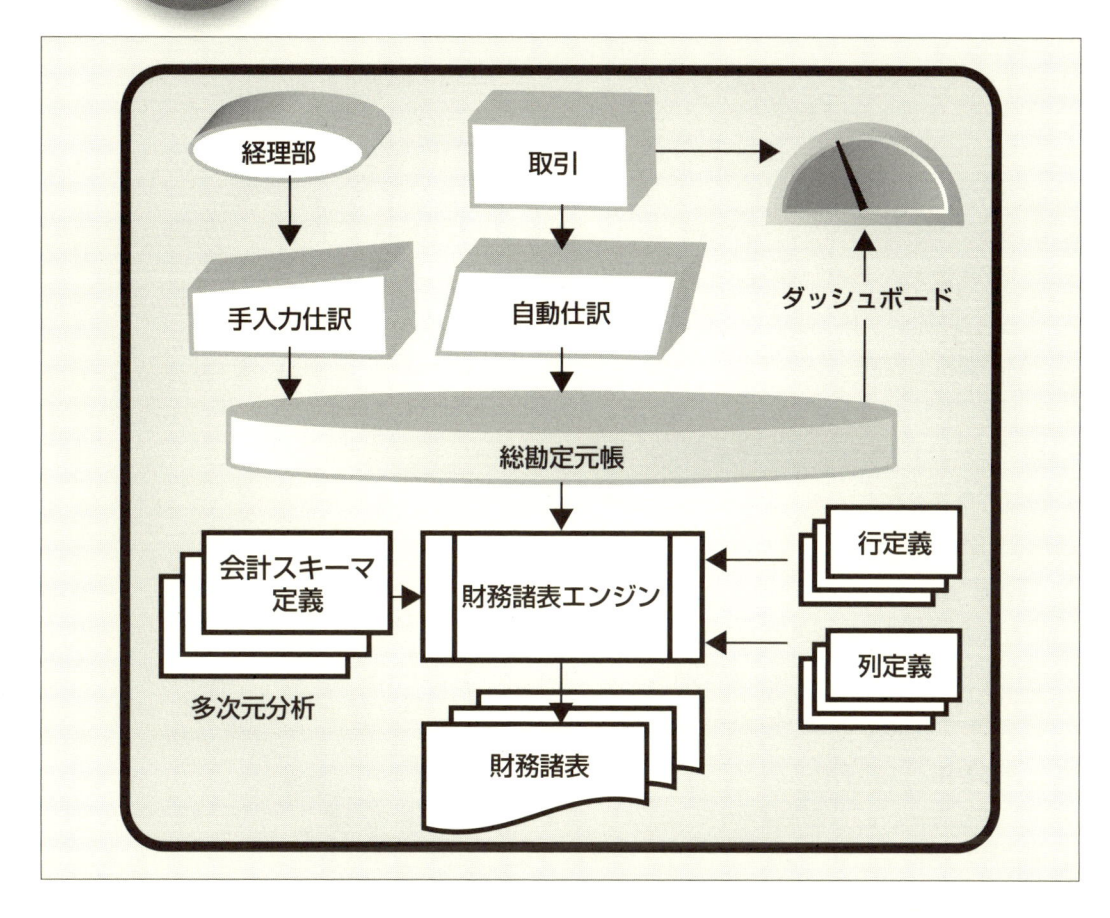

① 総勘定元帳

販売、仕入、在庫、入出金取引の自動記帳仕訳および経理部門で手入力のマニュアル仕訳は、すべて総勘定元帳に保存されます。

② 自動仕訳計上

販売、仕入、在庫、入出金、銀行報告書、現金仕訳帳などの取引が完成された時点で、自動的に関連する仕訳が作成されます。

③ 会計スキーマ

会計スキーマは、Compiere の会計処理の基本設定になります。1つ

の会社に必ず1つベースになる会計スキーマがあります。会計スキーマでは、基本になる会計ルールなどを設定しています。会計スキーマを複数作成して、違う角度から分析することも可能です。

④ **会計ディメンション**

会計分析のためのセグメントを会計ディメンションといいます。会計ディメンションには、サマライズ分析をサポートするディメンション・ツリーを設定することができます。

⑤ **財務諸表の定義**

会計データを元にいろいろな会計帳票（財務諸表）を作成することができます。この財務諸表は、行セット、列セットの組み合わせで、ユーザ側が任意定義できるようになっています。

⑥ **財務諸表の作成**

事前に作成済みの財務諸表の定義を元に、財務諸表を作成することができます。財務諸表を作成するときに、会計スキーマ、会計期間および各会計ディメンションの値を選択して条件にすることができます。

⑦ **税務処理**

各種取引に関連する税金は、税金税率を設定することにより、自動計算され、記帳されます。税金計算データを元に、税金（消費税）申告資料を作成することができます。

⑧ **予算管理**

予算を設定して、登録管理することができます。予算は複数設定することができます。予算データは、予算仕訳を登録する方法で登録します。

⑨ **予算実績対比分析**

予算と実績の対比分析をすることができます。

⑩ **ダッシュボード**

日々監視したい項目に対して、パフォーマンス測定の設定により、ダッシュボードメーター形式で、目標に対してどのぐらいの差があるかをモニタリングできます。

9.1 会計実績分析の仕組み

取引
- 仕入管理
- 在庫管理
- 販売管理
- 買掛金 請求→支払
- 入荷 棚卸 在庫移動 出荷
- 売掛金 請求→入金

ダッシュボード 実績モニタリング
- 0%
- 20%
- 0%
- 41%

会計エンジン

総勘定元帳
- 自動仕訳
- 手動仕訳

会計諸表エンジン
マルチディメンション分析
多次元分析

会計スキーマ 会計ディメンション
- 組織
- 勘定科目
- 取引先
- 製品
- キャンペーンなど

予算
- 予算・実績対比分析

会計諸表
- 貸借対照表
- 損益計算書
- キャッシュフロー
- 原価報告書
- 試算表

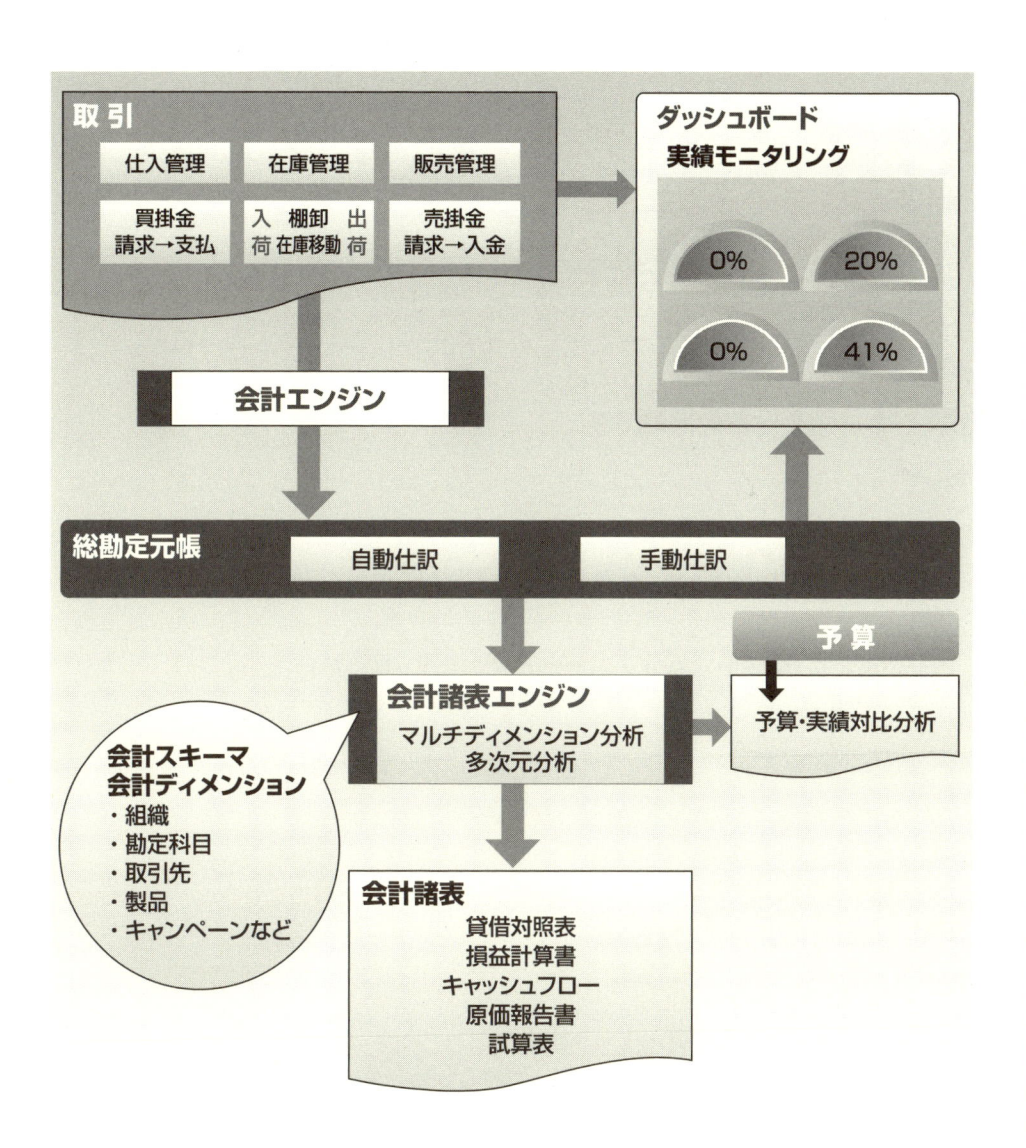

第9章 会計実績分析

9.2 総勘定元帳

販売、仕入、在庫、入出金取引の自動記帳仕訳および経理部門で手入力のマニュアル仕訳は、すべて総勘定元帳に保存されます。

9.2.1 取引仕訳の自動記帳

Compiereの販売、仕入、在庫、入出金、銀行報告書、現金仕訳帳などの取引が完成された時点で、関連する仕訳が自動的に総勘定元帳に記帳されます。

自動記帳される科目は、会計スキーマのデフォルト勘定科目になります。または、製品、取引先、料金タイプなどのマスターで、特別記帳する科目を設定することができます。

9.2.2 手動仕訳登録

経理部が手動で登録した仕訳も、総勘定元帳に転記されます。このような仕訳は、Compiereの取引でカバーできなかった取引、例えば、固定資産償却、給与・賞与支払、決算調整仕訳などが含まれます。

9.2.3　会計実績

　総勘定元帳のデータ内容は、会計実績画面で確認できます。会計実績画面では、すべての仕訳詳細を確認できます。

　会計実績画面には、会計期間、記帳日付、勘定科目コード、サブアカウント、借方計上金額、貸方計上金額以外に、この仕訳のソースレコードのテーブル名、ドキュメント番号、行番号、取引先、製品、キャンペーン、プロジェクト、アクティビティ、数量、税率、保管場所などの情報も保存されています。

　会計実績画面に表示しているデータを、会計実績詳細レポートにて出力することもできます。

9.2.4　会計実績残高

　個別の記帳された仕訳の合計した結果を、会計実績残高画面で確認することができます。

　会計実績残高は、会計実績画面に表示されたデータをグループ化して合計した結果になります。

　会計実績画面に表示しているデータを、日次会計実績レポート、期間会計実績レポートにて出力することもできます。

第9章 会計実績分析

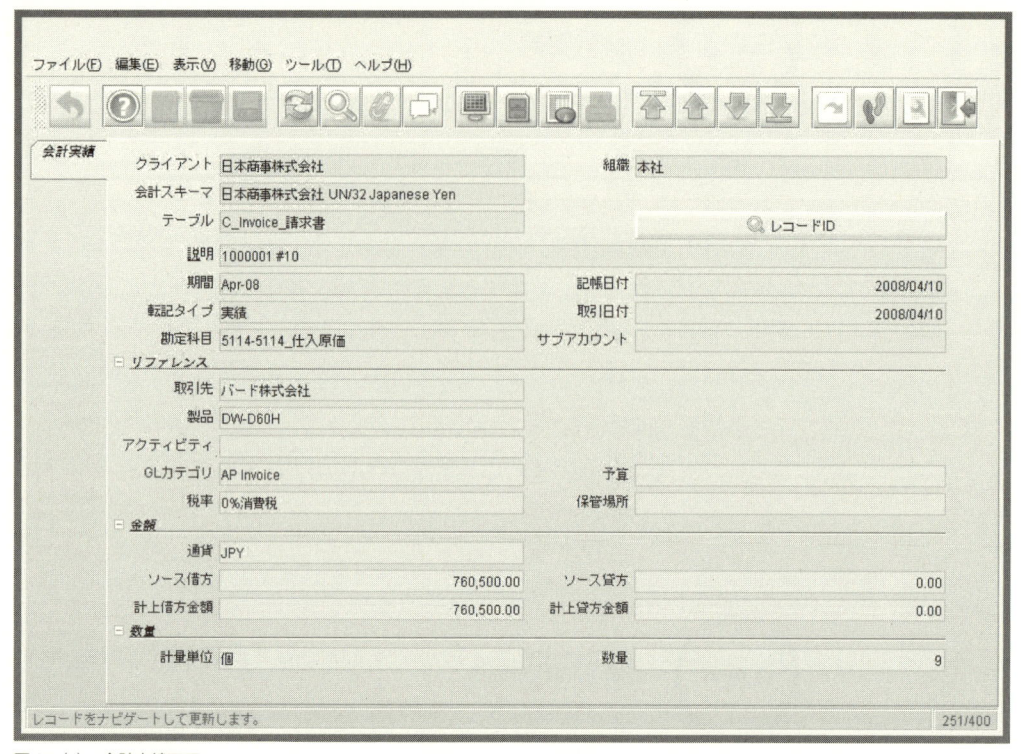

図 9.2（1） 会計実績画面

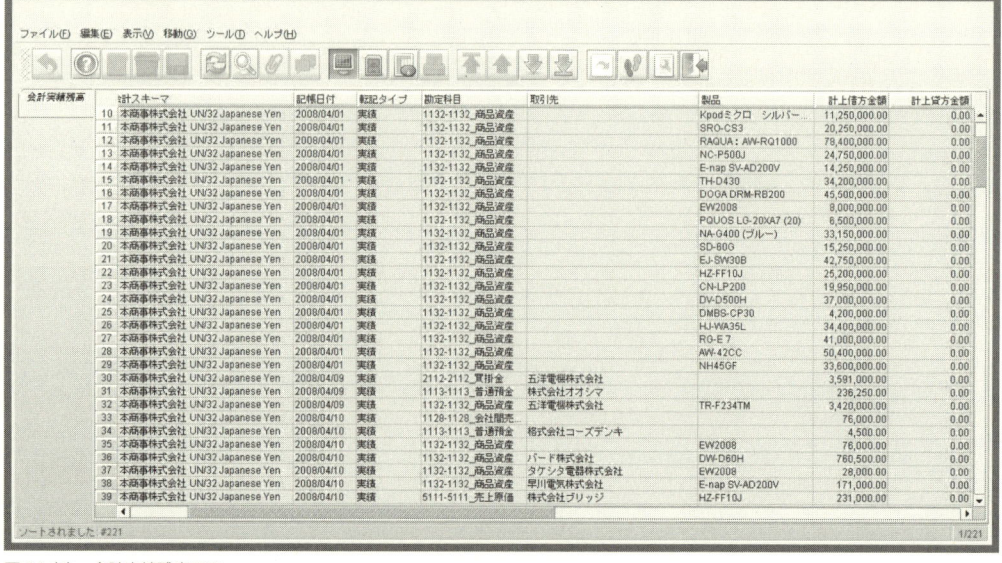

図 9.2（2） 会計実績残高画面

9.3 自動仕訳計上

販売、仕入、在庫、入出金、銀行報告書、現金仕訳帳などの取引が完成された時点で、自動的に関連する仕訳が作成されます。勘定科目のコードと名称は、各社の勘定科目体系定義によります。

9.3.1 出荷の仕訳計上

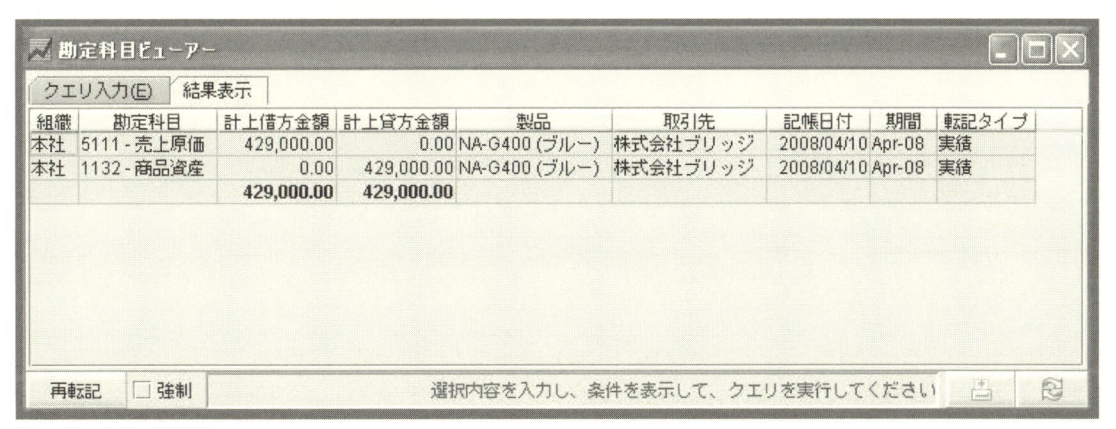

図 9.3（1） 出荷の仕訳計上

得意先、顧客への納品出荷を作成して、完成させたタイミングで、以下の会計仕訳が記帳されます。

【一般商品の場合】
- 借方： 売上原価
- 貸方： 商品資産

【サービスの場合】
- 仕訳作成されません。

【料金の場合】

> 仕訳作成されません。

9.3.2　顧客請求書仕訳計上

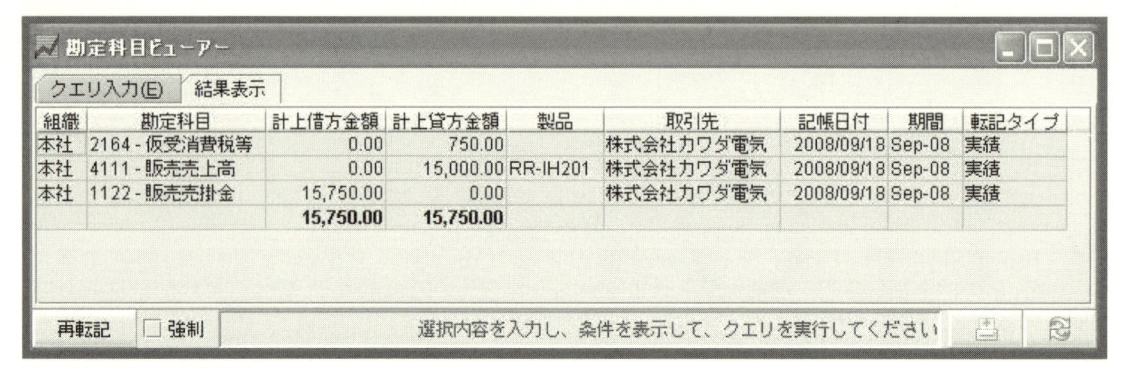

図 9.3（2）　顧客請求書仕訳計上

　経理部門で、得意先・顧客の請求方法に合わせて、出荷済み未請求受注の請求書を作成します。作成された請求書の支払期日は、支払条件により計算されます。それでは、顧客請求書を完成した時点で、どのような仕訳が計上されるかを見てみましょう。

　Compiere の設定上は、グローバル対応のために、売上計上に関連する現金主義と発生主義とがあります。

- 現金主義の場合は、売上計上は現金または現金に相当するものが受け渡された時点になります。
- 発生主義の場合は、売上計上は商品が受け渡された時点になります。
- Compiere 上では、会社が「現金主義」を使うか「発生主義」を使うかを選ぶことができます。
- 「現金主義」を使う場合は、売上／売掛金仕訳記帳のタイミングは、「入金」を登録確定した時点になります。
- 「発生主義」を使う場合は、売上／売掛金仕訳記帳のタイミングは、

「請求書」を登録して確定した時点になります。

現状は多くの会社は発生主義を採用しているでしょう。こちらでは、発生主義を元に、「請求書」を登録して確定後の仕訳記帳規則は下記のようになります。

- ➢ 借方： 販売売掛金
  - ➢ 貸方： 販売売上高
  - ➢ 貸方： 仮受税金

売上／売掛金の管理といえば、発生主義では顧客請求書の管理になります。

売上に関する情報は、「請求情報画面」または、各種請求レポートにて確認できます。

売掛金に関する情報は、「請求情報」画面または、「取引先未払金レポート」、「債権債務レポート」、「期日別入出金レポート」に確認管理できます。

9.3.3　入金の仕訳計上

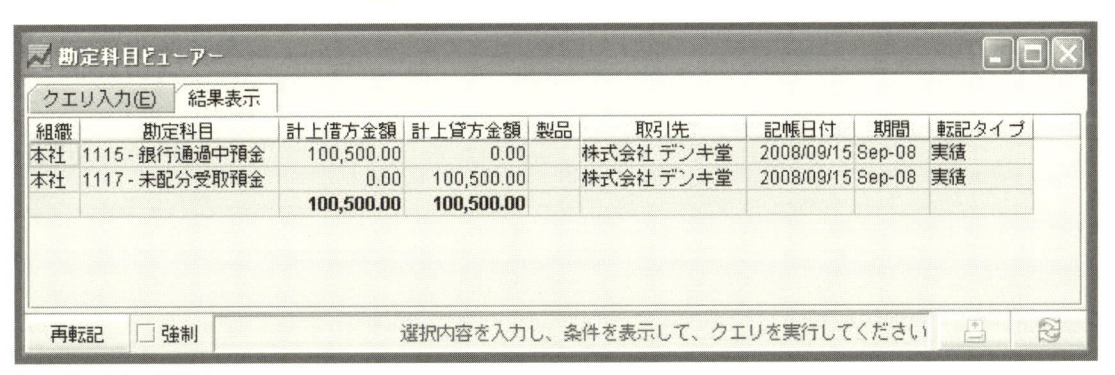

図 9.3 (3)　入金の仕訳計上

Compiere では入金を顧客支払として、入金関連の機能が支払と一緒になっていることを先に覚えておきましょう。この節の説明で、

支払とあるのがすべて顧客支払、入金のことを指していることになります。

入金ドキュメントを登録して確定後、記帳される仕訳は以下のようになります。

【請求書に対しての入金の場合】
- ➢ 借方： 銀行通過中預金
  - ➢ 貸方： 未配分受取預金

【前払受注に対しての入金の場合】
- ➢ 借方： 銀行通過中預金
  - ➢ 貸方： 預かり金

【料金に対しての入金の場合】
- ➢ 借方： 銀行通過中預金
  - ➢ 貸方： 料金受取

9.3.4　支払配分の仕訳計上

図 9.3 (4)　支払配分の仕訳計上

支払配分が入金登録時に請求書を選択することによって、自動作成されます。または、支払配分が入金登録後、プロセスによって支払自動配分を実行することで、作成されます。

支払配分が作成された後会計に計上される仕訳は、以下のようにな

ります。

【請求書に対しての入金の場合】
- 借方：　未配分受取預金
- 借方：　貸倒損失――（ある場合）
- 借方：　販売割引――（ある場合）
- 貸方：　販売売掛金

【前払受注に対しての入金の場合】
- 借方：　預かり金
- 借方：　貸倒費用――（ある場合）
- 借方：　販売割引――（ある場合）
- 貸方：　販売売掛金

【料金に対しての入金の場合】
- 支払配分が作成されません。

入金／支払配分の管理は、入金画面、支払配分画面、支払情報画面または、支払詳細レポート、未配分支払レポートなどにて確認できます。

9.3.5　入荷の仕訳計上

組織	勘定科目	計上借方金額	計上貸方金額	製品	取引先	記帳日付	期間	転記タイプ
本社	1132 - 商品資産	7,200,000.00	0.00	AW-42CC	四菱電機株式会社	2008/09/20	Sep-08	実績
本社	2118 - 未請求領収書	0.00	7,200,000.00	AW-42CC	四菱電機株式会社	2008/09/20	Sep-08	実績
		7,200,000.00	7,200,000.00					

図9.3 (5)　入荷の仕訳計上

仕入先からの納品に対しての入荷を完成させたタイミングで、以下

の会計仕訳が記帳されます。

【一般商品の場合】
- ➢ 借方： 商品資産
  - ➢ 貸方： 未請求受領

【サービスの場合】
- ➢ 借方： 仕入費用
  - ➢ 貸方： 未請求受領

【料金の場合】
- ➢ 仕訳作成されません。

9.3.6　仕入先請求書の仕訳計上

図 9.3 (6)　仕入先請求書仕訳計上

　会計上は、仕入計上にも、売上と同じように、現金主義と発生主義があります。
- 現金主義の場合は、仕入計上は現金または現金に相当するものが受け渡された時点になります。
- 発生主義の場合は、仕入計上は商品が受け渡された時点になります。
- Compiere 上では、会社が「現金主義」を使うか「発生主義」を使うことを選ぶことができます。

- 「現金主義」を使う場合は、仕入／買掛金仕訳計上のタイミングは、「支払」を登録確定した時点になります。
- 「発生主義」を使う場合は、仕入／買掛金仕訳計上のタイミングは、「請求書」を登録して確定した時点になります。

現状は多くの会社は発生主義を採用していることで、ここでは、発生主義を元に、「請求書」を登録して確定後の仕訳計上規則を説明します。

【一般商品の場合】
- 借方： 仕入原価
- 借方： 仮払税金
  - 貸方： 買掛金

【サービスの場合】
- 借方： 仕入費用
- 借方： 仮払税金
  - 貸方： 買掛金

【料金の場合】
- 借方： 料金支払
- 借方： 仮払税金
  - 貸方： 買掛金

仕入／買掛金の管理というのが、発生主義では仕入先請求書の管理になります。

仕入に関する情報は、請求情報画面または、各種請求レポートにて確認できます。

買掛金に関する情報は、「請求情報」画面または、「取引先未払金レポート」、「債権債務レポート」、「期日別入出金レポート」に確認管理できます。

9.3.7　入荷／請求書照合の仕訳計上

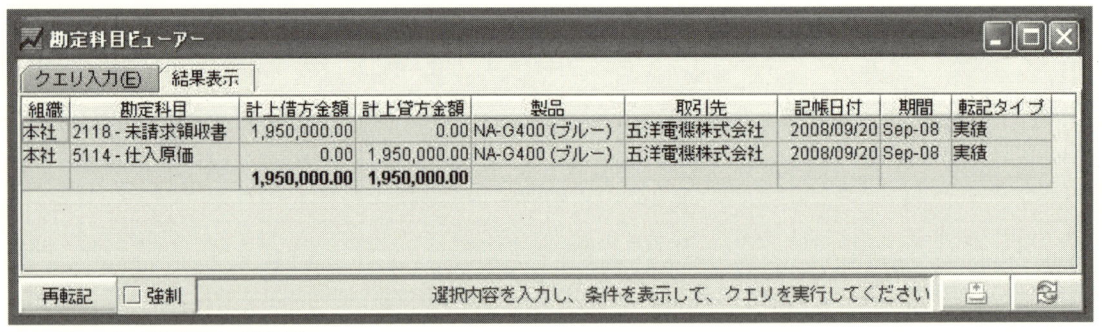

図9.3 (7)　入荷／請求書照合の仕訳計上

　入荷が仕入先請求書と照合されたタイミングで、未請求受領を消す会計仕訳が作成されます。商品、サービス、料金によって作成される仕訳は以下のようです。

【一般商品の場合】
- ➢　借方：　未請求受領
- ➢　貸方：　仕入原価

【サービスの場合】
- ➢　借方：　未請求受領
- ➢　貸方：　仕入費用

【料金の場合】
- ➢　仕訳作成されません。

9.3.8 支払登録の仕訳計上

図 9.3（8） 支払登録の仕訳計上

支払ドキュメントを登録して、確定後、記帳される仕訳は以下のようになります。

【請求書に対しての支払の場合】
- 借方： 支払中買掛金
- 貸方： 銀行通過中預金

【発注書、請求書に関連しない支払の場合】
- 借方： 支払中買掛金
- 貸方： 銀行通過中預金

【料金に対しての支払の場合】
- 借方： 料金支払
- 貸方： 銀行通過中預金

9.3.9 支払配分にて計上される仕訳

図9.3（9） 支払配分の仕訳計上

　支払配分が支払登録時に自動作成される、または、支払登録後、プロセスによって支払自動配分を実行することで支払配分が作成されます。

　支払配分が作成された後、会計に記帳される仕訳は以下のようになります。

【請求書に対しての入金の場合】
- ➢　借方：　買掛金
- ➢　貸方：　支払中買掛金

【発注書、請求書に関連しない支払の場合】
- ➢　借方：　買掛金
- ➢　貸方：　支払中買掛金

【料金に対しての支払の場合】
- ➢ 支払配分が作成されません。

　支払／支払配分の管理は、支払画面、支払配分画面、支払情報画面または、支払詳細レポート、未配分支払レポートなどにて確認できます。

9.3.10 銀行報告書の仕訳計上

組織	勘定科目	計上借方金額	計上貸方金額	製品	取引先	記帳日付	期間	転記タイプ
本社	1113 - 普通預金	0.00	1,777,440.00		五洋電機株式会社	2008/09/15	Sep-08	実績
本社	1115 - 銀行通過中預金	1,777,440.00	0.00		五洋電機株式会社	2008/09/15	Sep-08	実績
本社	1113 - 普通預金	0.00	2,887,500.00		四菱電機株式会社	2008/09/18	Sep-08	実績
本社	1115 - 銀行通過中預金	2,887,500.00	0.00		四菱電機株式会社	2008/09/18	Sep-08	実績
本社	1113 - 普通預金	0.00	63,000.00		株式会社芝東	2008/09/15	Sep-08	実績
本社	1115 - 銀行通過中預金	63,000.00	0.00		株式会社芝東	2008/09/15	Sep-08	実績
本社	1113 - 普通預金	19,950.00	0.00		株式会社カワダ電気	2008/09/18	Sep-08	実績
本社	1115 - 銀行通過中預金	0.00	19,950.00		株式会社カワダ電気	2008/09/18	Sep-08	実績
本社	1113 - 普通預金	100,500.00	0.00		株式会社デンキ堂	2008/09/15	Sep-08	実績
本社	1115 - 銀行通過中預金	0.00	100,500.00		株式会社デンキ堂	2008/09/15	Sep-08	実績
本社	1113 - 普通預金	27,300.00	0.00		株式会社カワダ電気	2008/09/18	Sep-08	実績
本社	1115 - 銀行通過中預金	0.00	27,300.00		株式会社カワダ電気	2008/09/18	Sep-08	実績
本社	1113 - 普通預金	500.00	0.00		株式会社カワダ電気	2008/09/18	Sep-08	実績
本社	1115 - 銀行通過中預金	0.00	500.00		株式会社カワダ電気	2008/09/18	Sep-08	実績
本社	1113 - 普通預金	0.00	4,987,500.00		五洋電機株式会社	2008/09/18	Sep-08	実績
本社	1115 - 銀行通過中預金	4,987,500.00	0.00		五洋電機株式会社	2008/09/18	Sep-08	実績
		9,863,690.00	9,863,690.00					

図 9.3 (10) 銀行報告書の仕訳計上

預金口座入金／出金を元に銀行報告書を作成します。銀行報告書が完成された後、会計に記帳される仕訳は以下のようになります。

【入金の場合】
- 借方： 預金
- 貸方： 銀行通貨中預金

【支払の場合】
- 借方： 銀行通貨中預金
- 貸方： 預金

9.3.11 現金仕訳帳の仕訳計上

組織	勘定科目	計上借方金額	計上貸方金額	製品	取引先	記帳日付	期間	転記タイプ
本社	1119 - 現金移動	0.00	140,700.00		田中 徹也	2008/09/19	Sep-08	実績
本社	1119 - 現金移動	140,700.00	0.00		田中 徹也	2008/09/19	Sep-08	実績
本社	1119 - 現金移動	0.00	140,700.00		田中 徹也	2008/09/19	Sep-08	実績
本社	1111 - 現金	140,700.00	0.00			2008/09/19	Sep-08	実績
		281,400.00	281,400.00					

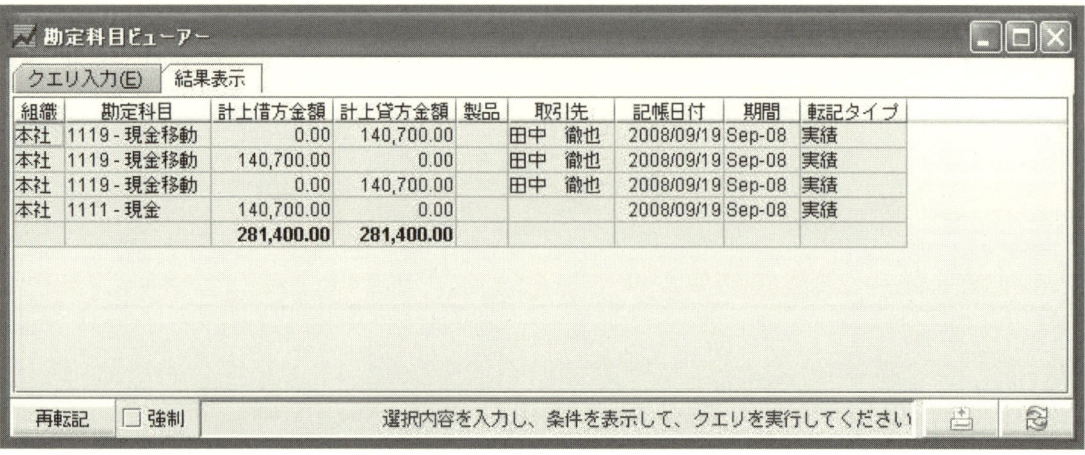

図 9.3（11） 現金仕訳帳の仕訳計上

現金仕訳帳が完成された後、会計に記帳される仕訳は以下のようになります。

【入金の場合】
- 借方： 現金
- 貸方： 現金移動

現金タイプによって、貸方には現金費用、預金、料金受取科目の仕訳が作成されます。

【支払の場合】
- 借方： 現金移動
- 貸方： 現金

現金タイプによって、貸方には現金費用、預金、料金支払科目の仕訳が作成されます。

9.3.12 棚卸の仕訳計上

組織	勘定科目	計上借方金額	計上貸方金額	製品	取引先	記帳日付	期間	転記タイプ
本社	1132 - 商品資産	0.00	72,000.00	AW-42CC		2008/08/21	Aug-08	実績
本社	5611 - 棚卸損失	72,000.00	0.00	AW-42CC		2008/08/21	Aug-08	実績
		72,000.00	72,000.00					

図 9.3 (12) 棚卸の仕訳計上

倉庫商品に対して、棚卸を実施して登録後に、棚卸ドキュメントを完成させると、以下の会計仕訳が記帳されます。

➢ 借方: 棚卸損失
➢ 貸方: 商品資産

9.3.13 社内使用在庫の仕訳計上

組織	勘定科目	計上借方金額	計上貸方金額	製品	取引先	記帳日付	期間	転記タイプ
本社	1132 - 商品資産	0.00	142,500.00	EJ-SW30B		2008/09/15	Sep-08	実績
本社	6511 - 備品・消耗品費	142,500.00	0.00	EJ-SW30B		2008/09/15	Sep-08	実績
		142,500.00	142,500.00					

図 9.3 (13) 社内使用在庫の仕訳計上

商品の社内使用目的での出庫は、社内使用在庫画面で登録します。詳細画面では、商品、使用数量以外に、商品が該当する料金タイプを選ぶ必要があります。この料金タイプの勘定科目が費用として記帳される科目になります。社内使用在庫は、棚卸の特例になります。

社内使用目的の出庫を完成させた後、以下のような会計仕訳が記帳されます。

> ➤ 借方： 料金タイプ費用科目（例えば、備品・消耗品）
> ➤ 貸方： 商品資産

9.3.14 在庫移動の仕訳計上

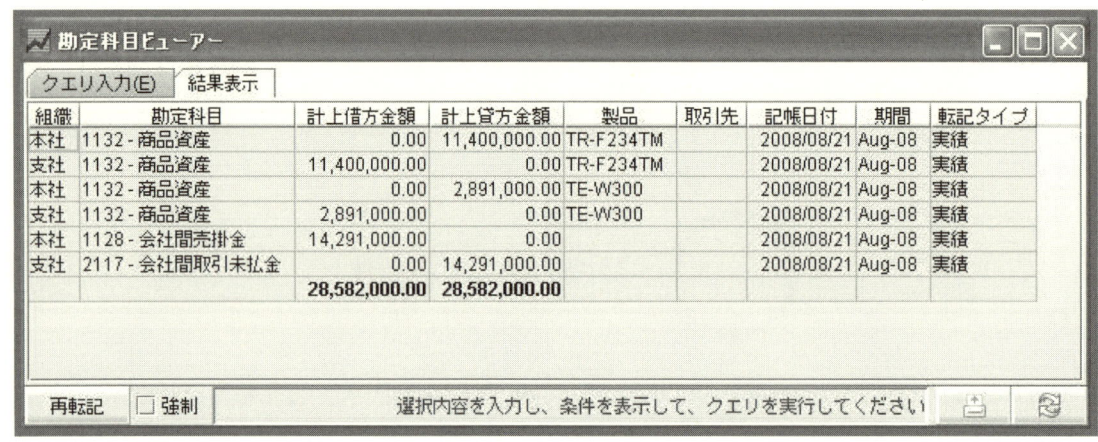

組織	勘定科目	計上借方金額	計上貸方金額	製品	取引先	記帳日付	期間	転記タイプ
本社	1132 - 商品資産	0.00	11,400,000.00	TR-F234TM		2008/08/21	Aug-08	実績
支社	1132 - 商品資産	11,400,000.00	0.00	TR-F234TM		2008/08/21	Aug-08	実績
本社	1132 - 商品資産	0.00	2,891,000.00	TE-W300		2008/08/21	Aug-08	実績
支社	1132 - 商品資産	2,891,000.00	0.00	TE-W300		2008/08/21	Aug-08	実績
本社	1128 - 会社間売掛金	14,291,000.00	0.00			2008/08/21	Aug-08	実績
支社	2117 - 会社間取引未払金	0.00	14,291,000.00			2008/08/21	Aug-08	実績
		28,582,000.00	28,582,000.00					

図 9.3（14） 在庫移動の仕訳計上

倉庫商品に対して、在庫移動を実施して登録後に、棚卸ドキュメントを完成させると、以下の会計仕訳が記帳されます。

【移動元組織】
> ➤ 借方： 会社間取引売掛金
> ➤ 貸方： 商品資産

【移動先組織】
> ➤ 借方： 商品資産

> 貸方：　会社間取引未払金

9.3.15　生産（組立／分解）の仕訳計上

図 9.3（15）　生産（組立／分解）の仕訳計上

　　　部品表製品に対しての生産処理が転記された後、以下の会計仕訳が記帳されます。

【組立の場合】
> 借方：　（部品表商品）商品資産
> 貸方：　（部品商品）商品資産
> 貸方：　（部品商品）商品資産

【分解の場合】
> 借方：　（部品商品）商品資産
> 借方：　（部品商品）商品資産
> 貸方：　（部品表商品）商品資産

9.3.16 仕入先返品の仕訳計上

組織	勘定科目	計上借方金額	計上貸方金額	製品	取引先	記帳日付	期間	転記タイプ
本社	1132 - 商品資産	0.00	195,000.00	NA-G400 (ブルー)	五洋電機株式会社	2008/09/20	Sep-08	実績
本社	2118 - 未請求領収書	195,000.00	0.00	NA-G400 (ブルー)	五洋電機株式会社	2008/09/20	Sep-08	実績
		195,000.00	195,000.00					

図 9.3 (16) 仕入先返品の仕訳計上

　仕入先返品画面で仕入先返品を登録して、返品処理をすることができます。仕入先返品の承認などは、仕入先 RMA で管理します。仕入先 RMA からは、仕訳作成されません。

　仕入先返品が完成された後、以下のような会計仕訳が記帳されます。

- ➢ 借方：　未請求受領
- ➢ 貸方：　商品資産

9.3.17　仕入先クレジットメモの仕訳計上

組織	勘定科目	計上借方金額	計上貸方金額	製品	取引先	記帳日付	期間	転記タイプ
本社	1164 - 仮払消費税等	0.00	9,750.00		五洋電機株式会社	2008/09/20	Sep-08	実績
本社	5114 - 仕入原価	0.00	195,000.00	NA-G400（ブルー）	五洋電機株式会社	2008/09/20	Sep-08	実績
本社	2112 - 買掛金	204,750.00	0.00		五洋電機株式会社	2008/09/20	Sep-08	実績
		204,750.00	204,750.00					

図 9.3 (17)　仕入先クレジットメモの仕訳計上

　仕入先返品に対して、既に仕入先から請求書をもらっていた場合は、仕入先へのクレジットメモ（請求書）を作成して、消し込みする必要があります。または既に支払い済みの場合は、請求書を送付して返金してもらう必要があります。

　仕入先返品画面から「クレジットメモ作成」ボタンをクリックして、仕入先クレジットメモを作成することができます。

　仕入先クレジットメモを完成させると、以下のような会計仕訳が記帳されます。

- ➢ 借方：　買掛金
  - ➢ 貸方：　仕入原価
  - ➢ 貸方：　仮払消費税

　その後に仕入先から入金があった場合は、得意先、顧客からの入金と同じ処理をします。

9.3.18　顧客返品の仕訳計上

組織	勘定科目	計上借方金額	計上貸方金額	製品	取引先	記帳日付	期間	転記タイプ
本社	5111 - 売上原価	0.00	84,500.00	DW-D60H	株式会社カワダ電気	2008/09/20	Sep-08	実績
本社	1132 - 商品資産	84,500.00	0.00	DW-D60H	株式会社カワダ電気	2008/09/20	Sep-08	実績
		84,500.00	84,500.00					

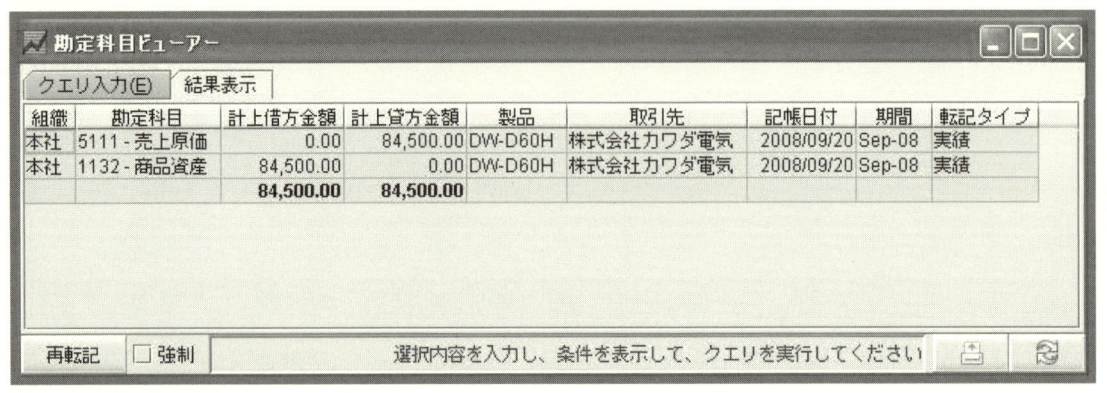

図 9.3 (18)　顧客返品の仕訳計上

　顧客返品画面で顧客からの返品を登録して、返品処理をすることができます。顧客返品の承認などは、顧客 RMA で管理します。仕入先 RMA からは、仕訳作成されません。

　顧客返品が完成された後、以下のような会計仕訳が記帳されます。
- 借方：　商品資産
  - 貸方：　売上原価

9.3.19 顧客クレジットメモの仕訳計上

組織	勘定科目	計上借方金額	計上貸方金額	製品	取引先	記帳日付	期間	転記タイプ
本社	4111 - 販売売上高	115,000.00	0.00	DW-D60H	株式会社カワダ電気	2008/09/20	Sep-08	実績
本社	1122 - 販売売掛金	0.00	115,000.00		株式会社カワダ電気	2008/09/20	Sep-08	実績
		115,000.00	115,000.00					

図9.3（19） 顧客クレジットメモの仕訳計上

　顧客返品に対して、既に顧客に請求書を送付した場合は、顧客へのクレジットメモ（請求書）を作成して、消し込みする必要があります。または既に入金済みの場合は、返金する必要があります。

　請求書作成（マニュアル）と請求書作成機能を使って、顧客クレジットメモを作成することができます。

　顧客クレジットメモを完成させると、以下のような会計仕訳が記帳されます。

> ➢ 借方： 販売売上高
> ➢ 貸方： 販売売掛金

　その後の顧客に対しての支払は、仕入先への支払と同じ処理になります。

9.4 会計スキーマ

会計スキーマは、Compiereの会計処理の基本設定になります。1つの会社に必ず1つベースになる会計スキーマがあります。会計スキーマでは、基本になる会計ルールなどを設定しています。会計スキーマを複数作成して、違う角度から分析することも可能です。

9.4.1 会計スキーマの定義

　会計スキーマは、Compiereの会計処理の基本設定です。会計スキーマには、会計ルールGAAP、発生主義か現金主義かの選択、原価評価方法、原価計算レベル、通貨など会計処理の基本設定を定義しています。

　会計スキーマには、分析のための勘定科目スキーマエレメントを複数定義することができます。

9.4 会計スキーマ

図 9.4 (1) 会計スキーマ画面

9.4.2 勘定科目スキーマエレメント

　会計データの多次元分析のために、セグメント・エレメントが必要になります。Compiereでは、このセグメント・エレメントを、会計スキーマの勘定科目スキーマエレメントとして定義します。

　Compiereの勘定科目スキーマエレメントには、「組織」、「勘定科目」、「サブ科目」、「取引先」、「製品」、「プロジェクト」、「キャンペーン」、「販売地域」、「アクティビティ」などを選択することができます。ユーザ定義したセグメントを選ぶことも可能です。

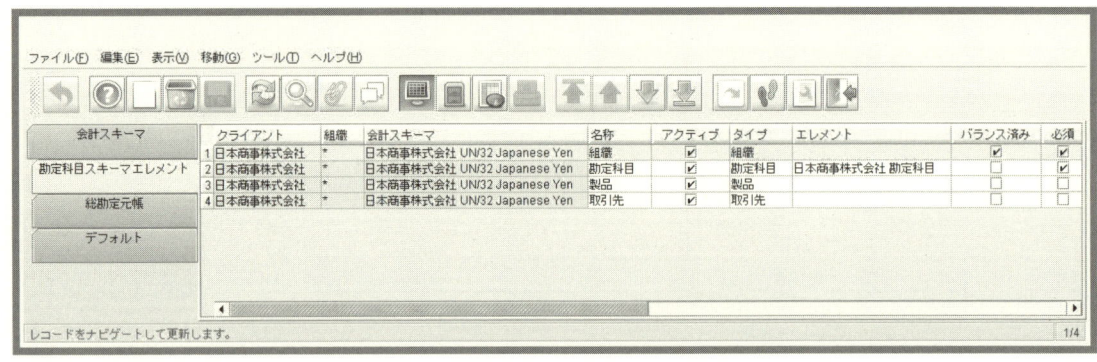

図 9.4（2） 勘定科目スキーマエレメント

9.4.3　会計スキーマデフォルト勘定科目

　各取引から自動的に仕訳を記帳するための、デフォルト勘定科目は、会計スキーマに定義しています。このデフォルト勘定科目は、クライアントの作成時に、勘定科目体系ファイルを選択することで、初期設定されます。後では、勘定科目体系ファイルに定義して、勘定科目をインポートする時に、デフォルト科目を上書きすることができます。

　会計スキーマデフォルト勘定科目以外にも、取引先、製品、料金などの各種項目に対して、会計記帳時の勘定科目を設定できるようになっています。その部分は、各種のマスター登録画面と業務取引画面にて確認してください。

図 9.4 (3)　デフォルト勘定科目

9.5 会計ディメンション

会計分析のためのセグメントを、会計ディメンションといいます。会計ディメンションには、サマライズ分析をサポートするディメンション・ツリーを設定することができます。

9.5.1 会計ディメンション

Compiereの会計データは、会計スキーマに定義した各セグメント別に、取引残高を保存するようになっています。これらのデータを利用して、実績分析するときに、各セグメントが1つのディメンションになって、多次元分析ができるようになっています。

このような会計ディメンションには、

- 組織ディメンション
- 販売地域ディメンション
- アクティビティディメンション
- プロジェクトディメンション
- 取引先ディメンション
- 製品ディメンション
- キャンペーンディメンション

などがあります。勘定科目は、勘定科目エレメント画面で管理します。

各会計ディメンションは、階層化関連設定ができるようになっています。例えば、製品の中に、サマリ製品を設定して、製品ディメンションの中で、他の製品をサマリ製品の下に配属することができます。階層化製品ツリーの中のサマリ製品で、財務諸表を作成すれば、このサマリ製品に含まれているすべての製品に関連する帳票結果が出力されます。

9.5 会計ディメンション

図 9.5　会計ディメンション

第9章 会計実績分析

9.6 財務諸表の定義

会計データを元にいろいろな会計帳票（財務諸表）を作成することができます。財務諸表は、行セット、列セットの組み合わせで、ユーザ側が任意定義できるようになっています。

9.6.1 財務諸表の定義

財務諸表は、ユーザ側で任意定義できるようになっています。1つの財務諸表は、会計スキーマ、会計カレンダー、レポート行セット定義とレポート列セット定義で構成されます。

図 9.6（1） 財務諸表定義画面

9.6.2　レポート列セットの定義

　　財務諸表の列セットには、財務諸表の列項目に出力するすべての項目を設定します。

　　列セットは、主に会計期間ベースの取引残高を出力するための定義になります。

　　金額タイプには、総合収支、年度収支、期間収支、年度、期間の借方・貸方金額を選択することができます。

　　または、関連期間の仕訳計上残高を出力するか、項目の間で計算するかを選択できます。カラムタイプに、関連期間を選んだ場合は、関連期間の値を設定する必要があります。

　　関連期間の値が

- 　0　：　当期
- －1　：　前期
- －2　：　前前期
- －12　：　前年同期

という意味になります。

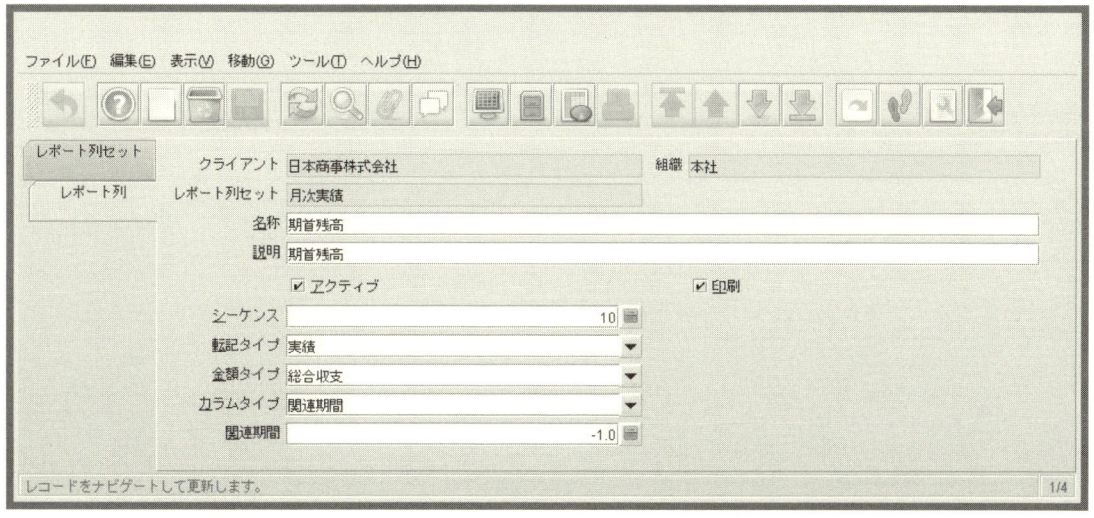

図 9.6（2）　レポート列セット定義

9.6.3 レポート行セットの定義

　財務諸表の行セットには、財務諸表の行項目に出力するすべての項目を設定します。

　行セットは、主に勘定科目の取引残高を出力するための定義になります。

　詳細行タイプには、セグメント値か、計算を選ぶことができます。セグメント値を選んだ場合は、レポートソースに、勘定科目コードを選ぶ必要があります。計算の場合は、

- 範囲内加算（演算子１から演算子２まで）
- 加算（演算子１＋演算子２）
- 減算（演算子１－演算子２）
- パーセンテージ（演算子１／演算子２）

を選ぶことができます。

　各行の出力有無もコントロールできます。

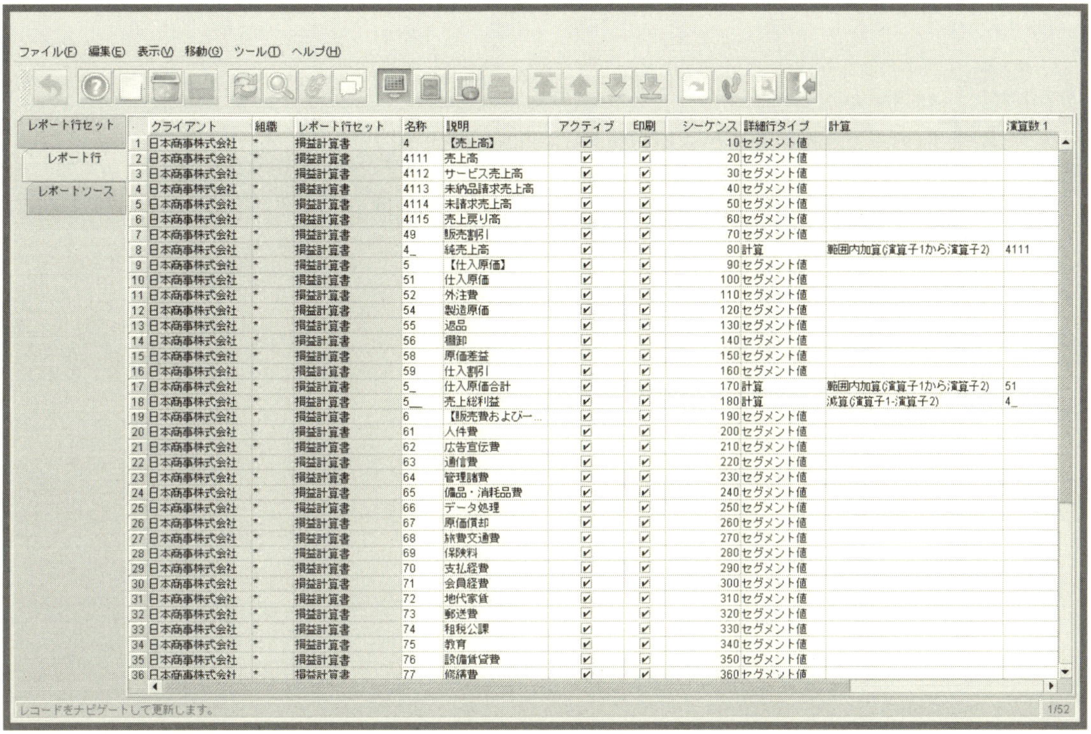

9.6 財務諸表の定義

図 9.6（3） レポート行定義

このように、貸借対照表、損益計算書、原価計算書、キャッシュフローなどの財務諸表を定義して、出力することが可能です。

9.7 財務諸表の作成

事 前に作成済みの財務諸表の定義を元に、財務諸表を作成することができます。財務諸表を作成するときに、会計期間および組織など各会計ディメンションの値を選択して条件にすることができます。

9.7.1 財務諸表作成条件

　事前に作成済みの財務諸表の定義を元に、財務諸表を作成することができます。財務諸表を作成する時に、会計期間および組織など各会計ディメンションの値を選択して条件にすることができます。

　組織、取引先、製品、プロジェクト、アクティビティ、販売地域、キャンペーンなどに、会計ディメンション・ツリーで定義したサマリ値を選ぶことで、そのサマリ値の下に含まれたすべての取引仕訳を含むことができます。

　レポートに、詳細内訳を含めて出力することも可能です。

図 9.7（1） 財務諸表作成条件

9.7.2　財務諸表出力

　財務諸表で出力する帳票は図 9.7（2）のようになります。
　横方向には、レポート列セットで定義した項目、縦方向には、レポート行セットで定義した項目が表示されて、関連する会計データが、この列セット、行セットの関連で計算されて出力されます。
　出力する帳票の印刷書式を別途定義することができます。

第9章 会計実績分析

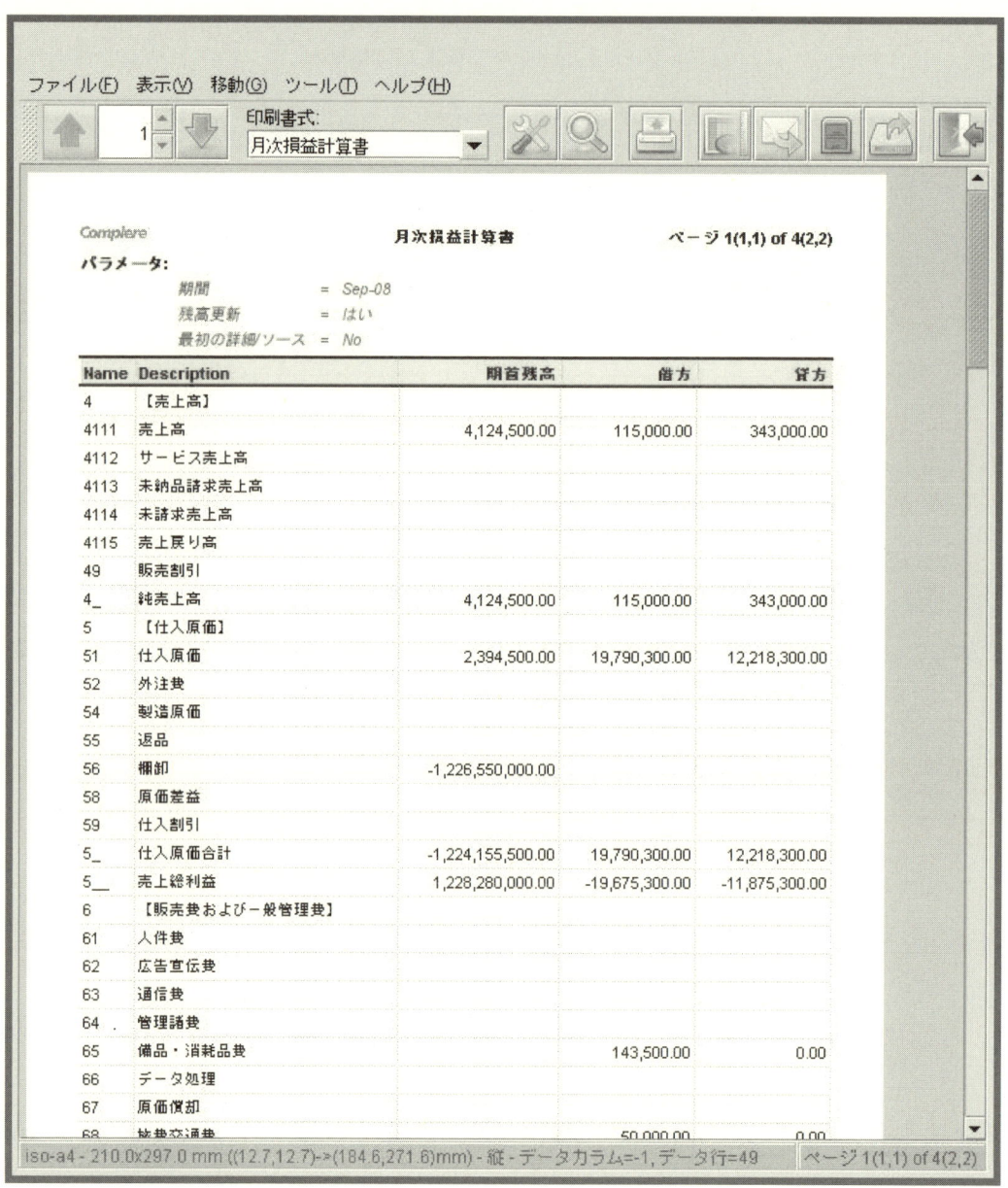

月次損益計算書　　　ページ 1(1,1) of 4(2,2)

パラメータ：
- 期間 = Sep-08
- 残高更新 = はい
- 最初の詳細/ソース = No

Name	Description	期首残高	借方	貸方
4	【売上高】			
4111	売上高	4,124,500.00	115,000.00	343,000.00
4112	サービス売上高			
4113	未納品請求売上高			
4114	未請求売上高			
4115	売上戻り高			
49	販売割引			
4_	純売上高	4,124,500.00	115,000.00	343,000.00
5	【仕入原価】			
51	仕入原価	2,394,500.00	19,790,300.00	12,218,300.00
52	外注費			
54	製造原価			
55	返品			
56	棚卸	-1,226,550,000.00		
58	原価差益			
59	仕入割引			
5_	仕入原価合計	-1,224,155,500.00	19,790,300.00	12,218,300.00
5__	売上総利益	1,228,280,000.00	-19,675,300.00	-11,875,300.00
6	【販売費および一般管理費】			
61	人件費			
62	広告宣伝費			
63	通信費			
64	管理諸費			
65	備品・消耗品費		143,500.00	0.00
66	データ処理			
67	原価償却			
68	旅費交通費		50,000.00	0.00

iso-a4 - 210.0x297.0 mm ((12.7,12.7)->(184.6,271.6)mm) - 縦 - データカラム=-1, データ行=49　　　ページ 1(1,1) of 4(2,2)

図 9.7 (2)　財務諸表

9.7.3 階層指定財務諸表

　上記のようにすべての会計ディメンションが各自のディメンション・ツリー階層を持っています。財務諸表を作成するときには、通常は、デフォルト・ディメンション・ツリー階層をベースに作成されます。

　デフォルトのディメンション・ツリー階層以外の階層で分析することも可能です。別のツリー階層で分析するためには、ツリーを別途新規定義して、ツリー階層を構築する必要があります。

　新規作成されたツリーを下記のレポート階層設定画面で選択することによって、財務諸表を作成するためのレポート階層ができ上がります。

　財務諸表を作成するときに、用意したレポート階層を選択して実行することで、新しい階層での財務諸表の帳票が得られます。

図 9.7（3）　階層指定画面

9.8 税務処理

各種取引に関連する税金は、税金税率を設定することにより、自動計算され、記帳されます。税金計算データを元に、税金（消費税）申告一覧を作成することができます。

9.8.1　税金・税率

　第4章に説明したように、Compiere では、消費税税率を複数定義できるようになっています。日本のよくある0%消費税（非課税）、5%消費税を登録することで、消費税は自動計算できるようになります。
　製品の価格の税抜き価格か、税込み価格かの区別はプライスリスト画面で設定できます。

9.8.2　取引の税金

　取引では、製品の税金カテゴリ設定で、デフォルト税率が画面に自動設定されますが、訂正可能です。各取引（受注／発注、請求書など）を登録時に、税率を選択することで、税金が正しく計算されます。取引ドキュメントが完成された後、税金も同時に記帳されます。

9.8.3 税金申告

取引の税金は自動記帳されますが、税務署に申告するための一定期間を指定して、税務申告データを「税金申告」画面にて作成することができます。

税金申告には、申告日付、申告する取引開始日付、終了日付を入力して、「税金申告作成」機能により、指定期間の税金申告一覧を作成することができます。

9.8.4 税金申告一覧

上記の操作で作成された税金申告一覧には、販売取引、仕入取引のすべての税金が含まれています。

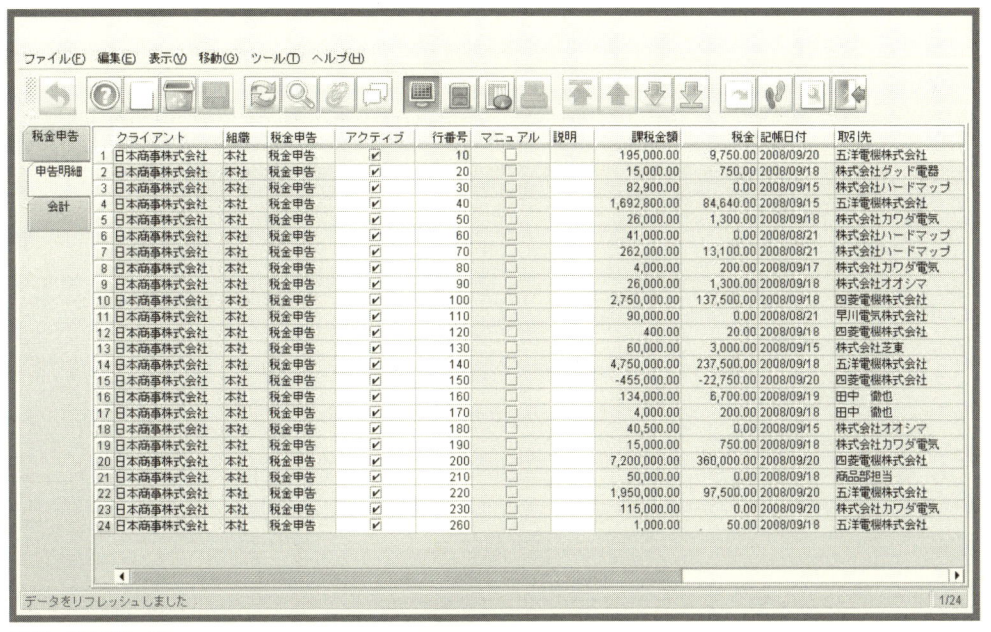

図 9.8　税金申告一覧

第 9 章 会計実績分析

9.9 予算管理

予算を設定して、登録管理することができます。予算は複数設定することができます。予算データは、予算仕訳を登録する方法で登録します。

9.9.1 予算定義

予算定義は、会計設定の GL 予算画面で定義します。予算定義で、予算名称、説明、予算ステータス、プライマリ予算区分を登録します。予算は複数定義することが可能です。

図 9.9 (1) 予算定義

9.9.2 予算コントロール

予算の会計スキーマ、委託タイプ、コントロール範囲などの情報は、予算のコントロール画面で設定します。予算コントロールの定義は、予算転記処理に使われて、どの会計スキーマ、どの転記タイプで、予算仕訳を転記するかをコントロールします。

図 9.9（2） 予算コントロール

9.9.3 予算登録

予算の登録は、GL 仕訳画面から、転記タイプに、「予算」を選んで、そのほかは GL 仕訳と同じように登録します。予算の詳細には、勘定科目を選んで、借方、貸方に予算金額を登録します。予算を登録する時には、借方、貸方がバランスしなくてもいいです。バランスできない金額が、サスペンスアカウントに記帳されます。予算仕訳の記帳情報は、「転記」ボタンをクリックして確認できます。

図 9.9 (3)　予算登録

9.10 予算実績対比分析

予算と実績の対比分析をすることができます。

9.10.1 予算実績対比分析のための財務諸表定義

予算を登録した後、予算実績対比分析のための専用財務諸表を定義します。予算実績対比分析財務諸表のレポート列セットに、予算項目、予算実績対比項目などを設定します。

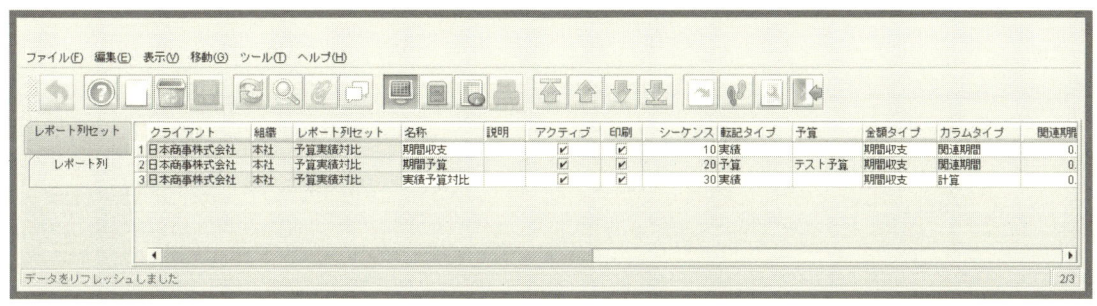

図 9.10（1） 予算実績対比レポート列セット定義

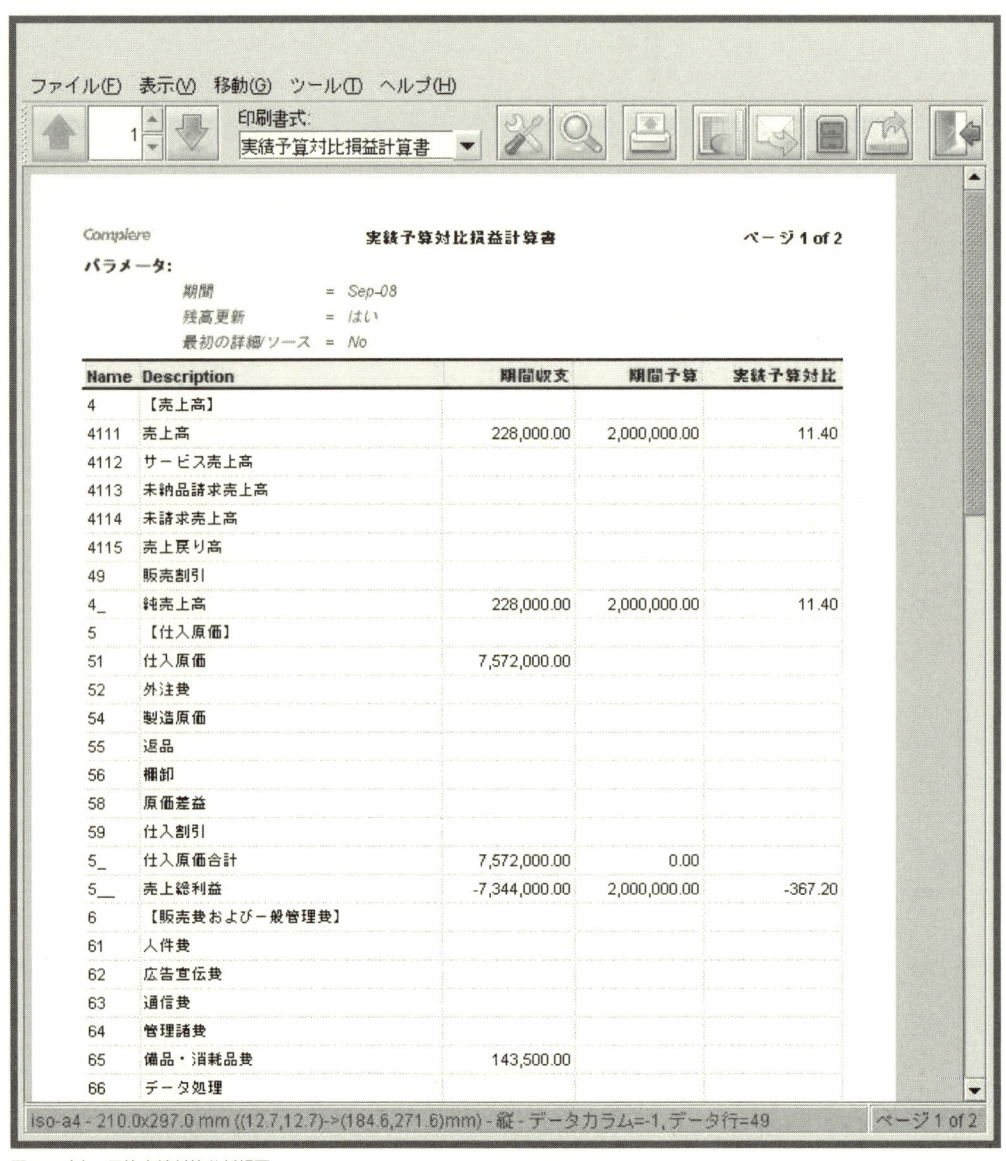

9.10.2　予算実績対比分析帳票

予算実績対比分析の財務諸表を定義した後、財務諸表画面から、予算実績対比分析の帳票を出力することができます。

図9.10（2）　予算実績対比分析帳票

9.11 ダッシュボード

日々に監視したい項目に対して、パフォーマンス測定の設定により、ダッシュボードメーター形式で、目標に対してどのぐらいの差があるかをモニタリングできます。

9.11.1 ダッシュボードの設定

　日々に監視したい項目に対して、パフォーマンス測定の設定により、ダッシュボードメーター形式で、目標に対してどのぐらいの差があるかをモニタリングできます。

　ダッシュボードで監視したい項目の設定は、パフォーマンス分析ゴール画面で設定します。この画面で、測定目標値、測定スコープ、測定（項目定義）、表示カラースキーマを設定します。

　ダッシュボードは、職責、ユーザごとに設定することができます。または親子関係を持たせて、階層化表示することも可能です。

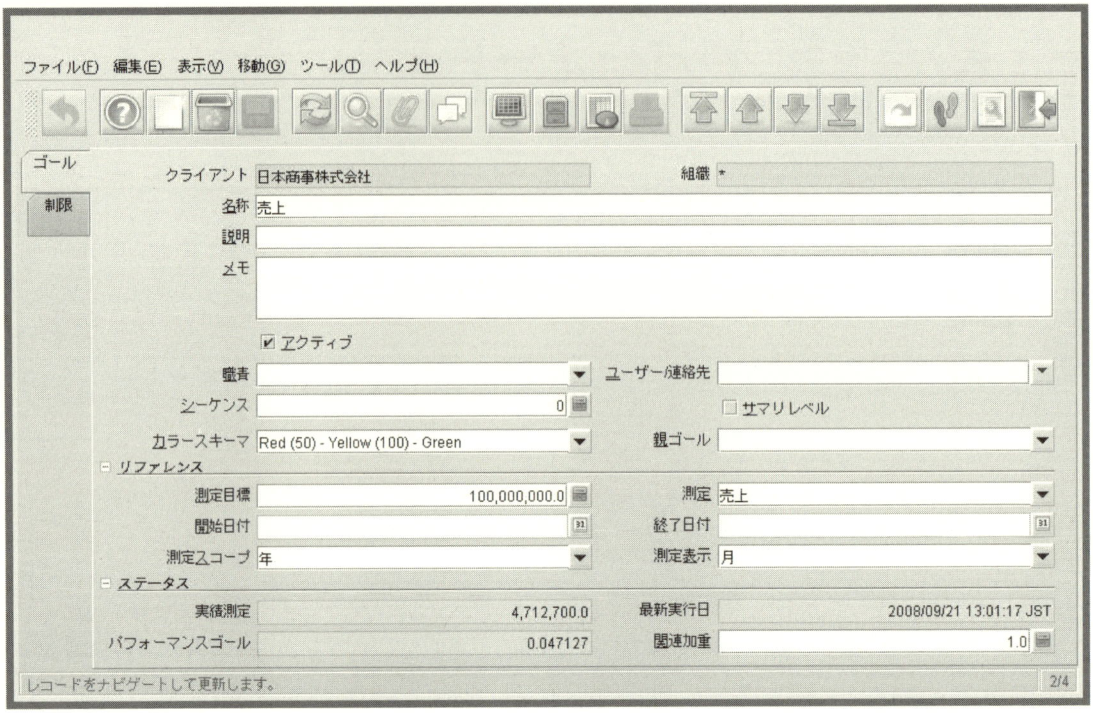

第9章 会計実績分析

図9.11 (1) パフォーマンス分析ゴール画面

9.11.2 パフォーマンス測定と測定計算

　パフォーマンス測定の項目は、パフォーマンス測定計算画面で定義します。定義項目には、測定のデータタイプ、測定タイプ、測定計算などがあります。

　測定計算は、図のようにパフォーマンス測定計算画面で定義します。Compiereで事前に定義済みの測定計算は

- Invoiced Gross Revenue —— 売上（税金、料金を含む）
- Invoiced Net Revenue —— 売上（税金、料金を除く）
- Invoiced Paid Quantities —— 請求支払済み数量
- Invoiced Sales Margin —— 販売マージン合計

9.11 ダッシュボード

- Number of Customers —— 顧客数
- Open Invoice Amount —— 売掛金合計

などがあります。ユーザ側で任意選択表示できます。

測定計算は、SQL スクリプトで定義できるようになっているために、ユーザ企業の要求に合わせて、容易に拡張設定が可能です。

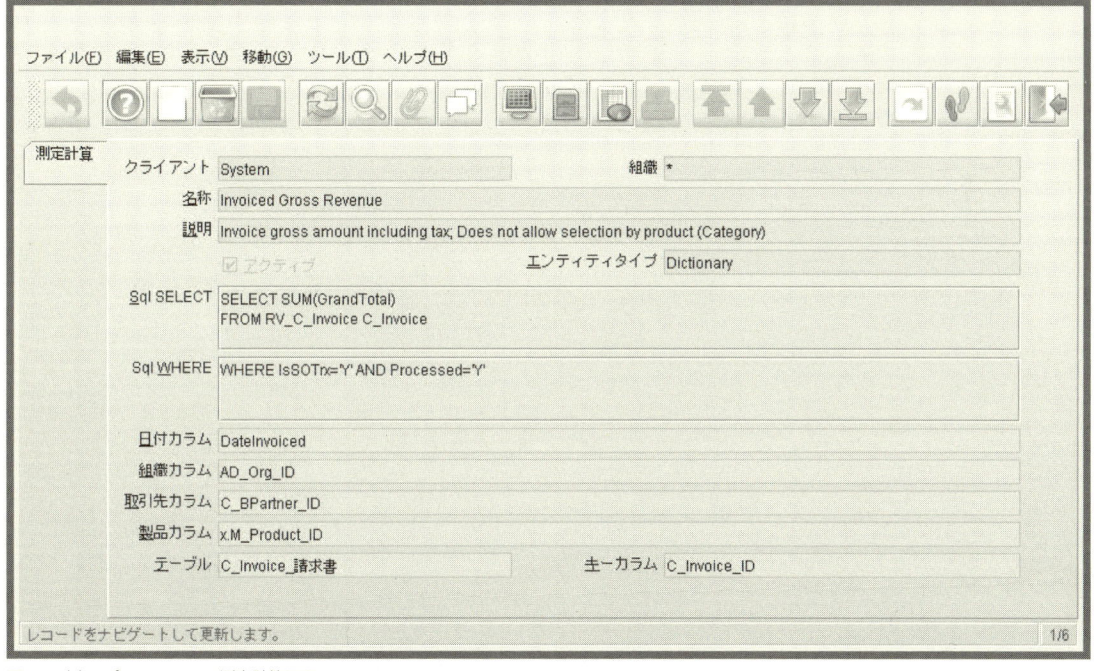

図 9.11（2） パフォーマンス測定計算画面

9.11.3　ダッシュボードの出力

ダッシュボードの出力は、ユーザがログインした後、すぐに見える画面にされます。

図 9.11（3）の画面には、売上、顧客獲得数、サービスリクエスト、未払金を測定項目として、監視しています。

第9章 会計実績分析

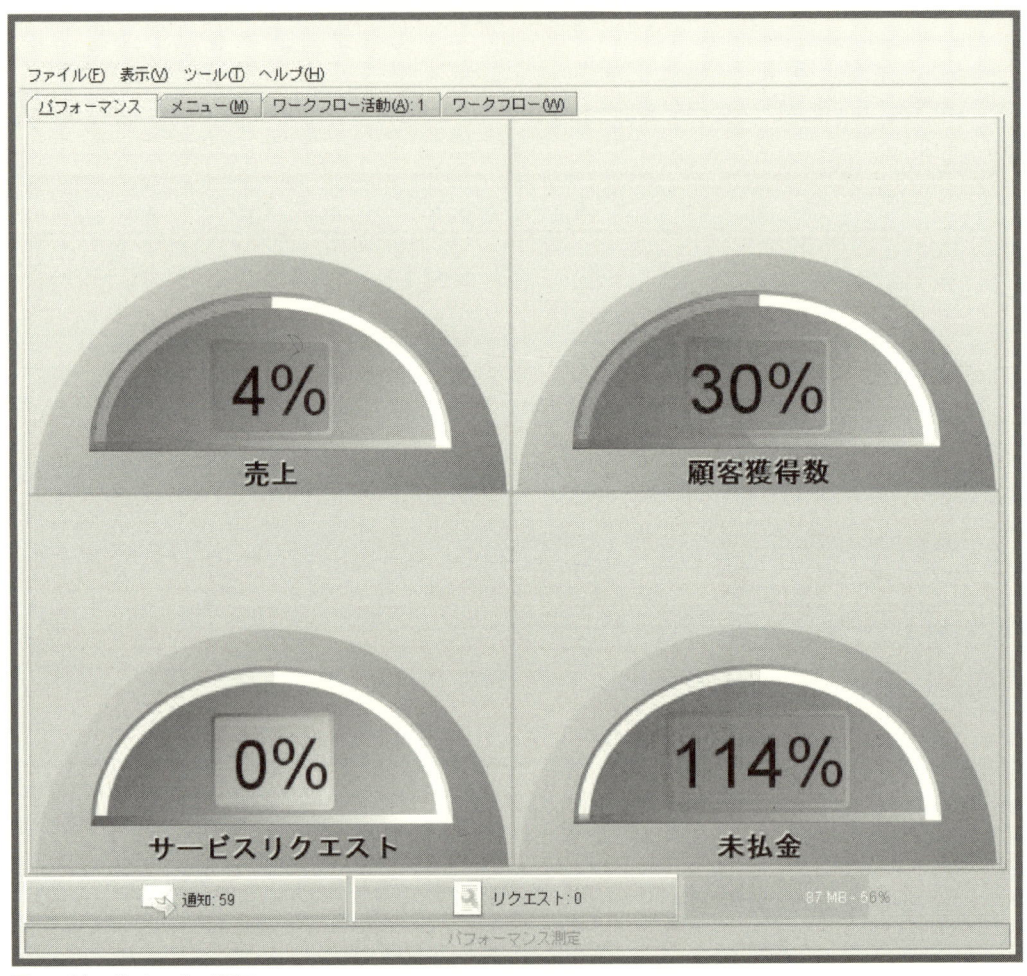

図9.11 (3) ダッシュボード画面

10.1	取引先管理の概要
10.2	取引先管理
10.3	与信管理
10.4	支払督促
10.5	販売促進
10.6	リクエスト管理
10.7	Eコマース／セルフサービス

第10章 取引先管理

第10章 取引先管理

```
ファイル(F)  表示(V)  ツール(T)  ヘルプ(H)
[パフォーマンス] [メニュー(M)] [ワークフロー活動(A): 2] [ワークフロー(W)]
☐ 受注
☐ 製品
    📁 取引先管理
        📁 取引先
            🖥 取引先
            🖥 取引先別取引情報
            🖥 販売代理別取引情報
            🖥 産業分類コード
            ⚙ 取引先未払金残高再計算
            ⚙ 取引先の組織変更
            ⚙ 取引先組織リンクの解除
            ⚙ メールテキスト送信
            ⚙ 取引先詳細レポート
        📁 取引先設定
            👣 取引先セットアップフロー
            🖥 取引先グループ
            🖥 敬称
            🖥 支払条件
            🖥 請求スケジュール
            🖥 関心トピック
            🖥 メールテンプレート
            🖥 支払督促
            🖥 取引先関係
            🖥 カウンタードキュメント
            🖥 取引先規模
            🖥 取引先ステータス
        📁 ウェブアクセス
    📁 経費管理
    📁 リクエスト管理
        🖥 リクエスト
        🖥 リクエスト(すべて)
        🖥 サポートリクエスト(内部)
        🖥 サポートリクエスト(外部)

検索(L) [          ]                        [+][−]

  📨 通知:1      🔍 リクエスト:1    122 MB - 51%
              現金仕訳帳
```

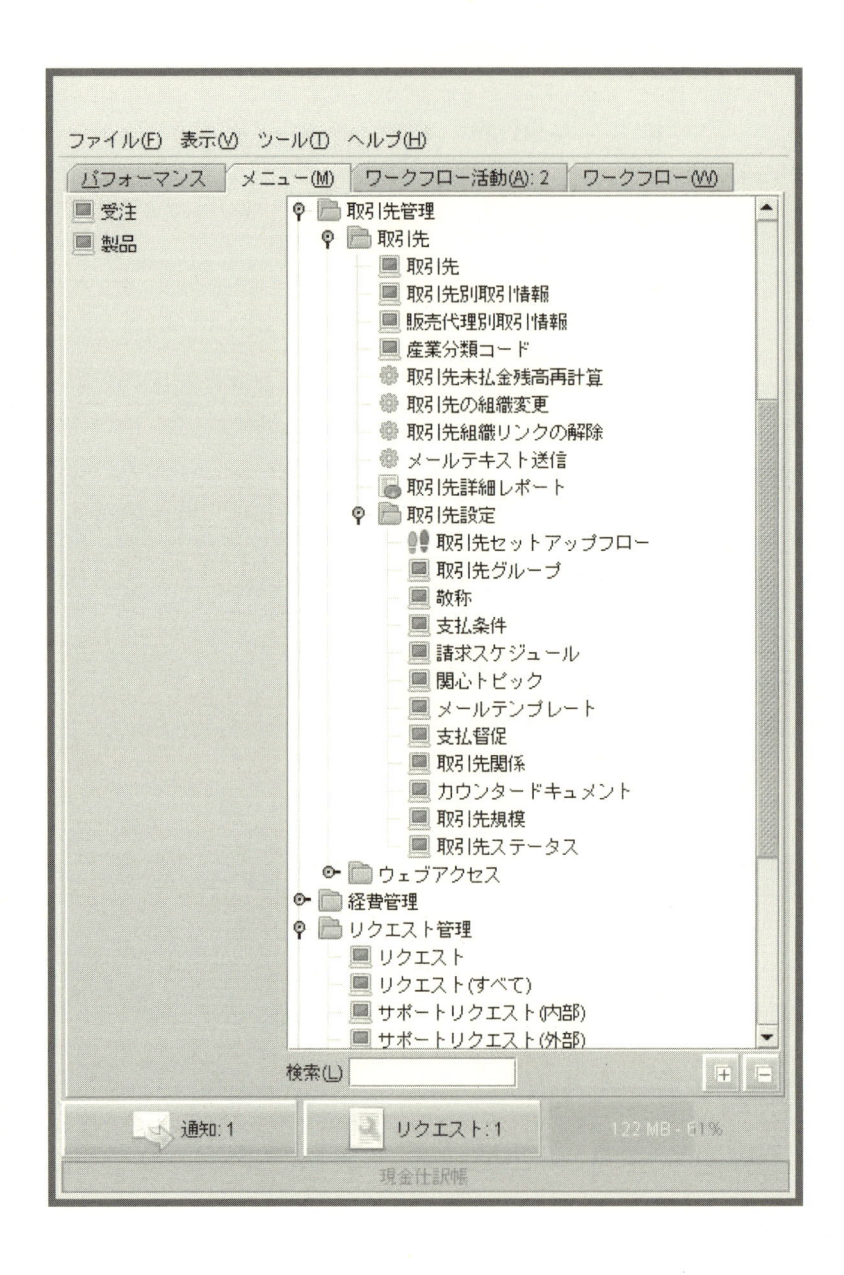

10.1 取引先管理の概要

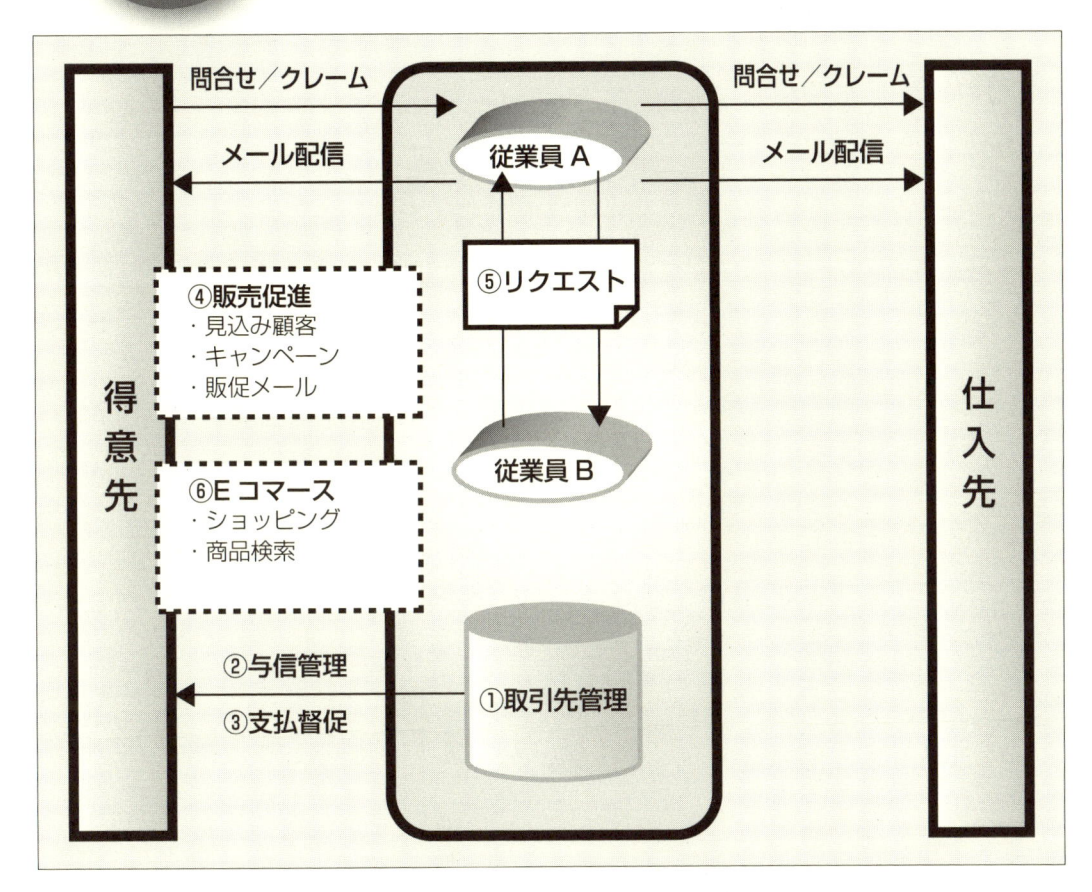

```
得意先 ← 問合せ/クレーム ── 従業員A ── 問合せ/クレーム → 仕入先
得意先 ← メール配信 ────────         ──── メール配信 → 仕入先
                                ⑤リクエスト
      ④販売促進
      ・見込み顧客              従業員B
      ・キャンペーン
      ・販促メール

      ⑥Eコマース
      ・ショッピング
      ・商品検索

得意先 ← ②与信管理 ── ①取引先管理
得意先 ← ③支払督促 ──
```

① **取引先管理**

　　取引先情報（顧客、仕入先、従業員含む）の管理を行います。

② **与信管理**

　　取引先ごとに与信管理レベルを設定し、取引の制限を行います。

③ **支払督促**

　　取引先ごとに支払督促レベルを設定し、管理を行います。

　　督促状を作成し、郵送またはメール送信できます。

④ 販売促進

　見込顧客、キャンペーン情報、販促メール配信を利用して販売促進を行います。

⑤ リクエスト管理

　取引先からの問合せ／クレームや社内でのやり取りを追跡するのに利用します。

⑥ Eコマース／セルフサービス

　取引先がインターネット上で商品検索・買物・決済・買物履歴の確認を行えます。セルフサービスとして、必要な書類出力、リクエスト発行、商品関連情報の参照ができます。

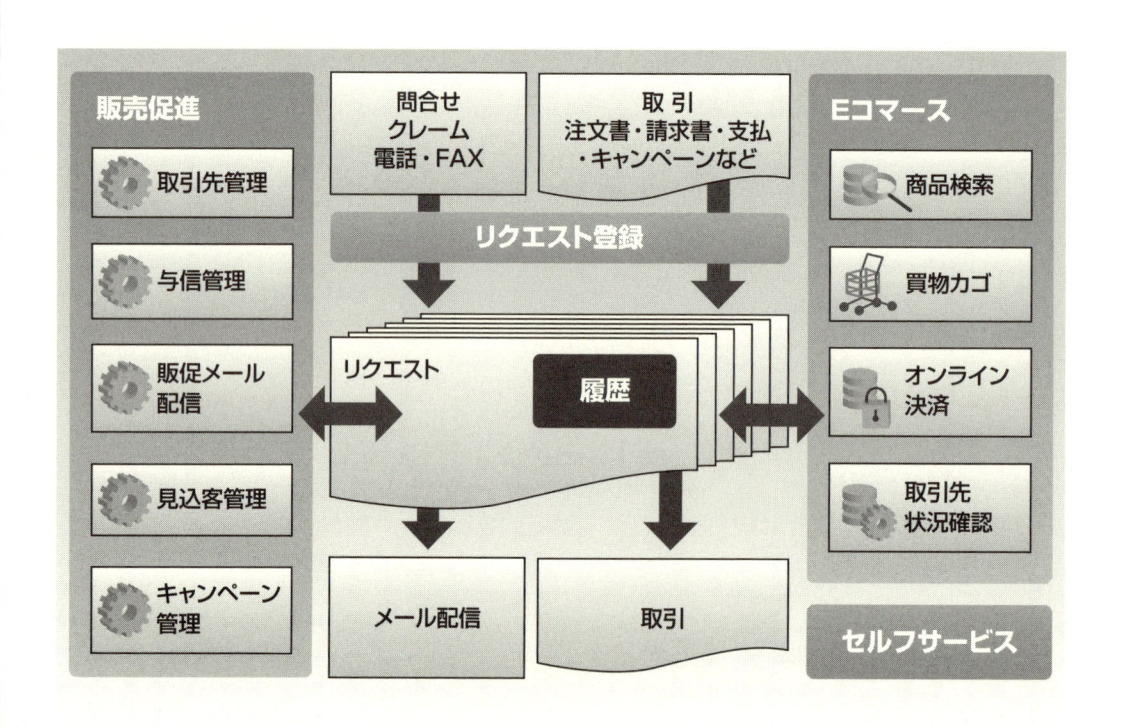

10.2 取引先管理

取引先情報（顧客、仕入先、従業員含む）の管理を行います。

10.2.1 取引先の登録方法

取引先には、顧客、仕入先、従業員／販売代理情報のすべてが含まれます。

取引先登録には、以下の3つのパターンがあります。

（1） 取引先画面より直接登録を実施
（2） 取引先データインポートを実施
（3） 受発注画面よりクイック登録を実施

10.2.2 取引先の内容

取引先登録項目には、名前、住所、電話番号、販売代理、連絡窓口、与信管理、言語、取引先規模などがあります。顧客用登録項目には、請求条件、出荷方法、顧客返品条件を登録、仕入先用登録項目には、支払条件、仕入先返品条件、支払銀行口座を登録します。

この一元管理によって、顧客でもあり、仕入先でもある取引先や、従業員でもあり、顧客でもある取引先に対して重複登録を防ぐことができます。

第10章 取引先管理

　取引先ごとに請求書発行スケジュールや支払条件を設定することができ、受注や発注作成時に、入力補助としてそれらの情報を自動表示します。

　また、取引先ごとに持つ言語設定により、帳票を出力する際に指定言語での出力が可能です。他言語の取引先に対して有効に利用できます。

　取引先と組織間に紐付けることにより、組織同士の自動取引を行うことができます。例えば、支社が本社へ発注した場合、本社側で支社からの受注情報として自動作成されます。

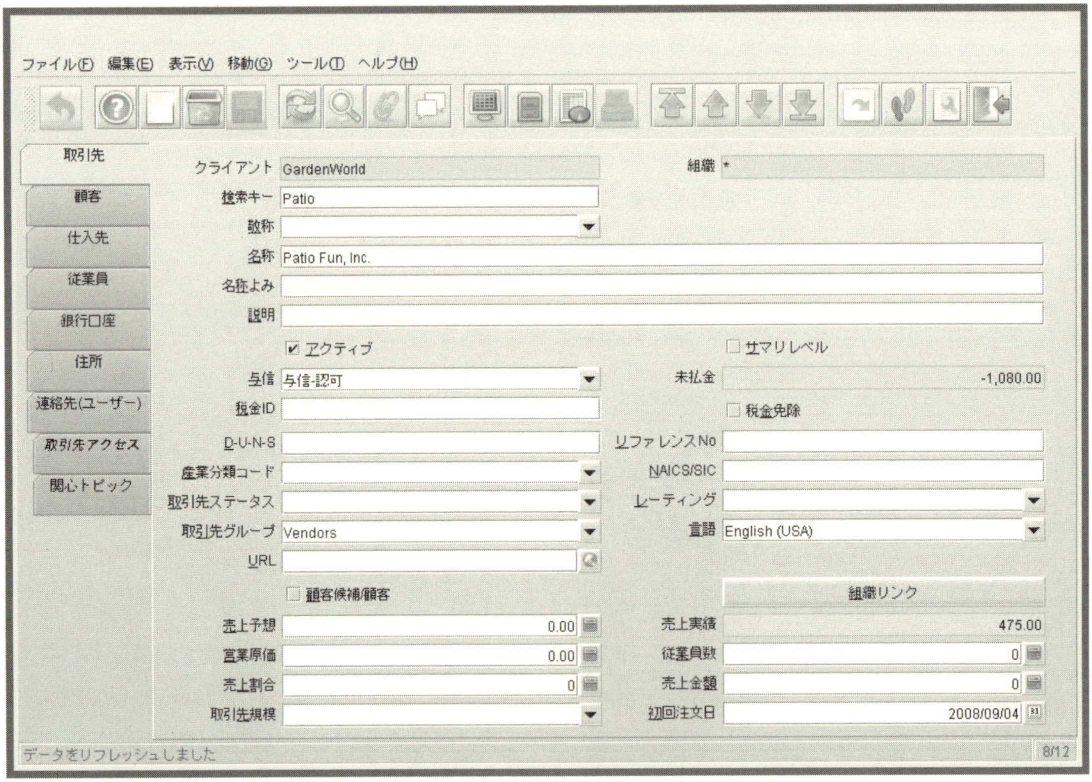

図 10.2 (1)　取引先

10.2.3 取引先の管理方法

取引先の状況は、取引先詳細レポートで確認することができます。また共通ヘッダーメニューの取引先情報から未払金状況などをすばやく確認できます。

「取引先別取引情報」では、取引先ごとに注文情報、出荷情報、請求情報、支払情報の履歴を確認することができます。

「販売代理別取引情報」では、販売代理人ごとに担当した注文情報、注文詳細情報、請求書情報、請求書詳細情報を確認することができます。

10.2.4 取引先関係設定

取引先データに異なる取引先との関連性を設定し、請求先／支払元／送金先を設定することができます。この設定により、注文の際に異なる取引先を選択、登録できるようになります。

例えば、本社／支社の関係を持ち、支社で購買した商品に対しての請求先は本社にする場合などに有効に利用できます。

第10章 取引先管理

図10.2（2） 取引先関係設定

10.3 与信管理

取引先ごとに与信管理レベルを設定し、取引の制限を行います。

10.3.1 与信管理の処理方法

与信管理には、以下の2つのパターンがあります。
（1） 取引先情報に持つ未払金、限度額を元に、自動与信制御を実施
（2） 担当者が与信制御を実施

10.3.2 与信管理の内容

取引先ごとに与信管理のレベルを設定することができ、受注、納品、請求書の発行などを制限します。

与信ステータスは以下の5つがあり、未払金と限度額を元に自動的に与信チェックを行います。未払金は、購買した時点で自動加算され、表示されます。限度額は手動で設定します。

- 与信チェックなし
    与信チェックを実施せず、必要な場合は手動で確認作業を行います。
- 与信―認可
    与信チェックを実施します。未払金と限度額を確認し、与信ステー

タスが自動的に動きます。

- 与信—警告

    与信チェックを実施します。未払金が限度額の90%以上の場合、与信ステータスが警告に変わります。

- 与信—保留

    未払金が限度額を超過した場合、この取引先への受注、納品完成が不可になります。取引先から入金がされた場合、与信—認可または与信—警告ステータスに変わります。

- 与信—拒否

    手動設定。未払金が限度額を超過した場合、この取引先への受注、納品完成が不可になります。担当者がステータス変更しない限り、入金状況によって自動的にステータス変更がされません。

10.3.3　与信管理方法

　与信管理の状況は、取引先から未払金、限度額を含めた取引先詳細レポートで確認することができます。また共通ヘッダーメニューの取引先情報から未払金状況などをすばやく確認できます。

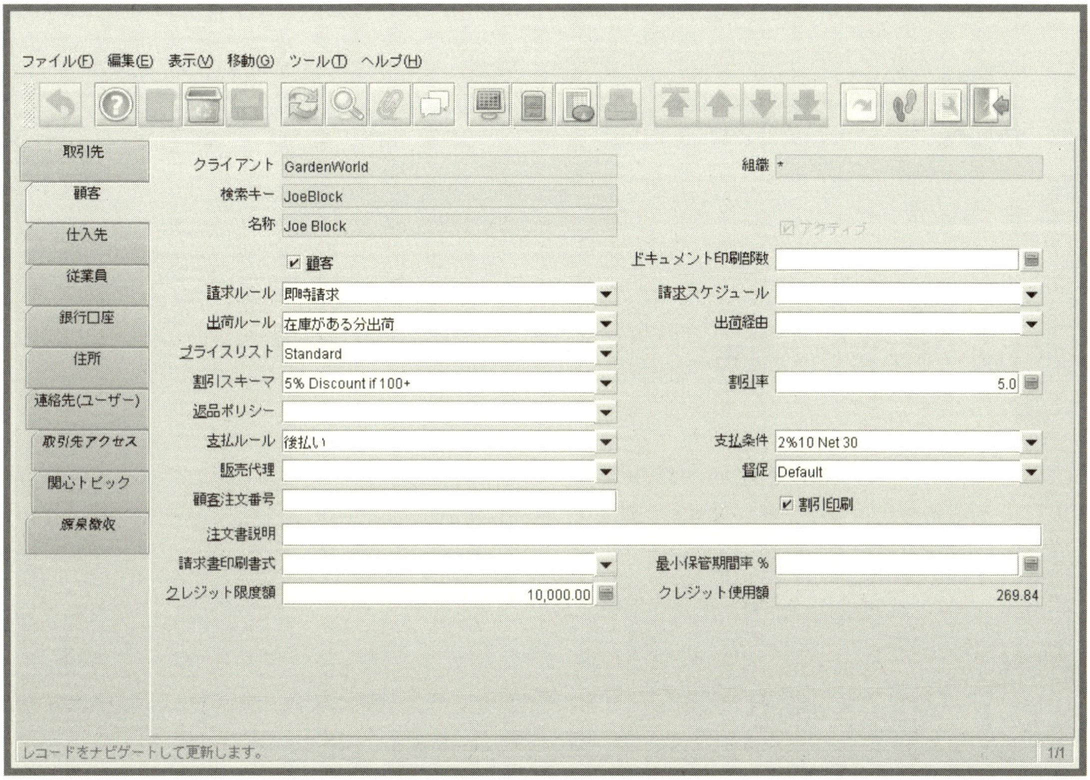

ファイル(F) 編集(E) 表示(V) 移動(G) ツール(T) ヘルプ(H)
取引先
顧客
仕入先
従業員
銀行口座
住所
連絡先(ユーザー)
取引先アクセス
関心トピック
源泉徴収
クライアント GardenWorld
組織 *
検索キー JoeBlock
名称 Joe Block
アクティブ
顧客
ドキュメント印刷部数
請求ルール 即時請求
請求スケジュール
出荷ルール 在庫がある分出荷
出荷経由
プライスリスト Standard
割引スキーマ 5% Discount if 100+
割引率 5.0
返品ポリシー
支払ルール 後払い
支払条件 2%10 Net 30
販売代理
督促 Default
顧客注文番号
割引印刷
注文書説明
請求書印刷書式
最小保管期間率 %
クレジット限度額 10,000.00
クレジット使用額 269.84
レコードをナビゲートして更新します。
1/1

図 10.3 与信管理

10.4 支払督促

取引先ごとに支払督促レベルを設定し、管理を行います。督促状を作成し、郵送またはメール送信できます。

10.4.1 支払督促の処理方法

支払督促処理には、以下の2つのパターンがあります。
（1） 取引先情報に持つ督促条件を元に、支払督促を作成
（2） 手動で支払督促を作成

10.4.2 支払督促の内容

支払督促の登録項目には、期日残日数、支払督促残日数、手数料、支払条件設定、回収ステータス、督促状印刷書式設定などがあります。
支払督促がある場合、与信チェックのステータスを「与信―拒否」に設定することができます。この設定により、この取引先への受注、納品完成が不可になります。

支払督促状は、支払督促レベルに基づいて作成します。登録項目には、督促日付、支払督促レベル、顧客名、住所、未入金金額、対象の請求書情報、手数料があります。

支払督促状を作成する場合は、督促状印刷により出力できます。督促状は、印刷して郵送・FAX またはシステムより PDF ファイルをメール添付にて送信することが可能です。

10.4.3　支払督促の管理方法

顧客情報に支払督促条件を登録し、管理します。支払期日超過時に、督促条件によって督促状が自動作成されます。

未払金の状況は、各取引情報から確認できます。また受注時に警告メッセージとして未払金を提示します。
取引先未払金は、請求書発行および入金登録後に自動更新されます。

債権債務レポート、取引先未払金レポート、期間別入出金予定レポートで、支払期日に対しての入金予定情報などを確認することができます。

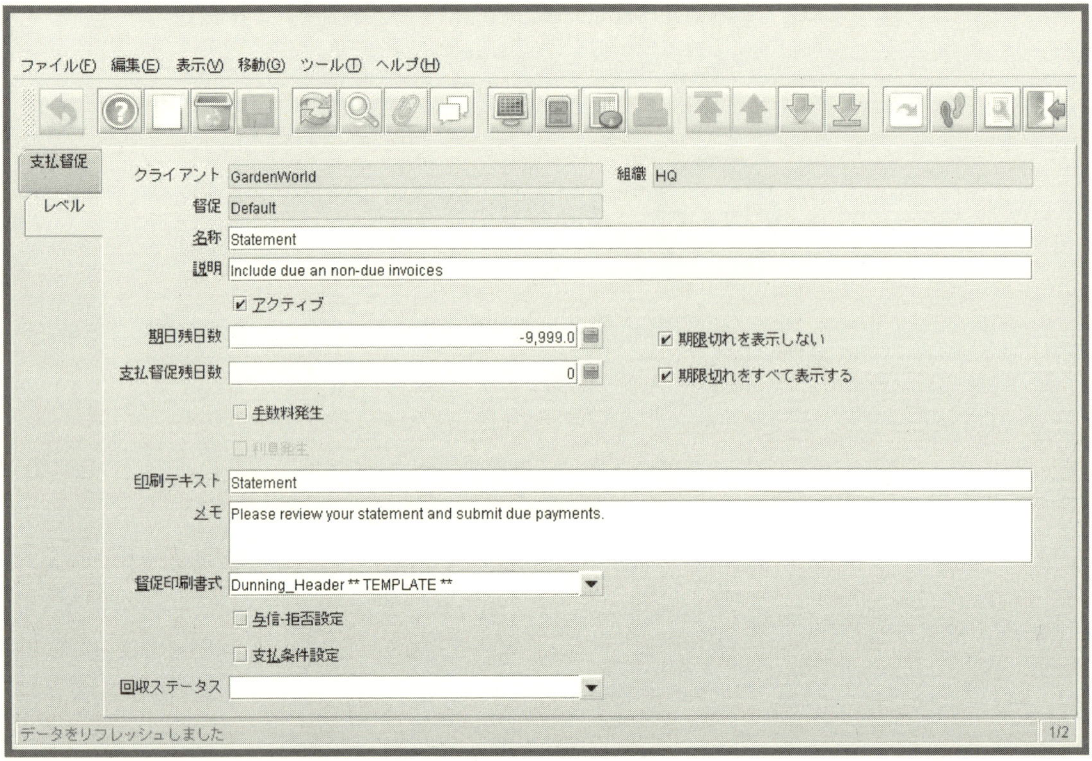

図 10.4（1） 支払督促

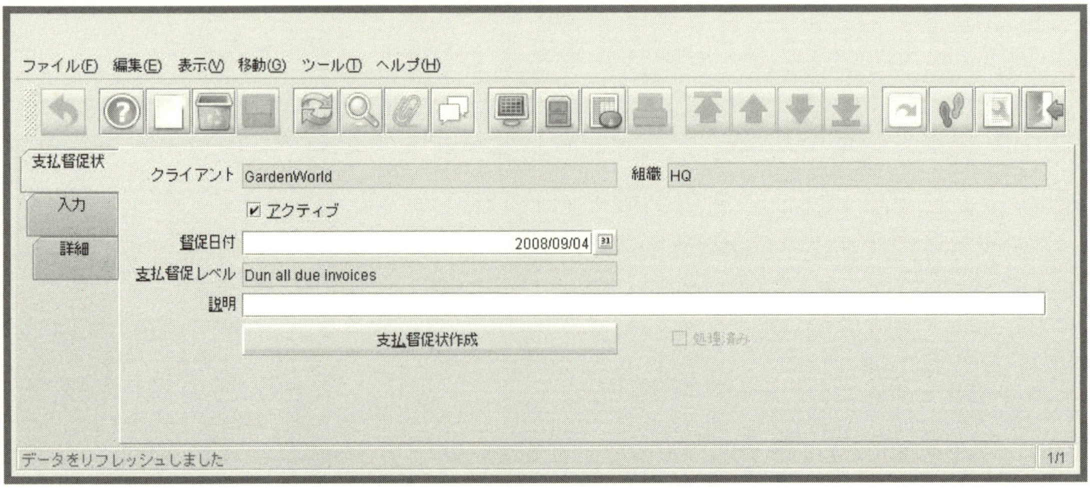

図 10.4（2） 支払督促状

10.5 販売促進

> 見込顧客、キャンペーン情報、販促メール配信を利用して販売促進を行います。

10.5.1 販売促進の処理方法

販売促進には、以下の3つのパターンがあります。
（1） 営業担当者が見込顧客の登録・管理を実施
（2） 営業担当者がキャンペーン情報の登録・管理を実施
（3） 営業担当者が販促メール配信を実施

10.5.2 販売促進の内容

マーケティング情報の管理として、見込顧客の管理、販売地域、販促キャンペーン情報の管理、顧客へのメール一括送信などの機能があります。

見込顧客を管理し、顧客となった時点で情報を見込顧客から顧客へと変換することができます。見込顧客の登録項目には、氏名、住所、電話番号、販売地域、見込顧客ステータス、関連キャンペーンなどがあります。

第10章 取引先管理

見込顧客へ関連づけて、販促キャンペーンの登録が可能です。登録項目には、キャンペーン名称、流通経路チャンネル、開始日付、終了日付があります。

販売地域や顧客の関心トピックを登録し、それに紐付けした顧客へ一括メール配信を行うことができます。

10.5.3 販売促進の関連帳票

見込顧客情報は、週間見込顧客レポート・月次見込顧客レポートを利用して日付単位での情報を確認することができます。

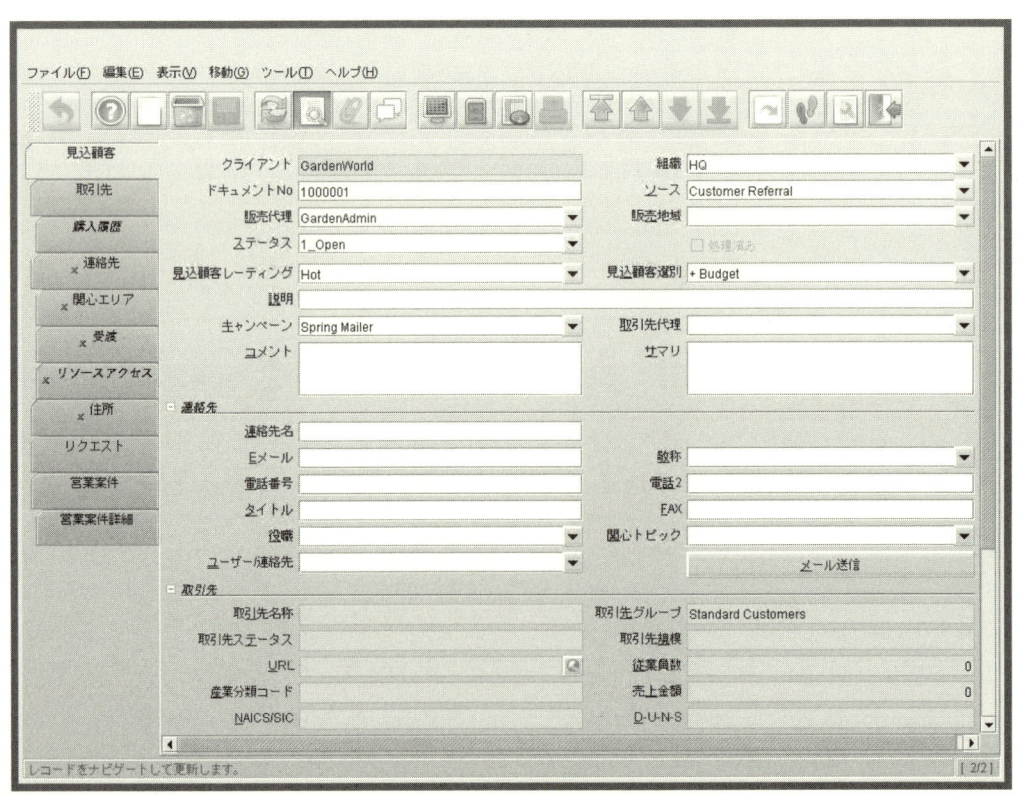

図10.5（1） 見込顧客管理

図 10.5（2） キャンペーン管理

10.6 リクエスト管理

取引先からの問合せ／クレームや社内でのやり取りを追跡するのに利用します。

Compiere 上で「リクエスト」と呼ぶ機能を利用して、さまざまな外部的・内部的コミュニケーション情報を追跡できます。

10.6.1　リクエストの処理方法

リクエスト管理には、以下の3つのパターンがあります。
（1）外部からの問合せ・クレームなどに対して、リクエストとして情報登録・管理を実施
（2）社内でリクエストに対して、対応者／対応方法などの登録・管理を実施
（3）取引情報に紐付けてリクエスト登録・管理を実施

10.6.2　リクエスト管理の内容

異なる取引先、従業員、販売代理間でのやり取りを追跡してシステムに登録および処理することのできる機能です。例えば、取引先からメールや電話で受け付けた問合せを登録し、その問合せに関しての社

10.6 リクエスト管理

内での対応、対応者への割当を管理・追跡するのに利用します。

リクエスト登録画面では、どんなリクエストかを定義して、そのリクエストを誰に割り当て、対応するかなどの情報を作成、更新します。登録項目は、リクエスト名称、リクエスト内容、ステータス、カテゴリ、スケジュール、優先度、機密タイプ、対応結果などがあります。

リクエストステータスは、デフォルトで「Open」「Waiting」「Closed」「Final」とあります。業務フローに合わせてステータスを新規定義、管理できます。詳細情報には、ステータス遷移の設定、タイムアウトの日数での自動更新設定などがあります。

リクエストを登録した担当者が他の担当者へ割り当てると、割り当てられた担当者がシステムへログイン時、割当情報としてリクエストの数が提示されます。それを確認し、リクエストの対応を行います。

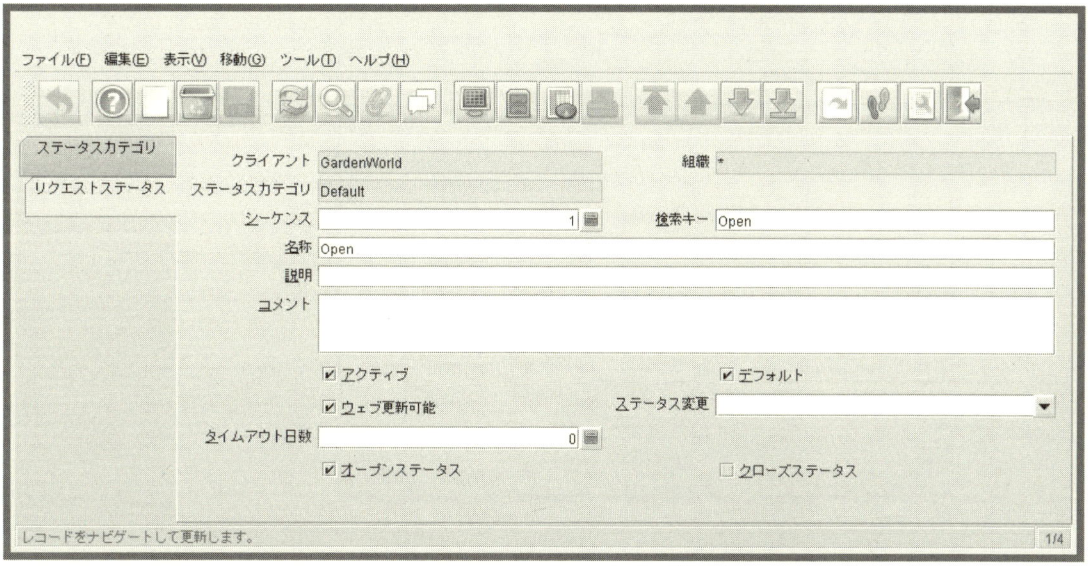

図10.6（1） リクエストステータス

10.6.3 リクエストの管理方法

　リクエストの状況は、リクエスト数（取引先）、リクエスト数（リクエストタイプ）、リクエスト統計表（取引先）、リクエスト統計表（リクエストタイプ）で確認することができます。

　あらゆる情報（取引先、プロジェクト、製品、受発注、請求書、支払）にリンク付けが可能なため、例えば顧客の問合せから受注を作成する業務フローや、納品後に製品のクレームがあった場合のクレーム処理フローに利用することができます。フローすべての流れを履歴情報として残し、管理することができます。

図 10.6（2）　リクエスト管理

10.7 Eコマース／セルフサービス

取引先がインターネット上で商品検索・買物・決済・買物履歴の確認を行えます。セルフサービスとして、必要な書類出力、リクエスト発行、商品関連情報の参照ができます。

10.7.1 Eコマースの利用方法

Eコマースには、以下の利用パターンがあります。
（1）　取引先がインターネット上でログインし、買物を行う
（2）　取引先がセルフサービスとして、必要な書類出力を実施
（3）　取引先がリクエスト登録して、問合せなどを行う

10.7.2 オンラインショッピングの内容

　Compiereの持つEコマースは、ウェブストアと呼び、インターネット上でのオンラインショッピングを支援するツールです。

　商品の検索や買物・決済機能があります。また、買物履歴の出荷状況、請求書、支払情報などを確認することができます。
　製品登録で「ウェブストア掲載」のチェックをすることにより、オンライン上で製品表示がされます。支払方法として、クレジットカード、銀行振込を選ぶことができます。代引きは支払方法を追加することで対応できます。

CMS（コンテンツマネージメントシステム）のような細かい画面デザイン設定などがないため、実際の取引企業向けに利用できるEコマース機能となっています。

10.7.3　セルフサービスの内容

　セルフサービスとは、取引先が自分の取引情報を確認、請求書・領収書などのドキュメント類をPDF形式ファイルでダウンロード、印刷することなどを指します。

　取引先が問合せなどのリクエストを登録し、それの公開レベルを設定することによって、他の取引先との情報共有をすることができます。

　また取引先のセルフサービス内容として、自分の関心トピックに合うメールマガジンの購読登録や解除をすることができます。

10.7.4　Eコマースの管理方法

　インターネット上で買物した情報は、通常の受注画面から確認できます。受注が確定した時点で、在庫が引き当てされます。

10.7 Eコマース／セルフサービス

図10.7（1）　ウェブストア商品一覧

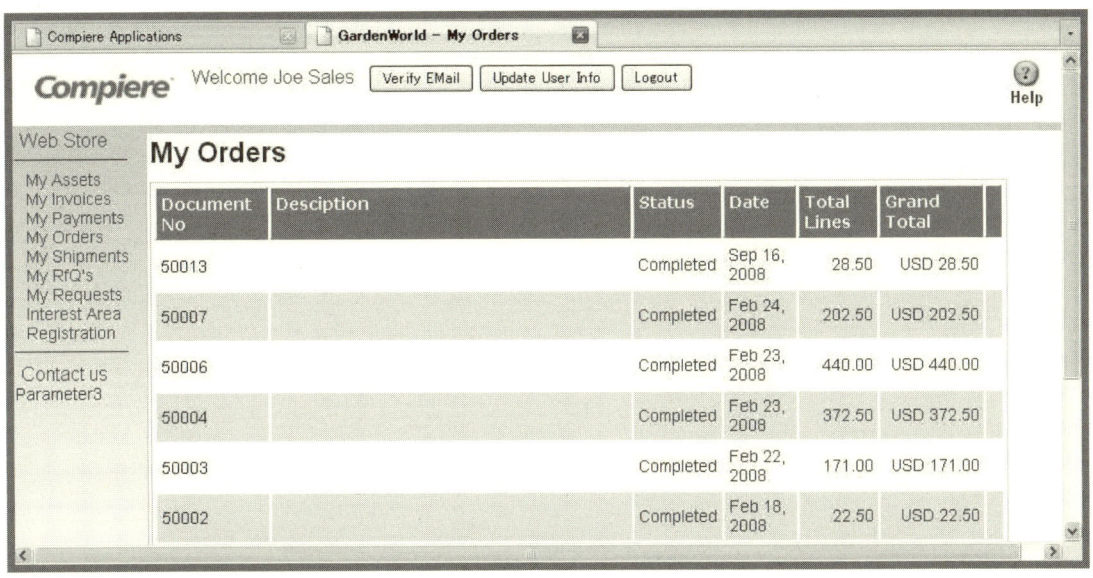

図10.7（2）　ウェブストア取引履歴

Compiere

付 録

付　録

1　インストールガイド

1　動作環境

　このインストールガイドは、Windows環境でデータベースをOracle XEに選定した前提の専用インストールガイドです。詳細動作環境は次の通りです。

Windows XP 以上
ディスク容量　　　5GB 以上（データベースを含む）
メモリ　　　　　　512MB 以上（1GB 以上推奨）
Java　　　　　　　JDK 1.5 以上（JRE では動きません！）
データベース　　　Oracle XE（Oracle Database 10g Express Edition）　無料

2　Java インストール

2-1　インストール

　PCにJDK 1.5以上がインストールされていない場合は、次のURLからダウンロードしてインストールしてください。

http://java.sun.com/javase/ja/6/download.html

2-2　環境変数の設定

　JDKのインストール終了後、システム環境変数JAVA_HOMEをインストールしたディレクトリに設定してください。
　（例 JAVA_HOME= D:¥jdk1.5.0_14;）
　環境変数 path に「%JAVA_HOME%¥bin;」を追加します。

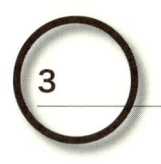

3 Oracle XE インストール

3-1　ダウンロード

　Oracle XE（Oracle Database 10g Express Edition）を次の URL からダウンロードします。

http://www.oracle.com/technology/software/products/database/xe/htdocs/102xewinsoft.html

　ダウンロードするのは、次のファイルです。

Oracle XEUniv.exe（Oracle Database 10g Express Edition (Universal)）

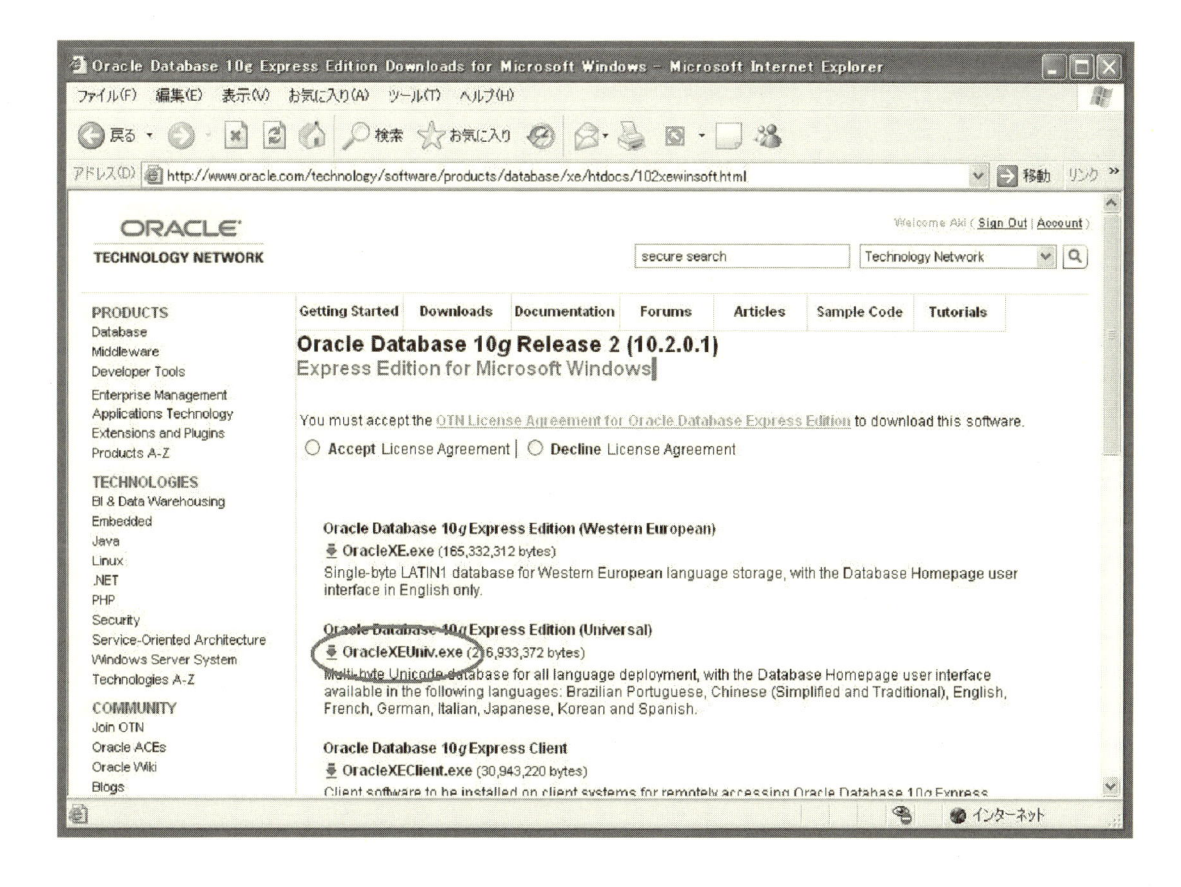

3-2 インストール

Oracle XE Univ.exe を実行します。次のようなインストールの準備画面が表示されます。

1) インストール準備画面

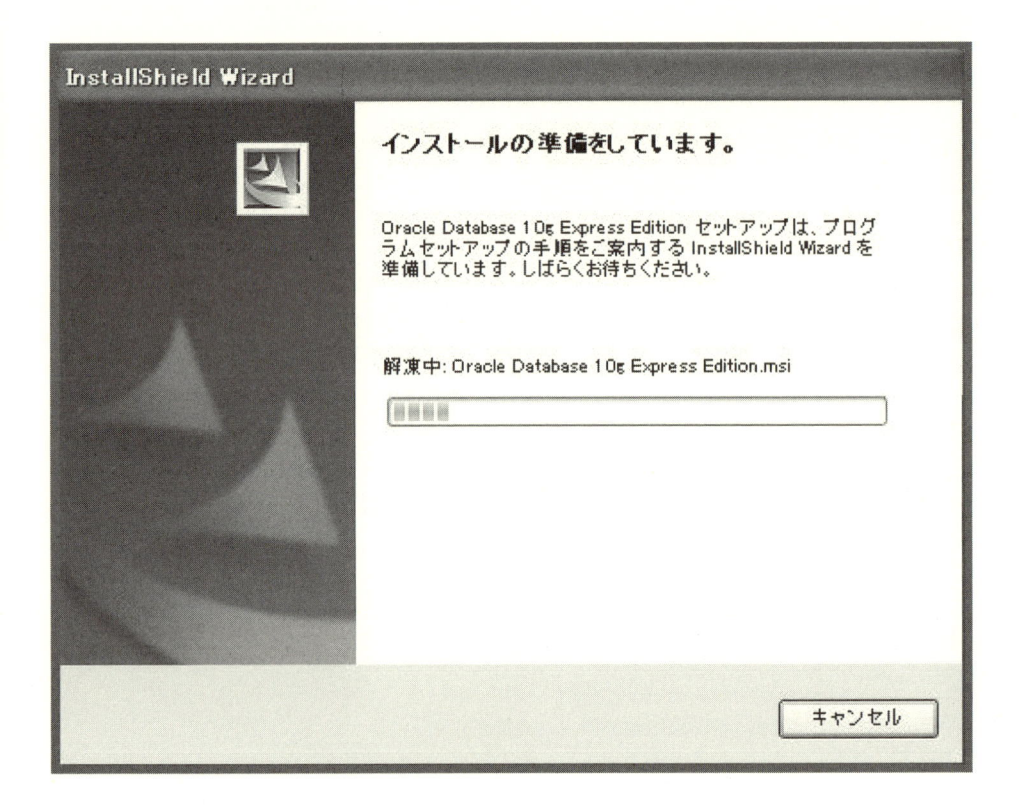

2）インストール起動画面

インストール起動画面が表示されたら「次へ」をクリックします。

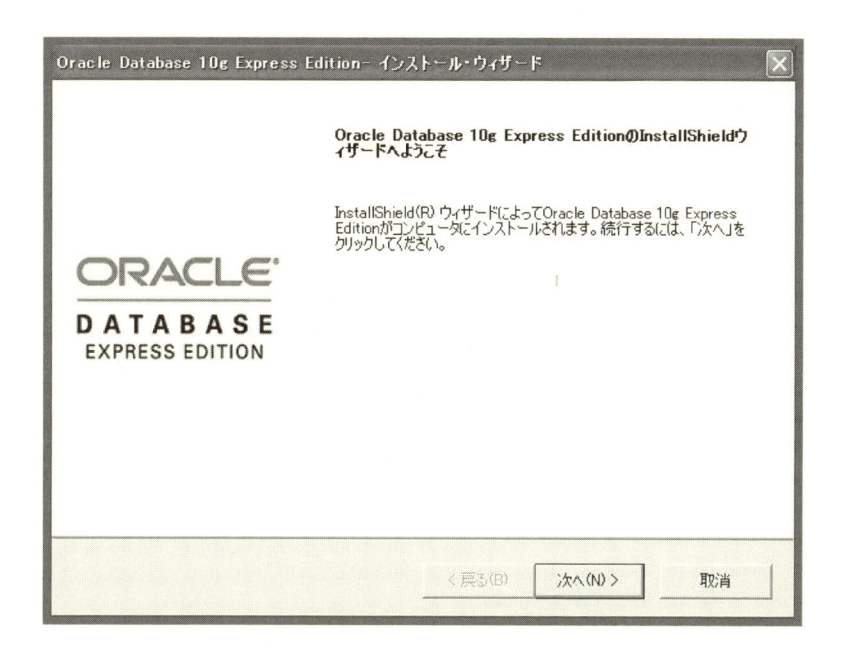

3）使用許諾

使用許諾契約画面で「使用許諾条項に同意する」を選んで次に進みます。

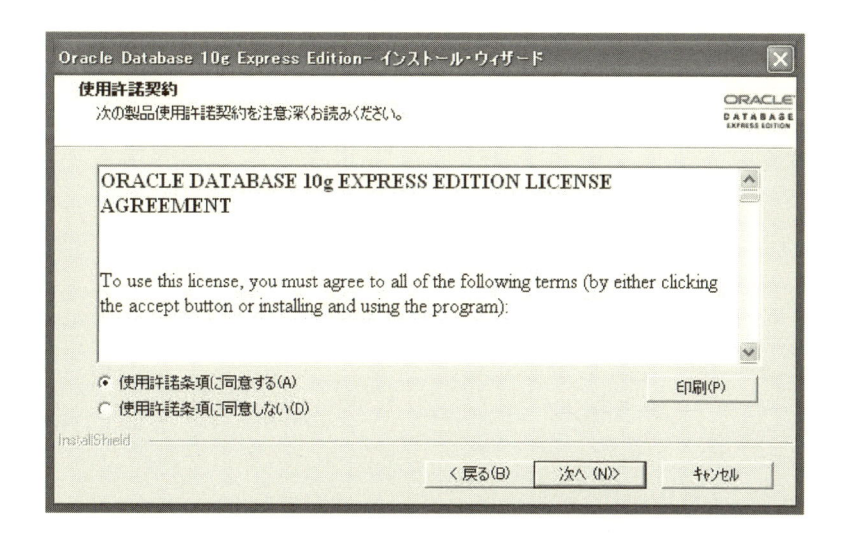

付　録

4）インストール先の選択

インストール先を設定します。

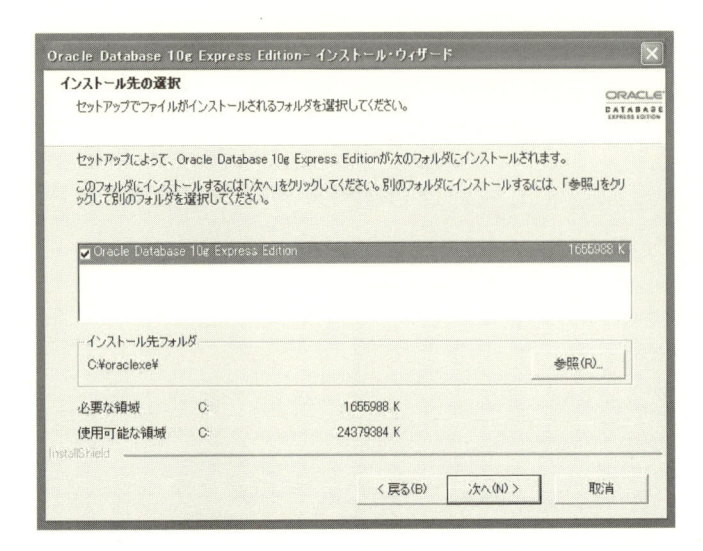

5）HTTPリスナーポートの選択（8080使用中の場合）

　Oracle の Web 管理ツールはポート 8080 を使用しますが、8080 ポートが使われていた場合は以下の画面が表示されます。

　任意のポート番号を指定してインストールしてください。

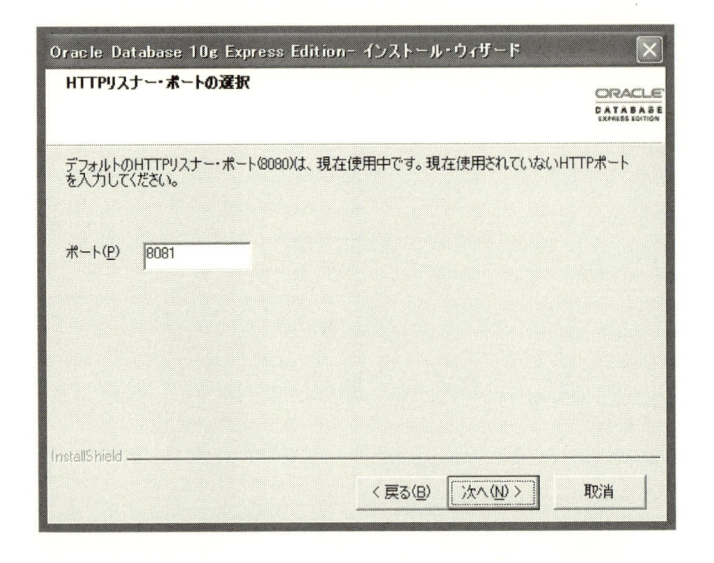

6) データベース・パスワードの指定

データベースのパスワードを設定します。このパスワードは、Compiere の設定画面の「システムパスワード」で入力しますので忘れないようにしてください。

7) サマリー

パスワード設定後にサマリーが表示されます。

8) インストールの実行

サマリー表示後に次に進むとインストールが実行されます。

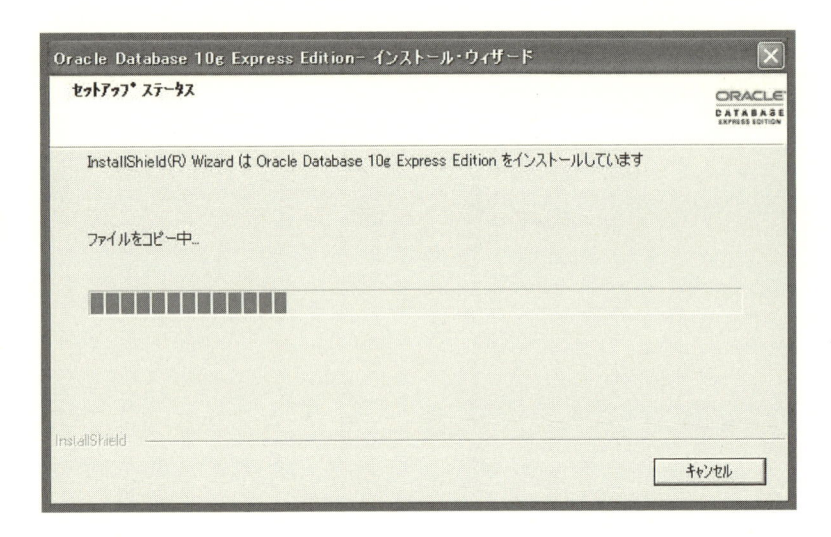

9) 終了

終了すると次が表示されます。

10) データベースのホームページ表示

終了画面でデータベースのホームページ表示をチェックしておくと、ブラウザが起動して次のログイン画面が表示されます。

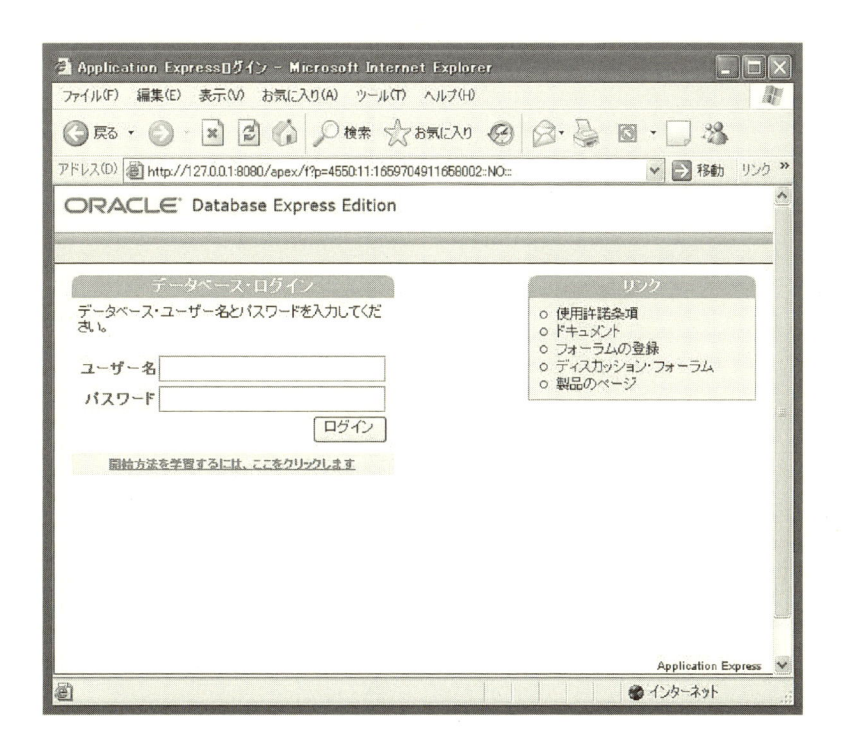

ユーザー名とパスワードを次のように入力します。

ユーザー名：SYSTEM
パスワード：インストール時に設定したパスワード

11）データベースのホームページ表示（ログイン後）

ログインするとデータベースのホームページが表示されます。データベースのインストールを確認してください。

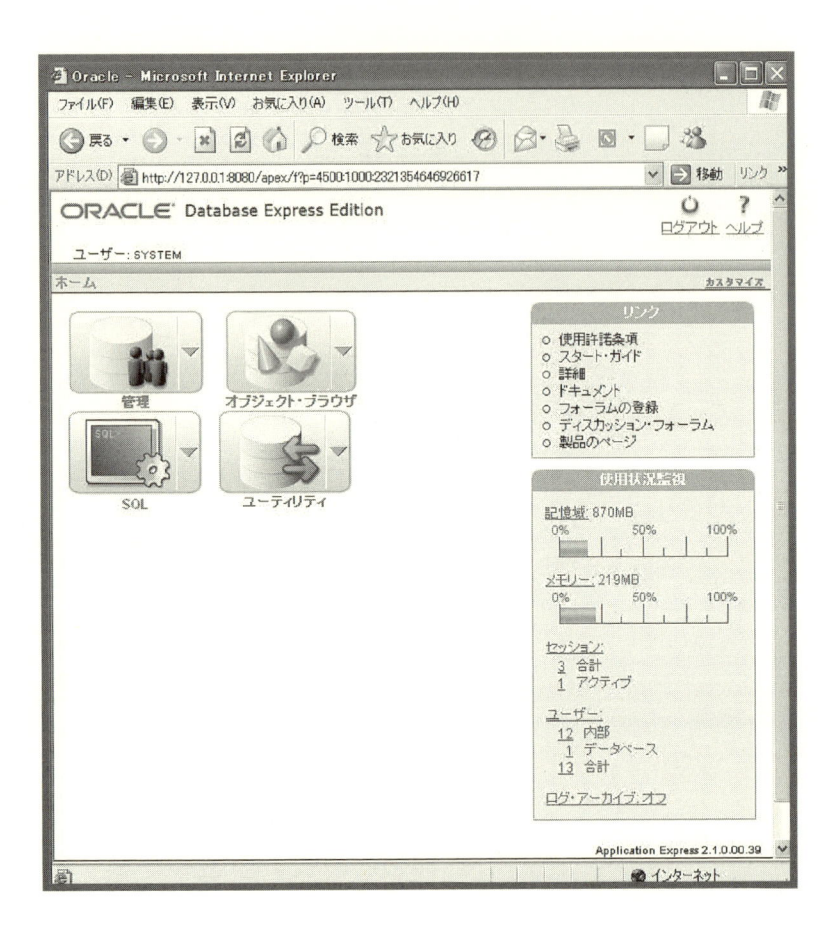

3-3　環境変数の設定

Oracle XEのインストール終了後、システム環境変数pathにOracle XEをインストールした以下のディレクトリを追加設定してください。

例：Path= C:¥oraclexe ¥app ¥oracle ¥product ¥10.2.0 ¥server ¥bin;

4 Compiere インストール

4-1 ダウンロード

Compiere を次の URL からダウンロードします。

http://sourceforge.jp/projects/compiere/releases/

ダウンロードするのは、次のファイルです。

Compiere_J300_A02.zip

4-2 Compiere 日本語版 J300_A02 の展開

ダウンロードした Compiere_J300_A02.zip をインストールするドライブに展開します。このインストールガイドでは D ドライブを仮定しています。

　例：D:¥Compiere2

※注意：別のドライブやフォルダにインストールした場合は、以後の「D:¥」をインストールしたフォルダのパスに読み替えてください。

4-3 セットアップの実行

※注意：Compiere は JBoss サーバーをバンドルしています。インストールする PC に JBoss がインストールされている場合は、セットアップ前に JBoss をアンインストールしてください。

D:¥Compiere2¥RUN_setup.bat
を実行します。

この画面の「Java ホーム」「Compiere ホーム」は、それぞれ設置したフォルダパスを指定してください。

次の下線の項目を設定します。自動表示される項目は、特に変更する必要はありません。

- Java のホーム　　　　　　　：D:¥jdk1.5.0_XX　　（自動表示）
- Java VM　　　　　　　　　：sun　　　（自動表示）
- Compiere のホーム　　　　　：D:¥Compiere2　（自動表示）
- <u>Key Store Password</u>　　　　：******　　　（デフォルト値：compiere、変更可能）
- <u>アプリケーション・サーバー</u>　：my PC　　　（インストール PC 名にする）
- Server Type　　　　　　　　：Jboss　　　（自動表示）

- Deployment : 無効化 （自動表示）
- JNP ポート : 1099 （自動表示）
- ウェブポート : 80 （自動表示、変更可能）
- SSL : 443 （自動表示、変更可能）
- データベース・サーバー名 : my PC （インストール PC 名にする）
- データベース : oracle （選択する）
- データベース名（SID） : XE （入力する）
- TNS : XE （入力する）
- データベース・ポート : 1521 （自動表示）
- システムパスワード : ****** （Oracle XE のインストール時に設定した SYSTEM パスワードを入力）
- データベース・ユーザー名 : compiere （自動表示、変更可能）
- データベース・パスワード : ******* （自動表示、デフォルト値:compiere、変更可能）
- メール・サーバー : （自動表示）
- メール : （自動表示、省略可）
- メールユーザー : （自動表示、省略可）
- メールパスワード : （省略可）

各項目を入力終了後、「テスト」ボタンをクリックすると入力項目を検査します。全項目テストをパスした後、「保存」ボタンをクリックして設定を保存します。

インストール PC で 80 ポートか 443 ポートが既に使われている場合、「テスト」ボタンを押した時に Web ポートエラーになります。

この時、自分で Web ポートと SSL ポートを別のポート番号に指定してください。

例：ウェブポート：8080、 SSL：8443

「保存」ボタンを押した後、初めての実行であれば、「Key Store Dialog」画面が表示されます。Key Store のための必要な情報を登録して、「OK」ボタンをクリックします。Key Store 情報はデフォルトで表示されたままでも問題ありません。

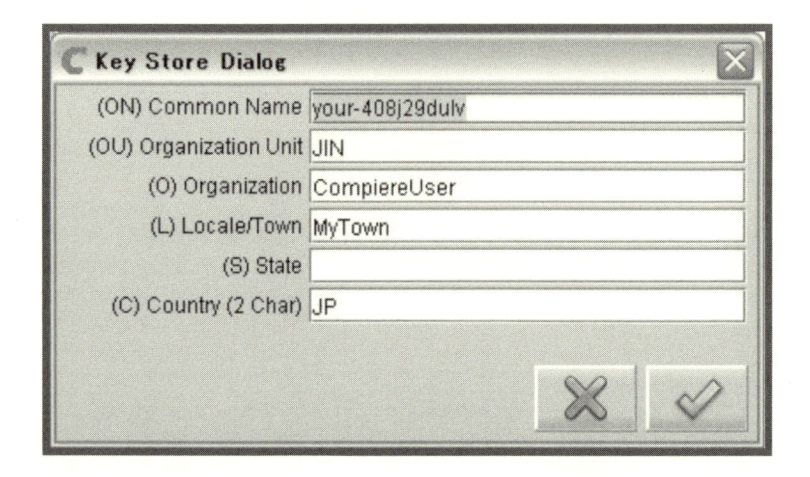

1. インストールガイド

Key Store が作成終了後、ライセンス承認画面が表示されます。

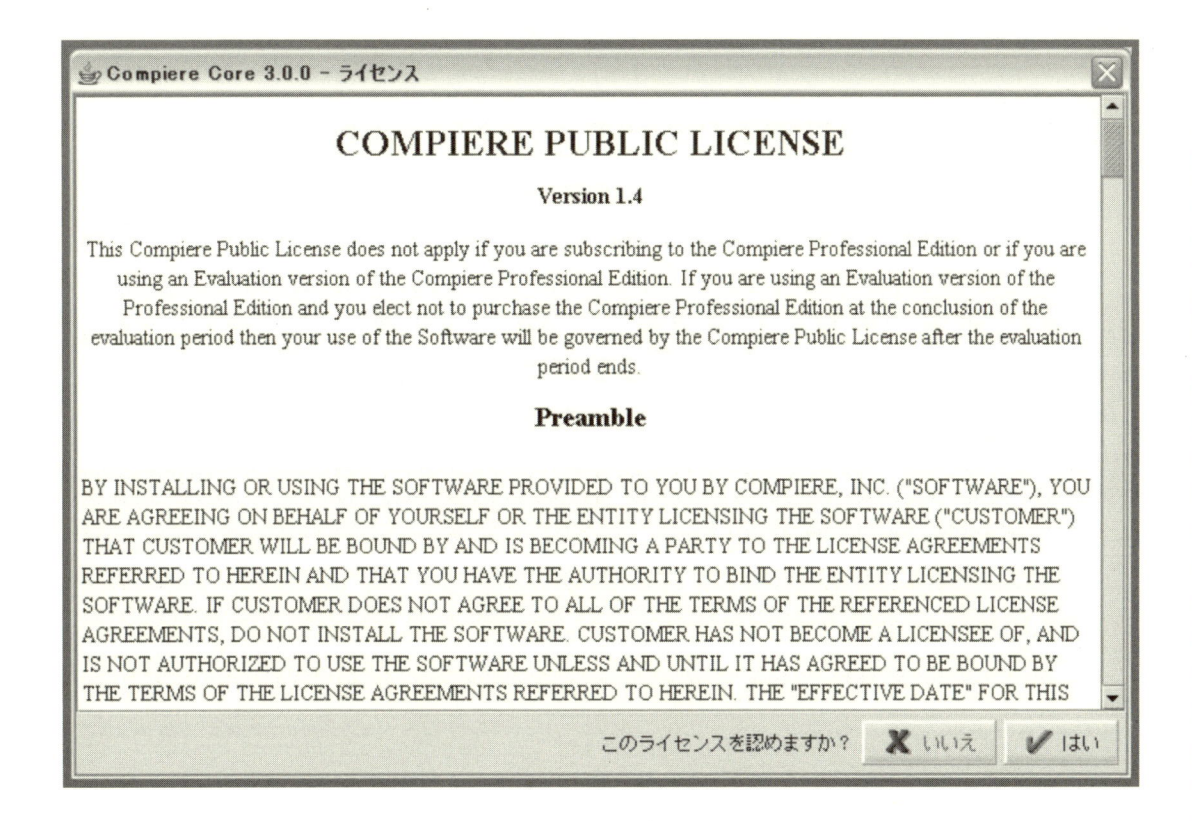

COMPIERE PUBLIC LICENSE
Version 1.4

This Compiere Public License does not apply if you are subscribing to the Compiere Professional Edition or if you are using an Evaluation version of the Compiere Professional Edition. If you are using an Evaluation version of the Professional Edition and you elect not to purchase the Compiere Professional Edition at the conclusion of the evaluation period then your use of the Software will be governed by the Compiere Public License after the evaluation period ends.

Preamble

BY INSTALLING OR USING THE SOFTWARE PROVIDED TO YOU BY COMPIERE, INC. ("SOFTWARE"), YOU ARE AGREEING ON BEHALF OF YOURSELF OR THE ENTITY LICENSING THE SOFTWARE ("CUSTOMER") THAT CUSTOMER WILL BE BOUND BY AND IS BECOMING A PARTY TO THE LICENSE AGREEMENTS REFERRED TO HEREIN AND THAT YOU HAVE THE AUTHORITY TO BIND THE ENTITY LICENSING THE SOFTWARE. IF CUSTOMER DOES NOT AGREE TO ALL OF THE TERMS OF THE REFERENCED LICENSE AGREEMENTS, DO NOT INSTALL THE SOFTWARE. CUSTOMER HAS NOT BECOME A LICENSEE OF, AND IS NOT AUTHORIZED TO USE THE SOFTWARE UNLESS AND UNTIL IT HAS AGREED TO BE BOUND BY THE TERMS OF THE LICENSE AGREEMENTS REFERRED TO HEREIN. THE "EFFECTIVE DATE" FOR THIS

「はい」ボタンをクリックすると、デフォルトのセキュリティキー生成通知画面が表示されるので、「OK」で進めると次の画面が表示されます。

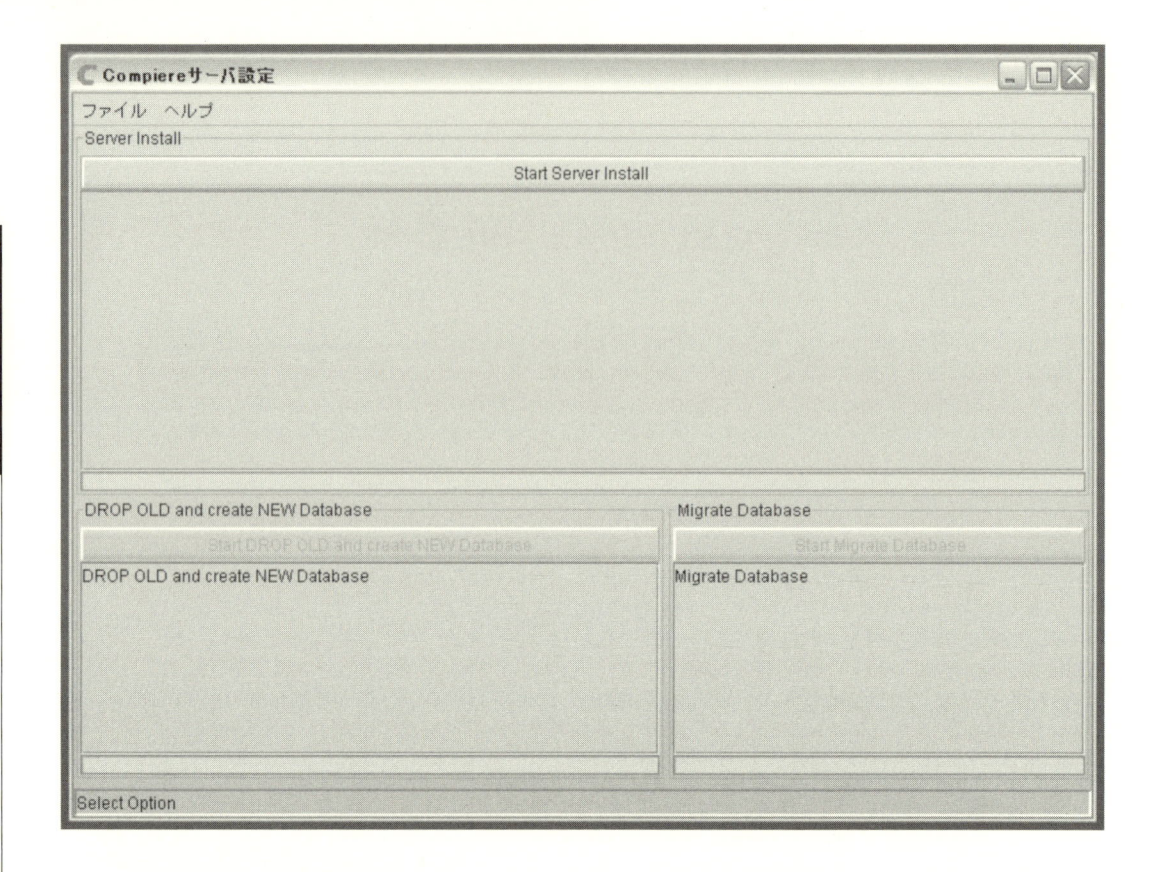

"Start Server Install" をクリックして、インストールを開始してください。"Start Server Install" が終了すると "DROP OLD and create New Database" ボタンがアクティブになりますが、そのまま Compiere サーバ設定ウィンドウを閉じてください。

5 Compiere モデルデータベースのインストール

1）Exp Dat.dmp のコピー

　CD の Compiere 300_J ¥Binary にある ExpDat.dmp を D:¥Compiere2 ¥data の下にコピーします。

2）データベースのリストア実行

　「D:¥Compiere2 ¥utils ¥RUN_DBRestore.bat」を実行すると DOS プロンプト・ウィンドウが開か

れ、データベースのユーザー作成およびデータのリストアステップが実行されます。

※注意：このスクリプトを2回以上実行すると、既存のDBユーザーcompiereを削除して再度作成
　しなおすため、時間がかかる場合があります。

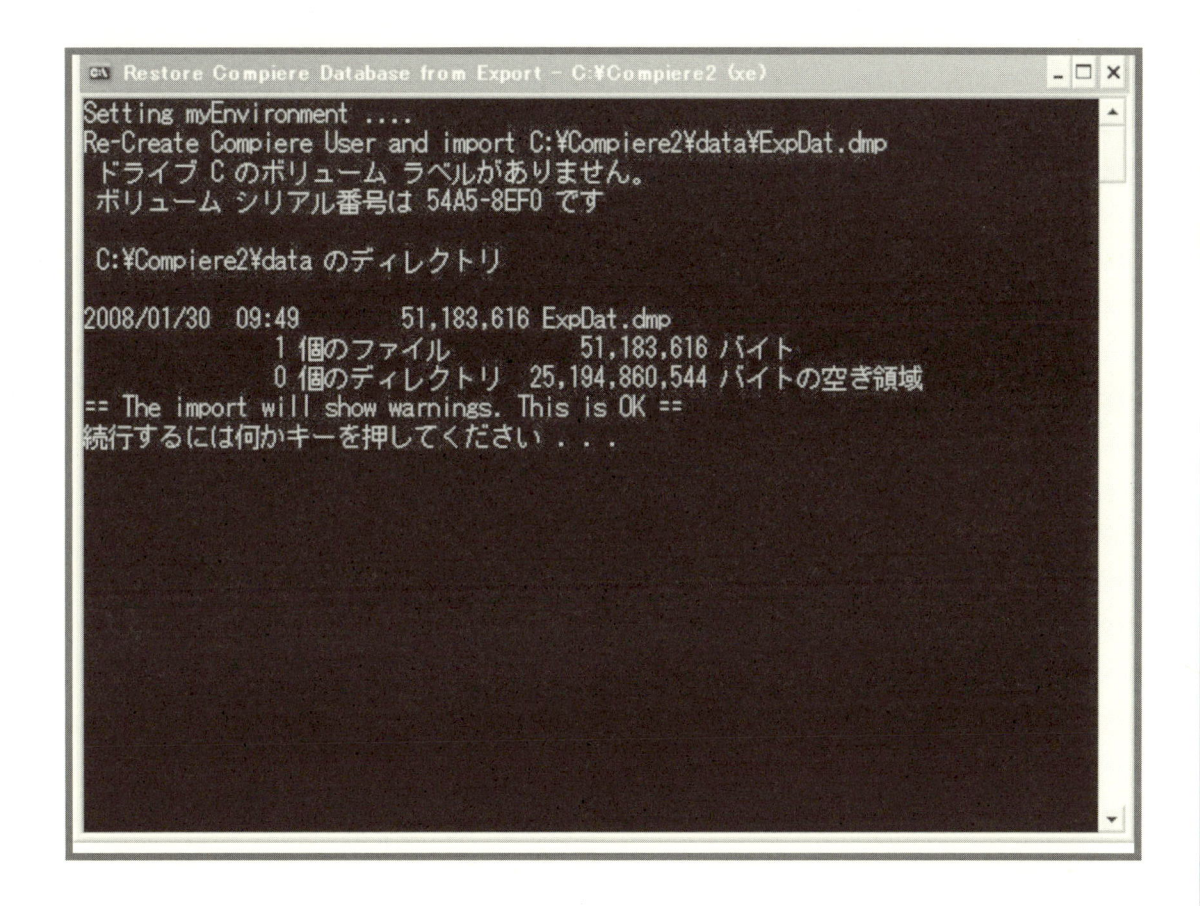

```
Restore Compiere Database from Export - C:\Compiere2 (xe)
Setting myEnvironment ....
Re-Create Compiere User and import C:\Compiere2\data\ExpDat.dmp
 ドライブ C のボリューム ラベルがありません。
 ボリューム シリアル番号は 54A5-8EF0 です

 C:\Compiere2\data のディレクトリ

2008/01/30  09:49         51,183,616 ExpDat.dmp
               1 個のファイル            51,183,616 バイト
               0 個のディレクトリ  25,194,860,544 バイトの空き領域
== The import will show warnings. This is OK ==
続行するには何かキーを押してください . . .
```

　次のように実行途中で警告やエラーが表示されますが、問題ありませんので、そのまま続けます。
データベースのリストアは約5〜15分ほどの時間がかかります。

```
Restore Compiere Database from Export - C:\Compiere2 (xe)

IMP-00041: 警告: オブジェクト作成の際、コンパイル・エラーが発生しました。
"CREATE FORCE VIEW "COMPIERE"."RV_C_INVOICE_PRODUCTQTR"
   ("AD_CLIENT_ID","AD_ORG_ID","M_PRODUCT_ID","DATEINVOICED","LINENETAMT",""
"LINELISTAMT","LINELIMITAMT","LINEDISCOUNTAMT","LINEDISCOUNT","LINEOVERLIMIT"
"AMT","LINEOVERLIMIT","QTYINVOICED","ISSOTRX") AS "
"SELECT il.AD_Client_ID, il.AD_Org_ID, il.M_Product_ID,"
"     firstOf(il.DateInvoiced, 'Q') AS DateInvoiced,"
"     SUM(il.LineNetAmt) AS LineNetAmt,"
"     SUM(il.LineListAmt) AS LineListAmt,"
"     SUM(il.LineLimitAmt) AS LineLimitAmt,"
"     SUM(il.LineDiscountAmt) AS LineDiscountAmt,"
"     CASE WHEN SUM(LineListAmt)=0 THEN 0 ELSE"
"        ROUND((SUM(LineListAmt)-SUM(LineNetAmt))/SUM(LineListAmt)*100,2) END A
S "
"LineDiscount,"
"     SUM(LineOverLimitAmt) AS LineOverLimitAmt,"
"     CASE WHEN SUM(LineNetAmt)=0 THEN 0 ELSE"
"        100-ROUND((SUM(LineNetAmt)-SUM(LineOverLimitAmt))/SUM(LineNetAmt)*100,
2)"
"     END AS LineOverLimit,"
"     SUM(QtyInvoiced) AS QtyInvoiced, IsSOTrx"
"FROM RV_C_InvoiceLine il"
"GROUP BY il.AD_Client_ID, il.AD_Org_ID, il.M_Product_ID,"
"     firstOf(il.DateInvoiced, 'Q'), IsSOTrx"
制約の有効化について...
```

完了した後は次の画面になります。

任意のキーを押して終了します。

6 アプリケーション・サーバーの起動

1）アプリケーション・サーバーの起動

「D:¥Compiere2¥utils¥RUN_Server2.bat」を実行して、JBossベースのアプリケーション・サーバーを起動することができます。

2）アプリケーション・サーバー停止

アプリケーション・サーバーを停止するには
「D:¥Compiere2¥utils¥RUN_Server2Stop.bat」を実行します。

7 ログイン

「D:¥Compiere2¥RUN_Compiere2.bat」を実行して、Compiere のクライアントを起動します。

デフォルトのログインユーザーには、以下の4つがあります。

すべての権限を持つユーザー
 ユーザー：SuperUser パスワード：System
システム設定のみ行うユーザー
 ユーザー：System   パスワード：System
クライアントユーザー
 ユーザー：GardenUser パスワード：GardenUser
クライアント管理者
 ユーザー：GardenAdmin パスワード：GardenAdmin

ここからシステムにログインして作業ができる状態となります。

2. 国内導入事例

事例1

　全業務プロセスをカバー、さらに内部統制の要求も網羅、低コストで自社特別要求にも対応したシステム導入中。

業種	電子機器メーカー
事業概要	電子機器製造販売
システム規模	例：LAN + WAN（サーバ×2、ユーザー数×100）
導入担当会社	株式会社アルマス＋パートナー

導入背景・課題

　内部統制の要求で財務報告の作成過程とプロセスを可視化するために、業務プロセスをカバーしている基幹システムの改善が必要になりました。既存のシステムは、財務報告の元データを検証する機能と、処理プロセスの履歴を保存する機能などがなかったため、新規システム導入を検討しました。

　商用のERP製品の提案、自社開発の提案などをいただき検討しましたが、予算枠になかなか収まらなかったです。

　その後、オープンソースでもERP製品があるということを聞き、見積を出していただきました。商用ERPとは比べものにならないくらい安価な上、自社の特別業務処理をカスタマイズですべて対応できるということで、新システム導入にCompiereを選択しました。

提案

　Compiereの顧客管理、販売管理、仕入管理、在庫管理、経理業務、会計処理機能をカスタマイズして、自社の業務プロセス要求に合わせて開発します。EDI、ECからのデータ、銀行からの入金支払データを自動インポートできるように機能拡張開発して対応することで最終決定に至りました。

Compiere導入選定理由

　費用対効果の有利性にあります。顧客管理、販売管理、仕入管理、在庫管理、経理業務、会計処理のすべての業務をカーバして、統括管理できるシステムな上、ソフトウェアライセンス費用なしで、導入できることでした。自社の特別要求にも、容易に対応できる点も魅力的でした。

導入機能範囲

　Compiere既存機能の顧客管理、販売管理、仕入管理、在庫管理、経理業務、会計処理機能を自社要求に合わせて、カスタマイズ導入する予定です。

導入効果（期待）

　今は導入中です。導入効果期待は以下のとおりです。

・内部統制のためのシステム統制要求に合う基幹システムを低コストで実現

　内部統制のため、販売管理、在庫管理、会計経理、承認フローなどの機能を完全整備、また取引処理履歴を残して、財務報告に関連する取引のデータと処理の過程を開示できる基幹業務システムまたは、ERPを導入するには、通常の商用ERPでは、1億円前後の予算が必要になります。

　限定される予算範囲で、上記機能を網羅したCompiereをカスタマイズ導入することによって、内部統制要求に合うシステム導入の実現ができることを期待しています。

・新統括管理システムを導入することで、業務処理の効率を向上

　従来の業務フローの見直しをして、データの一元化管理を徹底化、業務処理中の既存情報の再利用、ボトルネックになる業務処理の自動化などで、全面的な業務処理効率を向上することを目標にしています。

・取引データ実績のリアルタイム把握、実績分析データの経営戦略への活用

　取引実績をリアルタイム把握、経営状況を日々監視し、リスク管理の質を向上します。

　実績データをさまざまな角度から分析して、経営戦略により多くの有用な情報をすばやく提供することを期待しています。

事例 2

　教育研修サービスで案件進捗、講師スケジュール管理なども含めたシステムをトレーニング受講後、スポットサポートのみで導入に至る。

業種	サービス業
事業概要	教育研修サービス提供
システム規模	LAN（サーバ×2、ユーザー数×10）
導入担当会社	お客様自社で導入

導入背景・課題

　教育研修サービスの提供が主な業務内容で、受発注管理をすべて EXCEL ベースで運用していました。事業の拡大に伴い、情報共有、進捗管理などの混乱が発生し、効率化が図れない状況でした。

　新基幹システムの導入には、受発注情報共有、案件進捗管理、講師スケジュール管理、取引先入金支払管理などを改善要求として出しました。しかし、予算的に限りがあったことと、既存パッケージやスクラッチ開発でもなかなか要求に対応できるシステムを見つけられなかったところ、Compiere を発見し、調査検証してみました。その結果自分たちの要求に合わせることが可能な手ごたえを感じたので、導入する経緯に至りました。

提案

　ERP の経験がある技術者がいたことと予算的なこともあったので、業務と技術のトレーニング、そのあと必要なときだけスポットサービスの利用での Compiere 導入に至りました。

Compiere 導入選定理由

　Compiere 既存機能で、新システム要求の 90%以上をカバーできることと予算的にも非常に魅力的だったことが、導入選定の決め手となりました。最初に Compiere 機能でカバーできない部分は、カスタマイズ開発するかどうかを検討しましたが、予算の関係でカスタマイズせずに、カバーできない部分は運用でカバーすることにしました。

導入機能範囲
Compiere既存機能の販売管理／仕入購買管理／在庫管理機能／顧客管理機能をカバーします。

導入効果
・限られた予算範囲内で、最大限に要求を満たすシステム導入を実現
　基幹システムを導入するに当たって、販売管理／在庫管理／仕入管理／顧客管理などをすべてカバーするという条件と、商材になるサービス商品に対しての特別要求に対応するため、Compiereの商品属性と製品の組立て機能を利用して対応しました。

・プログラムの変更なしで、一覧式帳票が容易に作成できることでデータ分析要求への対応
　分析帳票などが必要となりましたが、Compiere上で容易に一覧帳票を作成できることにより、各部門のすべての帳票要求を満たすことができました。
　運用開始後、新しい要求分析内容が出てきた場合も、すばやく作成できるため、取引実績データを非常に効率よく利用しています。

事例3

　オーダーメイドカーテンの複雑な製造工程の網羅、店舗と本社の連携システム導入で業務効率の向上。

業種	オーダーメイドカーテン業
事業概要	ファブリック・インテリア製品の製作、販売
システム規模	LAN-WAN（サーバ×2、クライアント×25）
導入担当会社	株式会社アルマス

導入背景・課題
　利用していた受発注システムは、古いMACサーバーで動作し4Dで作られたシステムでした。
　さらに、在庫管理機能がなかったため、在庫はEXCELファイルで手動管理し、正確な在庫数は棚卸で明確になるような状況でした。
　オーダーメイドカーテン製造の業務は、通常の受発注システムと大きく異なり、受注時に登録する

情報が多く（窓のサイズ、カーテンのスタイル、縫い方）、また製造工程も複雑です。

受注時に登録される条件から、生地の要尺を計算して、在庫引き当ておよび縫製工場に発注、縫製の一連の流れを管理します。

新基幹システムの導入にあたって、オーダーカーテン業務の受発注管理と在庫管理を改善要求として提示しました。

提案

依頼を受けた時点では、オーダーカーテンの受発注システム開発の実績があったため、スクラッチ開発で進めるよう提案していましたが、更なる複雑さと在庫管理、原価管理を重視する必要があったため、また、Compiere のすぐれた柔軟性で経営戦略の変更などにもすばやく対応できるため ERP Compiere の利用をご提案しました。

Compiere 導入選定理由

どの販売管理や、受発注パッケージソフトにも存在しない機能のため、大きなカスタマイズを要することで膨大な費用が必要となりうるところ、柔軟にカスタマイズが可能な Compiere を利用するというご提案をいただき Compiere 導入を決めました。

導入機能範囲

Compiere 既存機能の販売管理／仕入購買管理／在庫管理機能／顧客管理機能／会計経理処理をカバー。オーダーメイドカーテンの特別業務のカスタマイズ。

導入効果

・ERP パッケージのベストプラクティスを活用し、自社要求に合ったシステムの構築を実現

Compiere に特別仕様の部分をカスタマイズ開発することによって、スクラッチ開発と比べて、約半分の費用で、また約 10 カ月の開発期間ですべての要求機能を完成、本稼働に至りました。

・在庫管理の効率化により在庫損失を抑え、お客様に明確な納期回答が可能に

以前は、在庫情報をエクセルファイルに管理していました。

受注後リアルタイムに情報の反映ができなかったため、工場からの報告での在庫数更新がまちまちになり、正確な在庫数の把握ができませんでした。

また、お客様への納期回答があやふやだったところ、受注時の在庫引き当てなどで正確な数を管理できるようになり、お客様の満足度への向上につながりました。

・管理者ごとにでも出力項目のカスタマイズが可能な一覧レポートの出力を活用

　Compiereでは、すべての情報を一覧レポートとして出力、またファイルとしてもCSVやエクセルファイルなどで出力できるため、さまざまな形のレポートを作成し、部署ごとや担当者レベルにでも作成し活用しています。

事例4

営業取引情報の統合にかかるシステムの構築(会計への連携を見据えたシステム化)。

業種	専門商社
事業概要	オーディオ／映像機器輸入販売
システム規模	LAN（サーバ×1、クライアント×10）
導入担当会社	株式会社ビジネスインキュベーター

導入背景・課題

　従来の業務処理は、各担当者が個別のツールで情報を管理しており、不足する情報がある場合には、他の担当者より必要な情報を取得し、情報を活用するというのが現状でした。

　例えば、取引における現在のポジションの把握や営業統計、経営資料等の作成に当たっては、まず必要な情報の入手、その情報の当該資料への反映など、作業の煩雑性はもとより多くの労力が発生、また、緊急に要求される資料等に対しては迅速な対応が難しい状況でした。

　今回のシステム化に当たっては、上記の問題点の解消を第一に、全体効率の観点が課されました。

提案

　①独自システムの開発、②ERPパッケージ＋カスタマイズの提案となりましたが、開発期間、開発費用を考慮し、②の選択となりました。さらに、開発費用の低減化の観点からオープンソースのパッケージの活用を提案、同種の中でも世界中で実績があり、大きなカスタマイズなしで使用が可能なCompiereの利用を提案。カスタマイズの容易性もポイントとなりました。

Compiere導入選定理由

　開発期間や費用対効果の観点から、また課題の解消という目標実現のため、Compiereの導入を決

定しました。

導入機能範囲
　Compiere 既存機能の販売管理／仕入購買管理／在庫管理／顧客管理の各機能と一部の会計管理機能を利用します。
　粗利額算出機能のカスタマイズ、各種帳票（見積書、納品書、請求書など）、管理台帳のカスタマイズします。

導入効果
・海外との取引、国内取引の一元化
　これまで、海外取引については国内取引分とは別に管理しており、通貨ごとの把握が大変でしたが、システム内で一元管理することができ、海外と日本のそれぞれの通貨で取引が把握できるようになりました。

・在庫管理の効率化による、お客さまへの迅速な対応
　これまでの在庫情報の集計は毎月時間を要していたこともあり、随時反映されておりませんでしたが、リアルタイムに在庫情報が更新されるので、いつでも在庫情報が把握できるようになり、お客様に対し、よりスピーディな対応が行えるようになりました。

❸ 海外導入事例一覧

No	導入企業	導入業界	導入機能及び説明
1	タイヤ卸売	卸売	第一導入業者。販売、仕入、在庫管理機能導入
2	書籍及び教育製品販売業者（Southern Book Company）	出版教育	販売、仕入、在庫管理、会計経理機能導入
3	医学書籍の卸売会社	書籍卸売	買掛金管理、会計レポーティング機能導入
4	製薬会社（Pharma Nord）	製造業	10000 品目の販売、在庫、発送、会計経理機能導入
5	タイヤ卸売会社	卸売	2500 品目の販売、仕入、在庫、会計経理機能導入
6	多国保険仲買業者	金融保険	多国言語、税率対応会計経理機能導入
7	病院	医療	仕入管理、在庫管理機能導入
8	金属細加工業者	製造業	価格表の柔軟設定で業界要求に合うことで選択され、販売管理機能導入
9	電気部品製造業者	製造業	販売管理、在庫管理会計経理機能導入
10	宝石製造業者	製造業	ワークフロー制御と在庫管理を重視して導入
11	プラスチック製造業者	製造業	18000 品目、5000 顧客、毎日 200 受注を対応する販売管理、在庫管理機能導入
12	繊維製造業者	製造業	加工受注処理販売、仕入、在庫管理、BOM、会計経理、機能導入
13	書籍出版者	出版印刷	国際対応販売、在庫、会計経理、E コマース機能導入
14	化粧品小売業者	小売	8500 品目、毎日 15000 受注を対応できる販売、仕入、在庫管理機能導入
15	エネルギー製品小売業者	小売	顧客管理、販売、仕入、在庫管理、会計経理機能以外に人事機能をカスタマイズ開発して導入
16	メガネ製品小売業者	小売	Compiere をカスタマイズして、業界専用の小売管理システムを開発して導入
17	小売チェーン業者	小売	Compiere と POS ターミナルと連動した在庫管理システムとして導入
18	メガネ小売専門店	小売	全在庫をリアルタイム表示の WEB ストア、会計経理、顧客管理、コールセンターなどが統括できることで選定
19	ビジネスサービス業者	サービス	会計経理、レポーティング
20	情報技術サービス業者	サービス	会計経理、課金回収に利用
21	衣料品卸売、小売業者	卸売、小売	雑貨小売専用システムと Compiere の在庫管理、仕入購買管理、会計経理処理機能をバンドルして使用
22	サービスコンサルタント会社	サービス	プロジェクトコスティング、レポーティング
23	自動車部品製造販売	製造、卸売	販売、在庫、仕入、会計経理機能導入
24	ニットウェア・編み糸卸売	卸売	販売、在庫、仕入、会計経理機能導入
25	ヨガと練習用製品会社	サービス業	ヨガと練習用製品会社（NetSuite から乗り換え）
26	(Hugger-Mugger)	情報技術	ゲーム関連製品をオンライン受注して、出荷納品
27	CMLFNE of Hudson Inc.	情報技術	ブロードバンドデータローミングサービス会社の販売、在庫、仕入購買、会計経理、顧客管理機能利用
28	LGA Telecom Pte Ltd	サービス業	チケット販売、運動用品販売、在庫管理、POS レジおよび会社間取引に利用
29	Football Club	サービス業	プロジェクト管理と関連する販売、在庫、仕入購買、会計経理すべての機能を利用する統括システム
30	インターナショナル設計製造会社	サービス業	インテリアデザイン業者の販売、外注管理、会計経理
31	インテリアデザイン会社	出版印刷	10000 冊医学書籍の出版、販売、在庫、会計経理

【著者略歴】

ジリムト（吉日木図）(8章、9章担当)

株式会社アルマス　代表取締役社長

1989年内モンゴル大学電子学部修士卒業。内モンゴル・コンピュータ・センターにて10年ほどモンゴル語のシステムとその他情報管理システム開発を行う。1998年から日本で、株式会社ジャパン・コンピュータ・サービス、GEインターナショナル・インクにて業務システム開発、オラクルEBSシステムの運用管理、導入コンサルティング、アドオンおよびインターフェース開発の経験を積み、2003年8月にアルマスを創立。主にオープンソース・ベースのシステム開発を行い、自社開発プラットフォームjWare（Java Web Application Rich Engine）をベースに多数のプロジェクトを完成する。2005年8月から、オープンソースERP「Compiere」の日本語化および日本商習慣適用開発プロジェクトをリードし、日本中小企業向け導入サポートを行う。

山崎　扶実子［やまざき　ふみこ］(5章、6章、7章、10章担当)

株式会社アルマス　ERPソリューション部　システムエンジニア

オープンソースに特化したIT企業にて多数のWebシステム開発プロジェクトに携わり、2006年よりアルマスに参画。以降、オープンソースERP「Compiere」の日本語化プロジェクトにて日本語化翻訳を担当、また業務、技術トレーニングの資料作成、トレーニング実施。日本商習慣適用開発および日本語版パッケージの導入コンサルタントとして、多数のプロジェクトに従事。

谷　巖［たに　いわお］(1章、4章担当)

株式会社ITC総合研究所　代表取締役

1979年名古屋工業大学卒業。日本電気株式会社にて汎用コンピュータの基本ソフトウェア研究開発に従事。その後、監査法人トーマツ　マネージメントコンサルティング部門にて、上場準備として内部統制を含む企業の仕組みづくりに従事。以降、企業成長の基盤づくり・体質強化・業務改革など経営とITのコンサルティングを行ってきた。ITコーディネータ資格取得後、ITC-ERP研究会を主催。2007年7月、株式会社ITC総合研究所を設立。

用松　節子［もちまつ　せつこ］(2章、3章担当)

株式会社ITC総合研究所　取締役

東京農工大学卒業後、大手コンピュータメーカ系会社にてシステムエンジニアとして従事。ITコーディネータ資格取得後独立し、中堅・中小企業を中心に情報化を絡めた業務改善のための業務分析、To-Be策定、実現化計画、新業務導入など経営とITのコンサルティングを行っている。現場と人に目を向けた企業体質の強化・業務の整備と、それを支えるIT活用を経営者とともに考え、推進支援することを得意とする。

ついに可能になった！　オープンソースERPで基幹システム
Compiere入門
コンピェール

2009年3月25日　第1版第1刷発行

著　者		ジリムト（吉日木図）
		©2009 Jirimutu
		山崎　扶実子
		©2009 F.Yamazaki
		谷　　巌
		©2009 I.Tani
		用松　節子
		©2009 S.Mochimatsu
発行者		高橋　考
発　行		三和書籍

〒112-0013　東京都文京区音羽2-2-2
電話 03-5395-4630　FAX 03-5395-4632
http://www.sanwa-co.com/
sanwa@sanwa-co.com
印刷／製本　　藤原印刷株式会社

乱丁、落丁本はお取替えいたします。定価はカバーに表示しています。
本書の一部または全部を無断で複写、複製転載することを禁じます。

ISBN978-4-86251-056-3 C3055

三和書籍の好評図書
Sanwa co.,Ltd.

バリアフリー住宅読本
＜高齢者の自立を支援する住環境デザイン＞

高齢者住宅研究所・バリアフリーデザイン研究会著
A5判　196頁　並製　定価2,200円＋税

　家をバリアフリー住宅に改修するための具体的方法、考え方を部位ごとにイラストで解説。バリアフリーの基本から工事まで、バリアフリーの初心者からプロまで使えます。福祉住環境必携本‼

【目次】

巻頭言　住宅改修工事の基本

1. 日常の動作をバリアフリーにする
   身体機能の変化に合わせた住まいのバリアフリーデザイン

2. 生活の空間をバリアフリーにする
   日常生活の場面に応じた住まいのバリアフリーデザイン

3. 住宅をバリアフリーに改修する
   予算別・場所別のバリアフリー
   改修工事の見積一覧
   浴室工事／トイレ工事／居室工事／
   階段工事／玄関工事／外構工事

三和書籍の好評図書
Sanwa co.,Ltd.

バリアフリーマンション読本
＜高齢者の自立を支援する住環境デザイン＞

高齢社会の住まいをつくる会　編
A5判　136頁　並製　定価2,000円＋税

　一人では解決できないマンションの共用部分の改修問題や、意外と知らない専有部分の範囲などを詳しく解説。ハートビル法にもとづいた建築物の基準解説から共用・専有部分の具体的な改修、福祉用具の紹介など、情報が盛り沢山です。

【目次】

Ⅰ　共用部分の改修

　1．マンションの分類　共用部分と専用部分
　2．バリアフリー化工事の流れ
　3．マンションの共用部分のバリアフリー化
　4．マンションのバリアフリー施工例
　5．バリアフリー改修実態調査報告

Ⅱ　専有部分の改修

　1．専有部分とは？
　2．専有部分の改修にあたっての問題
　3．専有部分のバリアフリー改修の実態

Ⅲ　法律を知る

　1．改正ハートビル法
　2．高齢者が居住する住宅の設計に係る指針

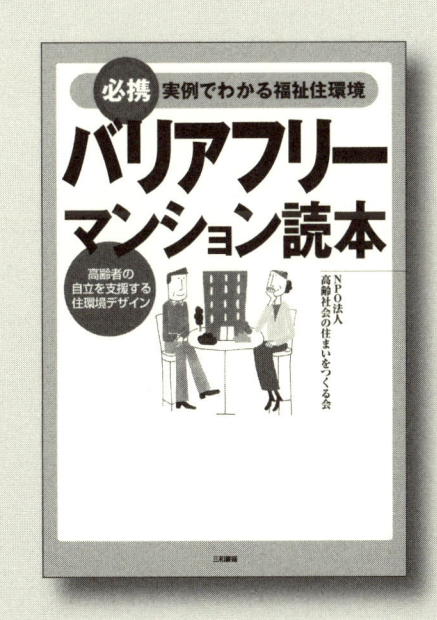

三和書籍の好評図書
Sanwa co.,Ltd.

住宅と健康
＜健康で機能的な建物のための基本知識＞

スウェーデン建築評議会編　早川潤一訳
A5変判　280頁　上製　定価2,800円＋税

　室内のあらゆる問題を図解で解説するスウェーデンの先駆的実践書。シックハウスに対する環境先進国での知識・経験を取り入れ、わかりやすく紹介。

【目次】

第1章　問題

第2章　人間への影響

第3章　材料からの発散

第4章　湿気

第5章　換気

第6章　オペレーション

第7章　協力

第8章　オーナーの要求

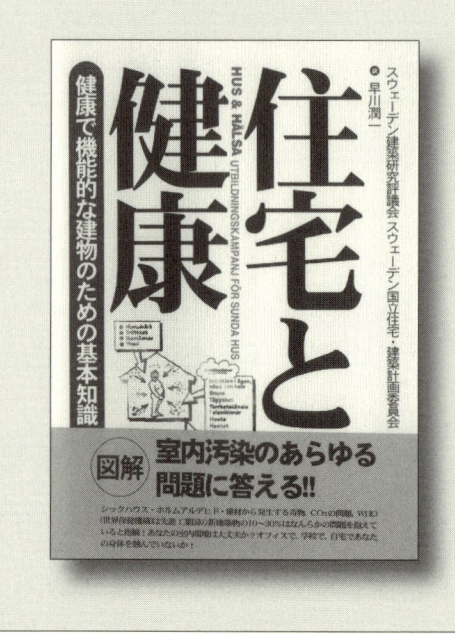

三和書籍の好評図書
Sanwa co.,Ltd.

改正建築士法Q&A
<ポイントと対応>

建築士法研究会編
B6版　130頁　並製　定価1,400円+税

　2006年に一部改正された建築士法等。その改正の経緯から施行に向けての動きまでをわかりやすく解説した一冊。詳しい内容ながらQ&A型式なので知りたいポイントをすばやく理解することができる。行政・関係者団体などの情報も満載。

【目次】

第1章　建築士法等改正の概要Q&A

　　　　建築士法の一部改正

　　　　建築基準法の一部改正

　　　　建設業法の一部改正

第2章　建築士法等の改正までの経緯

第3章　施行に向けての動き

第4章　改正建築士法の施行に向けての課題

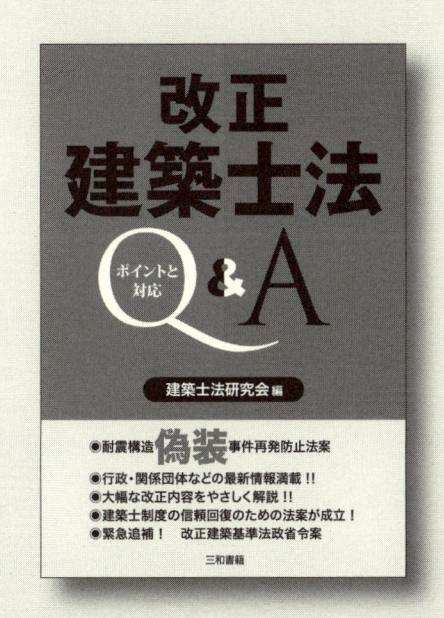

三和書籍の好評図書
Sanwa co.,Ltd.

耐震規定と構造動力学
＜耐震構造を知るための基本知識＞

石山祐二 北海道大学名誉教授・工学博士 著
A5版　344頁　並製　定価3,800円＋税

　建築構造の「どうしてそうなるのか」を数式で丁寧に解説。地震被害と耐震技術、日本の耐震規定、建築構造の基礎から応用までを網羅。建築構造に興味がある人、構造のしくみを知りたい人、建築構造にかかわる技術者や学生にとって必読の書。

【目次】

第Ⅰ部　地震被害と耐震技術・規定

　　第1章　地震被害と耐震技術

　　第2章　日本の耐震規定

第Ⅱ部　応応力学の基礎

　　第3章　1自由度系

　　第4章　多自由度系

第Ⅲ部　構造動力学の応用

　　第5章　地震工学への応用

　　第6章　非線形応答への展開

　　第7章　構造動力学ア・ラ・カルト

第Ⅳ部　付録

　　第8章　海外の耐震規定

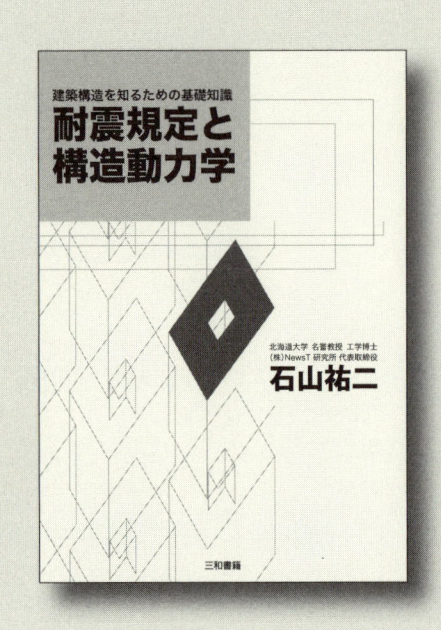